8 Y 302 1

Paris
1865

Schlegel August Wilhelm von

Cours delittérature dramatique

Tome 1

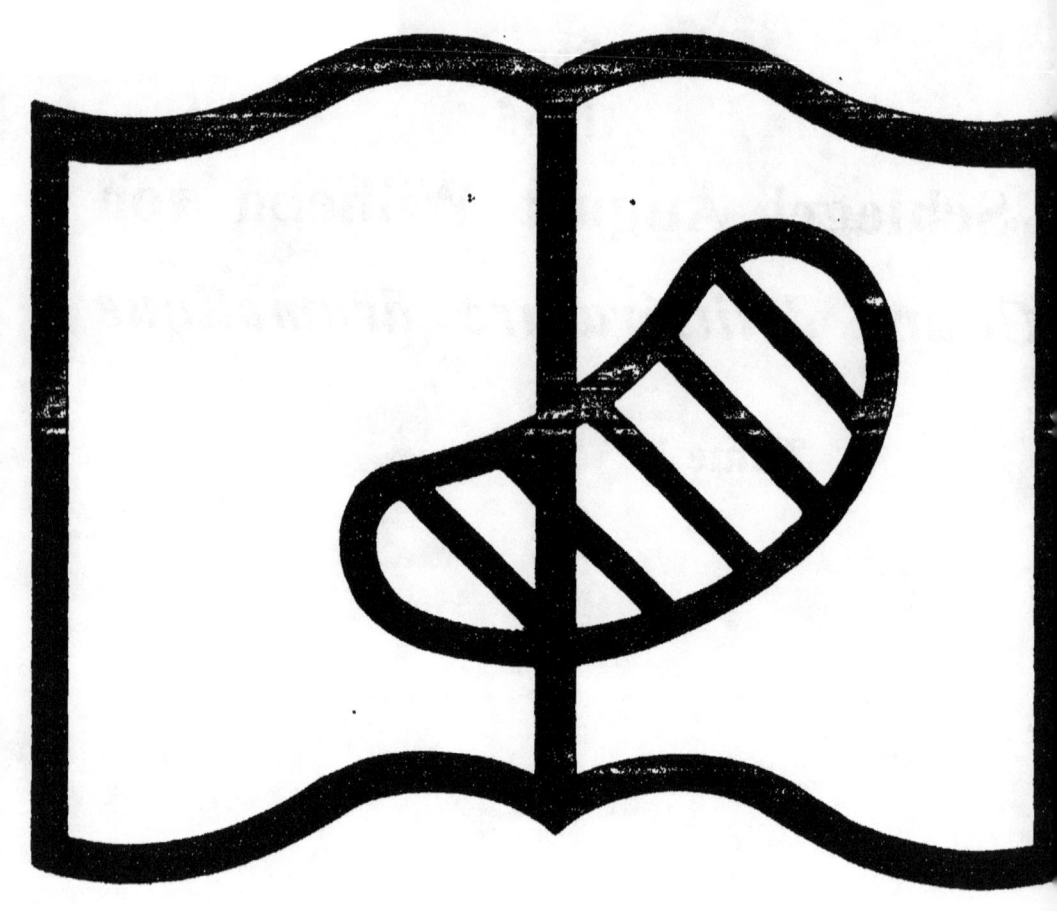

Symbole applicable
pour tout, ou partie
des documents microfilmés

Original illisible

NF Z 43-120-10

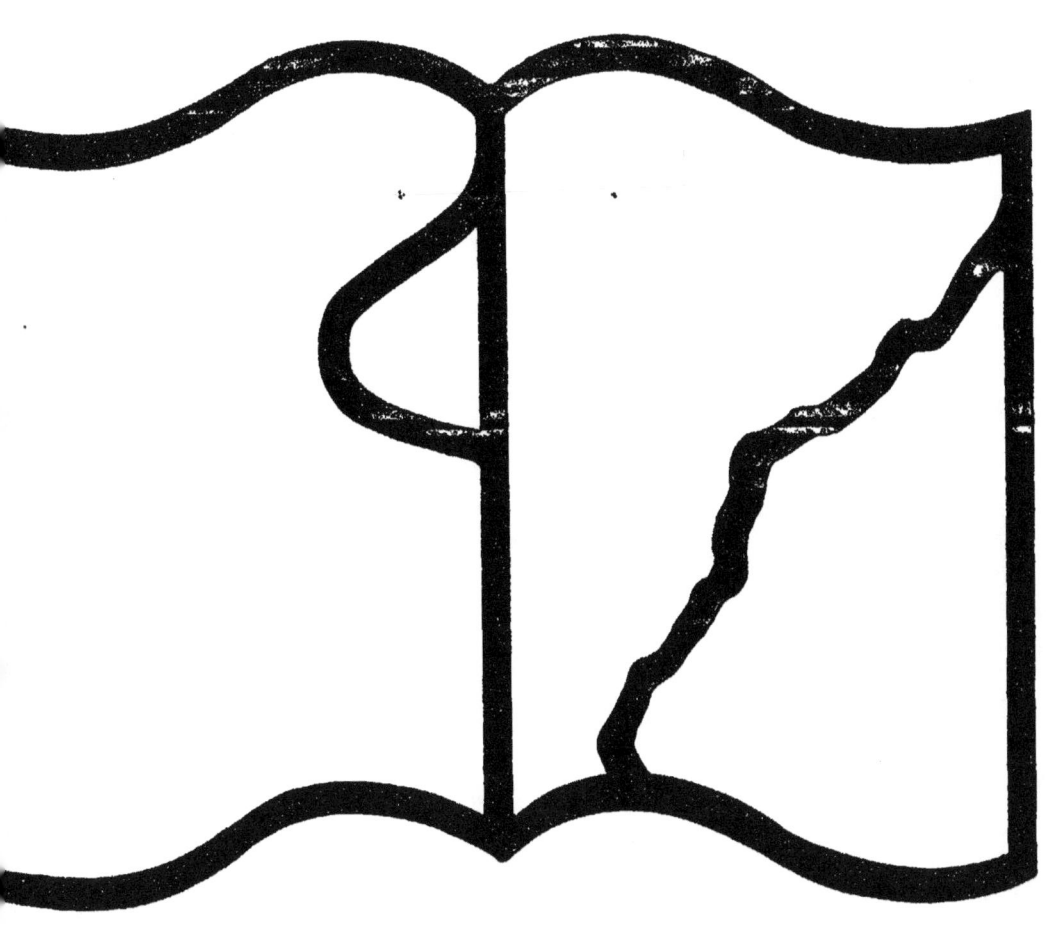

Symbole applicable
pour tout, ou partie
des documents microfilmés

Texte détérioré — reliure défectueuse

NF Z 43-120-11

A. W. SCHLEGEL

COURS
DE
LITTÉRATURE
DRAMATIQUE

TRADUIT DE L'ALLEMAND
PAR
Mme NECKER DE SAUSSURE

TOME PREMIER

NOUVELLE ÉDITION REVUE ET ANNOTÉE

PARIS
LIBRAIRIE INTERNATIONALE
A. LACROIX, VERBOECKHOVEN ET Cie, ÉDITEURS
Boulevard Montmartre, 15, au coin de la rue Vivienne
MÊME MAISON A BRUXELLES, A LEIPZIG ET A LIVOURNE

1865
Tous droits réservés

COURS
DE
LITTÉRATURE
DRAMATIQUE

Brux. — Typ. A. Lacroix, Verboeckhoven et Cie, r. Royale, 3, impasse du Parc.

A. W. SCHLEGEL

COURS
DE
LITTÉRATURE
DRAMATIQUE

TRADUIT DE L'ALLEMAND

PAR

Mme NECKER DE SAUSSURE

TOME PREMIER

NOUVELLE ÉDITION REVUE ET ANNOTÉE

PARIS
LIBRAIRIE INTERNATIONALE
A. LACROIX, VERBOECKHOVEN ET Cie, ÉDITEURS
Boulevard Montmartre, 15, au coin de la rue Vivienne
MÊME MAISON A BRUXELLES, A LEIPZIG ET A LIVOURNE

1865
Tous droits réservés

INTRODUCTION

Le *Cours de littérature dramatique* de August Wilhelm Schlegel est la reproduction des leçons publiques données à Vienne, en 1808, par l'illustre critique allemand, et publiées de 1809 à 1811. Ce cours eut un retentissement énorme, non seulement en Allemagne, mais en France. Madame de Staël y assistait : elle avait pour Wilhelm Schlegel une grande admiration, elle l'avait attiré à Coppet, dès 1805, en lui confiant l'éducation littéraire de ses enfants, et bien des idées, sans doute, sur la philosophie de l'art, avaient été élaborées en commun par ces deux esprits d'élite. Voici comment madame de Staël, dans son livre *de l'Allemagne* (2ᵉ partie, chap. XXXI), rend compte de l'impression que lui fit le *Cours de littérature dramatique*.

« W. Schlegel a donné à Vienne un cours qui embrasse ce qui a été composé de plus remarquable pour le théâtre, depuis les Grecs jusqu'à nos jours;

ce n'est point une nomenclature stérile des travaux des divers auteurs; l'esprit de chaque littérature y est saisi avec l'imagination d'un poète; l'on sent que pour donner de tels résultats il faut des études extraordinaires; mais l'érudition ne s'aperçoit dans cet ouvrage que par la connaissance parfaite des chefs-d'œuvre. On jouit en peu de pages du travail de toute une vie; chaque jugement porté par l'auteur, chaque épithète donnée aux écrivains dont il parle, est belle et juste, précise et animée. W. Schlegel a trouvé l'art de traiter les chefs-d'œuvre de la poésie comme des merveilles de la nature, et de les peindre avec des couleurs vives qui ne nuisent point à la fidélité du dessin; car, on ne saurait trop le répéter, l'imagination, loin d'être ennemie de la vérité, la fait ressortir mieux qu'aucune autre faculté de l'esprit, et tous ceux qui s'appuient d'elle pour excuser des expressions exagérées ou des termes vagues, sont au moins aussi dépourvus de poésie que de raison.

« L'analyse des principes sur lesquels se fondent la tragédie et la comédie est traitée dans le cours de W. Schlegel avec une grande profondeur philosophique; ce genre de mérite se retrouve souvent parmi les écrivains allemands; mais Schlegel n'a point d'égal dans l'art d'inspirer de l'enthousiasme pour les grands génies qu'il admire; il se montre en général partisan d'un goût simple et quelquefois même d'un goût rude; mais il fait exception à cette façon de voir en faveur des peuples du Midi. Les jeux de mots et leurs *concetti* ne sont point l'objet de sa censure; il déteste le maniéré qui naît de l'esprit de société, mais celui qui vient du luxe de l'imagination lui plaît en poésie, comme la profusion des couleurs et des parfums dans la nature. Schlegel, après s'être acquis une grande réputation par sa traduction de Shakespeare, a pris pour Calderon un amour aussi vif, mais d'un genre très différent de celui que Shakespeare peut inspirer; car autant l'auteur anglais est profond et sombre dans la connaissance du cœur humain, autant le poëte espagnol s'abandonne avec douceur et charme à la beauté de la vie, à la sincérité de la foi, à tout l'éclat des vertus que colore le soleil de l'âme.

« J'étais à Vienne, quand W. Schlegel y donna son cours public. Je n'attendais que de l'esprit et de l'instruction dans des leçons qui avaient l'enseignement pour but; je fus confondue d'entendre un critique éloquent comme un orateur, et qui, loin de s'acharner aux défauts, éternel aliment de la médiocrité jalouse, cherchait seulement à faire revivre le génie créateur. »

Une note ajoutée à ce passage nous apprend que le *Cours de littérature dramatique* fut traduit en français par la cousine de madame de Staël, madame Necker de Saussure, qui garda l'anonyme en présence des vives réclamations dont l'ouvrage était déjà devenu l'objet en France. La traduction fut faite sous les yeux de l'auteur, qui retoucha lui-même plusieurs morceaux et indiqua d'autres changements qu'il jugeait nécessaires. Elle fut publiée à Paris et à Genève, chez J. J. Paschoud, en 1814, et W. Schlegel déclara expressément, dans un avertissement, qu'*elle avait été entreprise d'après son désir, revue en partie par lui-même,* qu'elle *était la seule qu'il regardât comme authentique et sur laquelle il consentit à être jugé.*

Il nous est donc interdit d'entreprendre une nouvelle traduction de l'ouvrage de Schlegel. Nous nous sommes borné à revoir avec soin celle de madame Necker de Saussure, surtout en ce qui concerne certaines expressions, certaines tournures de phrase qui n'auraient plus exactement la même signification, ou seraient mal comprises, dans l'état actuel de nos idées littéraires depuis la révolution romantique. Nous n'avons pas voulu y ajouter de notes critiques, et nous croyons en cela aussi nous conformer au désir de l'auteur, formulé par le traducteur dans sa préface : « Les notes, pour être indépendantes de l'ouvrage, dit madame Necker, ne laissent pas de lui ôter cette unité de couleur qui en fait un des grands mérites ; elles changent un discours en dialogue, et en dialogue où un seul des interlocuteurs interrompt l'autre quand il lui plaît... » « Ce qui serait vraiment susceptible d'un grand intérêt, ajoute-t-elle, c'est un ouvrage en réponse à celui-ci. »

Nous publions cette préface tout entière comme une sorte de document qui permettra d'apprécier l'opinion française en 1814. Le traducteur craint la susceptibilité de ses compatriotes, et prend tour à tour la défense des Français contre Schlegel et la défense de Schlegel contre les Français. Le dernier mot de la préface est un appel, assez adroit, à l'indulgence : « Il me semble qu'en France, on est si sûr du bon goût, qu'on ne doit pas craindre les idées nouvelles, et tellement certain de retrouver beaucoup chez soi, qu'on doit se plaire à voyager dans les régions étrangères. » Nul ne prévoyait alors les brillantes destinées que ces « idées nouvelles » auraient dans la patrie même de Racine et de Boileau.

Madame Necker de Saussure ne s'était guère occupée, d'ailleurs, de littérature proprement dite. Fille du naturaliste de Saussure et née à Genève en 1766, elle avait épousé Jacques Necker, neveu du père de madame de Staël, et s'était bientôt éprise pour sa cousine d'une vive admiration. L'œuvre de toute sa vie fut le livre de l'*Éducation progressive*, dont l'idée première venait également de madame de Staël, et qui remporta l'un des prix Montyon (3 vol. in-8°, Paris, 1828-1838). Madame Necker mourut à Genève en 1841, ne songeant peut-être plus elle-même à cette traduction de Schlegel, dont l'influence avait été si considérable, et que la jeune école, désormais victorieuse, avait laissée tomber dans un injuste oubli.

Le *Cours de littérature dramatique* de Schlegel appartient cependant bien plus à l'histoire littéraire de la France qu'à celle de l'Allemagne. La littérature française y est presque l'unique préoccupation de l'auteur, même lorsqu'il traite des Grecs, des Anglais et des Espagnols. Aussi ce travail n'a-t-il pas eu en Allemagne la réputation à laquelle il semblait avoir droit, et pour comble de malheur, comme Schlegel avait froissé les Français, ceux-ci lui gardèrent rancune, tout en reconnaissant la valeur et la justesse de quelques-unes de ses appréciations; ils ne pouvaient pardonner à « un étranger » d'attaquer leurs gloires nationales, et c'est à peine si l'on se permit de citer un livre qui avait été apporté, lors de la restauration, « dans les fourgons de l'ennemi. »

Ce sentiment est assez général pour que, beaucoup plus tard, certains Allemands francisés, comme Henri Heine, aient cru de bon goût, sinon de bonne politique, de rabaisser encore le mérite de Wilhelm Schlegel. « Ce qui a grossi sa gloire, dit Henri Heine, c'est la sensation qu'il produisit en France en attaquant les autorités littéraires de ce pays. Nous nous sommes beaucoup égayés de voir notre vaillant compatriote démontrer aux Français que toute leur littérature classique était sans valeur aucune, que Molière ne fut qu'un bouffon, un joueur de farces et non un poète; que Racine n'avait rien produit de bon, et qu'on devait nous admirer, nous autres Allemands, comme les dieux du Parnasse..... »
« A. W. Schlegel, dit-il ailleurs, assez spirituellement, ne s'est fait une réputation que par l'audace inouïe avec laquelle il attaque les autorités littéraires reconnues. Il arrache les couronnes de lauriers des vieilles perruques, en soulevant un nuage de poussière. Sa gloire est fille naturelle du scandale. »

Nous n'avons pas besoin de faire remarquer ce que cette appréciation a d'injuste et de perfide. On peut reprocher à Schlegel de n'avoir pas compris le génie de Molière, d'avoir exagéré le mérite de Calderon, d'être parfois trop absolu, exclusif ou même partial, mais il suffit de lire tout ce qu'il dit du théâtre grec pour reconnaître son érudition, sa sagacité et sa lumineuse profondeur. Nous croyons fermement que la réimpression du *Cours de littérature dramatique* produira une véritable réaction, chez les Français, en faveur du critique allemand, devenu si méthodique et si clair précisément sous leur propre influence. En Allemagne, depuis une douzaine d'années déjà, on lui a rendu pleine justice.

Auguste Wilhelm Schlegel était né à Hanovre le 5 septembre 1767; il étudia à Gottingue où il fit la connaissance du poète Burger, et contribua bientôt à la rédaction de la *Gazette littéraire générale*, avec Goethe, Schiller, Herder, Fichte, Jacobi, Humboldt. Nommé professeur à l'université d'Iéna, il publia avec son frère, Frédéric, une revue critique intitulée l'*Athénœum*, et devint ensuite, avec Tieck, l'un des éditeurs de l'*Almanach des Muses*. Son *Cours de littérature dramatique*, fait à Vienne en 1808, avait été précédé de la publication, en 1807, du parallèle de la *Phèdre* de Racine et de celle d'Euripide, ouvrage qui fut comme le point de départ de la révolution romantique en France. En 1810 et 1811, il ne s'occupa que de poésie et de traductions; les événements de 1813 lui donnèrent l'occasion de se faire connaître comme publiciste, mais il retourna bientôt après à ses études de prédilection, qui étaient la critique et la philologie. En 1818, il publia à Paris, en français, son *Essai sur la langue et la poésie provençales*, et fut nommé professeur à l'université de Bonn, où il s'adonna tout entier à l'étude des langues de l'Asie. Son *Cours d'histoire générale des beaux-arts*, fait à Berlin en 1828, et son édition du *Râmâyana* furent ses derniers ouvrages. Il mourut en juillet 1836.

A ces détails biographiques, deux des grands écrivains de l'Allemagne contemporaine, Kark Goedeke et Schlosser, ajoutent des appréciations que nous croyons devoir résumer au moins succinctement.

A.-W. Schlegel, dit Karl Goedeke (*Elf Bücher Deutscher Dichtung*, Leipzig, 1849), fut le premier qui exposa clairement l'art dramatique chez les Grecs, les Anglais et les Espagnols, au moyen d'une analyse théorique des ouvrages les plus remarquables du théâtre de ces peuples. Par ses traductions, qui sont encore les meilleures, de diverses pièces de Shakespeare et de Calderon, ainsi que de petits morceaux de poètes lyriques romantiques, il ouvrit à la littérature allemande une voie plus large, qu'il élargit encore par ses études de la littérature indienne. Comme poète il surpasse son frère; il possède la langue allemande et se montre maître de la forme, du rhythme. Quelques-unes de ses compositions sont devenues populaires.

Schlosser, le grand historien allemand, tout en blâmant les exagérations de l'école romantique, que l'on put considérer comme antinationale en Allemagne, après 1815, et comme alliée du parti catholique et despote, constate le mérite de Schlegel et déclare que les deux frères aidèrent puissamment à relever la littérature allemande du mauvais goût, des tendances superficielles et mesquines où elle était tombée. « Les Schlegel, dit-il, attaquèrent d'une façon rude et révolutionnaire toute la littérature allemande et tous les écrivains qui jusqu'alors avaient été regardés comme classiques. Cette méthode de critique à la manière de Lessing, soutenue par l'influence de la philosophie idéaliste, éleva l'esprit littéraire à un haut point de perfection. August Wilhelm Schlegel avait acquis plus d'importance encore que son frère, par un écrit publié en 1796 et dans lequel il exalte Goethe.

« Les deux frères avaient, comme Lessing, les qualités nécessaires pour arriver à une réforme de la littérature de leur époque. Tout en propageant la philosophie de Fichte, qui était la pierre de touche de leur critique, ils défendirent avec ardeur, d'une part le génie grec, d'autre part Shakespeare et les grands poètes italiens. Ils procédaient comme Goethe, dans le dessein de chasser du sol allemand la littérature vulgaire et stérile, et pour y implanter une littérature nouvelle, pleine de fraîcheur, d'énergie, d'esprit, de liberté, littérature qu'ils appelèrent romantique.

» Leur critique, avec celle de Lessing, produisit une révolution dans la vie allemande, rompit les chaînes que les vieilles habitudes avaient rivées autour de la nation, et eut même son effet au dehors. »

Nous ne craignons pas d'affirmer que la réimpression du *Cours de littérature dramatique* de Wilhelm Schlegel rendra plus d'un service aux lettres françaises. Le seul ouvrage que la France puisse opposer à celui du critique allemand est le *Cours de littérature dramatique* de M. Saint-Marc Girardin, et il y a lieu de regretter, tout en s'étonnant un peu, que M. Saint-Marc Girardin n'ait pas jugé à propos de prendre connaissance d'un travail fait à un point de vue presque semblable. Les réflexions de l'écrivain français sur la *Nature de l'émotion dramatique*, au début même de son cours, tout ingénieuses et toutes philosophiques qu'elles paraissent, auraient évidemment gagné à être mises en contact avec les idées de

Schlegel sur le même sujet, formulées dans sa troisième leçon. M. Villemain, qui ne traitait pourtant pas de la littérature allemande dans son *Tableau du dix-huitième siècle*, a trouvé moyen de rendre hommage à Wilhelm Schlegel : il rappelle que ce critique « étranger » fut le premier à faire comprendre aux Français la singulière anomalie qui existe entre le style de l'*Iphigénie* de Racine, entre cette exquise politesse de langage et l'époque toute barbare des sacrifices humains.

Eugène Van Bemmel.

PRÉFACE

M. Schlegel a mis une préface à la tête de son ouvrage, mais comme elle est adressée à des lecteurs allemands et surtout aux auditeurs de son cours, le traducteur a cru qu'il suffirait d'en donner un extrait, auquel il ajoutera quelques éclaircissements nécessaires.

Le peu d'étendue de ce cours doit faire comprendre d'avance qu'il ne peut donner une idée complète, ni de la bibliographie dramatique, ni de l'histoire du théâtre dès les temps les plus reculés. L'auteur a désiré embrasser un sujet aussi vaste à un point de vue général, et il s'est particulièrement attaché à développer les principes d'après lesquels on doit juger les productions dramatiques des siècles et des peuples divers. Les leçons qui composent la première partie de ce cours sont à peu près telles que M. Schlegel les a données à Vienne, en 1808, devant une assemblée brillante et nombreuse, et il n'a fait que les distribuer dans un ordre plus commode.

C'est là tout ce que la préface allemande contient d'utile à connaître; mais, dans une remarque ajoutée au dernier volume, publié en 1811, deux ans après le premier, l'auteur annonce qu'il a retravaillé avec soin la seconde partie de son ouvrage, et qu'il s'est surtout étendu davantage sur le théâtre anglais; il regrette cependant encore de n'avoir pas eu le temps d'entrer dans autant de détails sur le théâtre espagnol, que l'eût mérité l'importance du rôle que ce dernier théâtre a joué dans l'histoire de l'art dramatique.

Depuis la publication de ce cours, et lorsque M. Schlegel a voulu le faire traduire en français, il l'a encore soumis à une révision générale. Il en a refait le commencement, il a retouché lui-même plusieurs morceaux, et a indiqué au traducteur d'autres changements qu'il jugeait nécessaires. C'est spécialement la partie du théâtre français qu'il eût désiré pouvoir refondre; ses principes en théorie étaient restés les mêmes, mais il les appliquait avec moins de rigueur. Le séjour de la France, cette connaissance des finesses du langage, qui s'acquiert par la conversation, cette foule de liens qui rattachent le charme de la société à celui de la littérature, finissent toujours par adoucir les préventions des étrangers, et l'on ne peut longtemps prononcer des mots français, sans admirer les poètes qui en ont fait un si bel usage. Soit donc qu'il y eût plus d'impartialité dans les jugements que portait M. Schlegel, soit plutôt qu'un juste sentiment des convenances l'avertit qu'une traduction française, et, en quelque sorte, plus particulièrement adressée à la nation dont il combat les opinions littéraires, devait être écrite avec beaucoup de mesure, il est certain qu'il avait autorisé le traducteur à donner au fond de ses idées les formes les moins faites pour déplaire. Celui-ci s'est rarement prévalu de cette permission, il a craint d'ôter à l'ouvrage et de l'ensemble et de l'originalité; il a pensé qu'une discussion n'avait d'intérêt qu'autant que les opinions y fussent franchement développées; que celles des critiques allemands pouvaient exciter la curiosité, et enfin qu'un livre, déjà célèbre en Europe, devait être connu en France à peu près tel qu'il a été publié. D'ailleurs, si les égards sont toujours nécessaires, les ménagements seraient ici superflus. La gloire du théâtre français est au dessus de toute atteinte. Rien ne peut ternir une renommée qui se fonde sur des plaisirs sans cesse renaissants, et une nation chez laquelle les plus nobles jouissances de l'esprit sont devenues des jouissances populaires, ne peut rien avoir à redouter.

Cette traduction ne diffère donc point essentiellement de l'original allemand, et si la distribution de la matière n'y est pas toujours exactement la même, la seule division importante de l'ouvrage, la division systématique y est conservée. Le traducteur s'est soigneusement attaché à éclaircir tout ce qui aurait pu paraître abstrait ou métaphysique à des lecteurs français; toutefois il n'a pu, dans un sujet traité d'une manière neuve, éviter l'emploi de quelques termes, peut-être inusités, mais dont les analogues sont devenus techniques en Allemagne. Il a cherché à rapprocher son style de celui de l'original, autant que le permet l'extrême différence du génie des deux idiomes, et, s'il s'est quelquefois écarté de son modèle relativement au choix des figures, c'est par un esprit de scrupule, et parce qu'il croit que la traduction la plus infidèle de toutes est celle qui rend ridicule dans une langue ce qui ne l'était pas dans une autre.

Peut-être pensera-t-on qu'un ouvrage où l'on expose une théorie, où l'on prononce des jugements contraires aux opinions françaises, aurait dû avoir pour correctif des notes critiques, dans lesquelles le traducteur aurait combattu l'auteur. Ce genre est fort à la mode maintenant, et l'on y a souvent déployé beaucoup d'esprit, mais ne pourrait-il pas donner lieu à quelques objections? Les notes, pour être indépendantes de l'ouvrage, ne laissent pas de lui ôter cette unité de couleur qui en fait un des grands mérites; elles changent un discours en dialogue, et en dialogue où un seul des interlocuteurs interrompt l'autre quand il lui plaît; elles sont une distraction, je dirais presque une importunité, car, plus elles sont spirituelles, moins on peut se résoudre à les passer, et il devient impossible de lire avec entraînement. Il faut commencer par écouter un auteur avec impartialité, ne fût-ce que pour s'assurer qu'on ne sera pas de son avis. Ce n'est pas, au reste, avec des notes qu'on peut renverser un système bien lié; renfermées dans des limites qui ne leur permettent pas de remonter aux principes, il faut qu'elles s'attachent aux conséquences, et alors elles laissent indécise la question générale; et, si elles se bornent à censurer les expressions, elles s'adressent à l'auteur lui-même bien plus qu'à ses idées. D'ailleurs, ce dernier genre de critique est celui que doit le plus s'interdire un traducteur; les mots sont trop en son pouvoir pour qu'il ait le droit de les relever, il ne doit pas préparer l'épigramme de la note en rédigeant la phrase du texte, et quelle que soit son opinion sur le fond de la cause, il faut du moins qu'il s'associe au succès du plaidoyer.

Ce qui serait vraiment susceptible d'un grand intérêt, c'est un ouvrage en réponse à celui-ci. Il me semble qu'on pourrait laisser subsister en grande partie le beau système de M. Schlegel, et montrer que c'est parce qu'il ne le saisit pas lui-même sous un point de vue assez étendu, qu'il est injuste envers la France. Le premier but de l'auteur est de prouver que des goûts différents, mais également fondés sur des dispositions primitives de la nature humaine, ne sont point inconciliables, et qu'ainsi l'admiration pour la tragédie grecque, pour ce qu'il appelle en général le genre classique (1), n'exclut pas un vif sentiment des beautés de Shakespeare, de Calderon et de toute la poésie qu'il nomme poésie romantique. Il établit des distinctions très justes et très ingénieuses entre l'esprit de l'antiquité et celui qui a pris naissance pendant le moyen âge, et toute cette partie est digne d'un auteur réputé le premier critique de l'Allemagne. Mais pourquoi donc

---

(1) Il est bon d'avertir que dans l'ouvrage de M. Schlegel, l'épithète de *classique* est une simple désignation de genre, indépendante du degré de perfection avec laquelle ce genre est traité.

M. Schlegel ne fait-il aucune part au génie particulier des siècles tout à fait modernes? pourquoi, sous le rapport de l'art dramatique, n'envisage-t-il les Français que comme des imitateurs des Grecs? L'adoption d'une forme est-elle l'imitation d'une manière? Et quand un esprit différent a réagi sur cette forme et l'a modifiée, que reste-t-il qui réponde à l'idée de copie? Lors même qu'il serait vrai que les premières tragédies françaises ont été calquées sur des modèles grecs, l'histoire d'un art, de même que celle de plusieurs grands artistes, ne peut-elle pas prouver qu'on se fraye souvent une route nouvelle, après avoir commencé par suivre les pas d'un guide? Si, d'après M. Schlegel, le théâtre d'une nation doit, pour être véritablement original, offrir l'expression poétique de ses sentiments et de ses idées, pourquoi ce caractère d'originalité n'aurait-il pas été imprimé au théâtre français, par les génies supérieurs qui, les premiers, ont fait entrer la poésie dramatique dans la sphère de la civilisation la plus achevée? Enfin, si l'inspiration poétique mérite surtout notre hommage, si elle doit donner du prix aux ouvrages qui nous paraissent même les plus irréguliers, pourquoi ne la reconnaîtrions-nous pas au travers des formes sociales, comme au travers des formes sauvages, et pourquoi la perfection seule mettrait-elle obstacle à notre admiration?

M. Schlegel prétend que le système dramatique des Français tient à la nature de leur langue et à l'ensemble de leur culture morale. Si cela est, on doit chercher qu'elle est la force cachée qui a développé, presque simultanément en France, et la littérature et toutes les branches des connaissances humaines ; il faut que ce soit un principe actif, puisque le mouvement prodigieux qui, depuis un siècle et demi, a sans cesse agité les esprits, dans différents sens, ne permet pas d'en admettre un autre. Or l'imitation est un principe mort et stérile, dont l'influence ne se serait d'ailleurs pas étendue hors des limites de l'art dramatique. Peut-être M. Schlegel se serait-il approché de la vérité si, en reconnaissant le pouvoir qu'a exercé en France la société, il avait envisagé cette société autrement que sous le rapport de la gêne et de l'étiquette, s'il y avait vu un foyer d'activité qui multiplie les forces par le mouvement, et fait que les facultés de chacun s'augmentent de celles de tous. Le goût de la conversation, le talent de répandre du charme sur les sujets les plus sérieux, de l'intérêt sur les plus frivoles, ont, à diverses époques, rendu la société française la première de toutes, non seulement pour l'agrément, mais pour les lumières, et pour la quantité d'idées qui y étaient en circulation. Elle a inspiré et dominé la littérature, parce que les hommes de lettres sentaient ce qu'ils lui devaient, et que leurs ouvrages les plus distingués n'étaient souvent que des interprétations heureuses des sentiments et des pensées de la nation. On dira, peut-être, que le mouvement communiqué par l'influence de la société, n'est pas la véritable inspiration poétique. Mais le talent est un heureux don de la nature, et une fois réveillé dans le sein de l'homme par une impulsion quelconque, il détermine lui-même sa propre direction. Sans doute, il n'en prendra pas une qui soit contraire à l'esprit du siècle; sans doute, dans un temps où l'alliance de la poésie et de la musique n'est plus consacrée par des fêtes nationales et par les mœurs publiques, il n'essaiera pas d'unir aux accords de la lyre, les chants inspirés de l'hymne ou du dithyrambe, il ne cherchera pas à tirer de la flûte pastorale des sons auxquels nous ne prenons plus qu'un bien faible plaisir; mais dans d'autres genres, et surtout dans ceux où la poésie est en contact avec l'histoire, dans la tragédie et même dans l'épopée (en supposant qu'un jour on s'y dispense du merveilleux), il sera excité et favorisé par les lumières actuelles. Si les époques avancées de la civilisation ne sont pas celles qui fournissent les sujets de tableaux les plus frappants, ce sont celles du moins qui forment les peintres les plus habiles. Et, pour m'appuyer d'un exemple, je dirai que l'homme qu'on peut regarder, presque sous tous les rapports, comme le représentant du dix-huitième siècle, Voltaire, n'a pas manqué tout à fait de talent poétique ni de talent dramatique.

Si donc on voulait caractériser les époques les plus glorieuses pour le génie humain, et que l'on dît avec M. Schlegel que l'esprit classique a régné dans l'antiquité, que l'esprit romantique, né dans le moyen âge, a encore animé les siècles plus éclairés qui ont immédiatement suivi cette époque, peut-être pourrait-on ajouter que l'esprit social a vivifié les temps tout modernes, et déterminé le genre particulier de culture morale dont la France a été le centre. On examinerait la nature de cet esprit, et l'on chercherait quelles sont les facultés qu'il exalte, quelles sont les facultés auxquelles il ôte peut-être quelque énergie ; on verrait qu'en électrisant vivement les hommes, il leur donne, comme par inspiration, le sentiment des convenances et du bon goût, et peut-être trouverait-on dans la tragédie française elle-même un symbole frappant de cet esprit. Moins simple, moins majestueuse, moins rapprochée de l'idéal que la tragédie grecque ; moins variée, moins déchirante, moins terrible que le drame romantique, elle est peut-être supérieure dans son ensemble à l'un et à l'autre. Admirable dans ses proportions, elle a cette rapidité, cette marche directe vers un but, qui excitent vivement la curiosité, et cette conclusion nette et bien terminée qui réussit à la satisfaire. Par une imposante sévérité, elle atteste son respect pour la dignité de l'homme ; par la grandeur des sentiments, par la hauteur des pensées, elle s'adresse à ce qu'il y a de plus noble dans la nature humaine. Sans sortir de cette région véritablement poétique, où le cœur est ému, mais où les sens ne sont point révoltés, elle sait faire couler de douces larmes ; et la beauté harmonieuse de son langage, l'éclat et le charme de ses expressions sont un enchantement continuel, qui agit même sur les organes de la multitude, et fait les délices des esprits supérieurs.

Lorsque M. Schlegel n'a vu dans la tragédie française qu'une imitation de la tragédie grecque, il s'est évidemment trompé, mais il s'est mépris bien davantage quand il n'a considéré l'empire de la société que comme une influence gênante, qui paralyse le talent en lui imposant une multitude de lois minutieuses. Sans doute qu'en littérature les lois sont nécessairement prohibitives, parce qu'on sait d'avance ce qui pourra blesser la raison et qu'on ne devine pas le génie; mais il y a eu dans l'opinion en France autre chose qu'un tribunal de correction, et ce n'est pas en disant au poète, *abstiens-toi*, qu'elle a créé la tragédie.

M. Schlegel montre un sentiment si vrai des beautés de la poésie, il a un discernement toujours si fin et quelquefois si juste, il sait même si bien relever les avantages des modèles français sur les copies des étrangers, que de telles préventions paraîtraient étonnantes, s'il ne nous aidait pas à les expliquer. On voit qu'elles sont dues, en premier lieu, au ressentiment causé par le mépris avec lequel les admirateurs exclusifs du théâtre français ont souvent parlé de celui des autres nations, mépris qui fait que les critiques étrangers envisagent comme des représailles, ce que nous regardons comme une agression; et ensuite à l'état déplorable où l'art dramatique a été longtemps en Allemagne. La scène allemande était inondée de mauvaises traductions du français; une imitation gauche et lourde des formes françaises envahissait peu à peu les lettres et la société; on perdait toute originalité sans l'échanger contre de la grâce, lorsque Lessing sonna le tocsin. Goethe et Schiller s'éveillèrent et posèrent, d'une main plus hardie qu'assurée, les fondements d'un théâtre national. L'esprit des Allemands a pris depuis lors, dans différents genres, un grand essor qui a toujours suivi la même direction. La nouvelle école allemande, à la tête de laquelle sont les deux MM. Schlegel, a fait un corps de doctrine d'une foule d'opinions analogues. Un grand respect pour la haute antiquité et pour celle du moyen âge; le culte des pensées universelles et des sentiments enthousiastes; l'idée que le christianisme est la seule source féconde où la poésie moderne soit à portée de puiser (idée que peut, au reste, revendiquer la France, puisqu'elle a été revêtue d'un grand éclat dans les ouvrages de M. de Chateaubriant et de madame de Staël); une horreur prononcée pour cette théorie, aussi avilissante que dangereuse, qui fonde la morale sur l'intérêt personnel; une philosophie platonicienne; une métaphysique idéaliste : voilà en peu de mots le système de l'école allemande, tel qu'on peut déjà l'entrevoir dans cet ouvrage. Ce système, qu'un langage parfois un peu mystique, et quelques idées poétiques dont on s'est trop pressé de faire l'application aux sciences naturelles, ont de bonne heure discrédité en France, n'en est pas moins remarquable par une grande élévation de pensées, par des vues neuves, fondées sur de prodigieuses connaissances, et par le noble but de ranimer dans le cœur de l'homme tous les sentiments qui font la gloire de l'humanité.

On ferait beaucoup de tort à l'ouvrage, si on le croyait uniquement dicté par un esprit de parti en littérature; la partie polémique n'en est ni la plus considérable, ni la plus importante. Toute la première partie sur le théâtre des Grecs est fort intéressante, non seulement par la vaste érudition qui s'y déploie sans étalage, mais par une manière très vive, et l'on peut dire très originale, de sentir les beautés des pièces grecques, et de rapprocher les chefs-d'œuvre de la poésie de ceux de la sculpture. Les leçons sur la comédie des Grecs ont eu surtout beaucoup de succès en Allemagne. L'Italie ancienne et moderne est traitée avec une extrême sévérité. Dans la partie française, M. Schlegel discute certainement les questions générales avec une rare sagacité, mais il me paraît souvent inférieur à lui-même dans ses jugements sur les poètes, et il est surtout d'une grande injustice envers Molière; injustice d'autant plus frappante qu'on ne voit, dans la comédie, aucun nom, parmi les modernes, à mettre à côté du sien. Un critique sait d'avance qu'il offensera le peuple auquel il conteste un de ses plus beaux titres de gloire, mais, rivalité à part, quel service rend-il aux hommes des autres pays en dépréciant un grand génie? Les nations éclairées peuvent bien s'accorder les unes aux autres, que ce n'est pas sans un mérite supérieur qu'on excite pendant plus d'un siècle leur enthousiasme. Lorsqu'on met à notre portée des beautés que nous n'étions point parvenus à saisir, on agrandit en quelque sorte notre être moral, on nous ouvre une source de jouissances nouvelle, et c'est ce qu'a souvent fait M. Schlegel; mais, quand on est resté étranger à l'impression durable qu'un homme d'un talent prodigieux a produite dans sa patrie, c'est apparemment qu'on ne s'est pas placé dans le juste point de vue, et comment alors y placera-t-on ses lecteurs? M. Schlegel est un poète, l'admiration est son élément naturel, et c'est quand il veut communiquer ce sentiment, qu'il déploie toutes les ressources de son esprit. Sophocle, Shakespeare et Calderon sont les objets de sa vénération et presque de son culte. On sera d'accord avec lui sur Sophocle, et pour ne pas être étonné de tout ce que lui inspirent les deux autres poëtes, il faut penser que, les ayant traduits dans sa propre langue avec une perfection extraordinaire, il a dû se pénétrer jusqu'à l'enthousiasme des beautés de ses modèles. Malgré l'hommage qu'il rend au talent de quelques-uns de ses compatriotes, on ne lui trouvera pas d'indulgence pour son pays. La partie du théâtre allemand paraît presque contenir la moralité de l'ouvrage, car elle prouve, peut-être contre le gré de l'auteur, que dans les époques non créatrices, des formes sévères mettent du moins un frein aux extravagances de la médiocrité, et que ce qu'il y a de plus funeste pour un art, c'est qu'on se permette, sans génie, ce que le génie seul peut hasarder.

Somme toute, cet ouvrage est loin d'être impartial, mais il répand beaucoup de lumière. Peut-être des rayons qui partent d'un point unique rendent-ils les objets plus frappants et plus pittoresques. Peut-être vaut-il autant que les systèmes opposés soient développés par des écrivains divers, que si chaque auteur, à force de vouloir les maintenir dans un juste équilibre, ne nous intéresse à aucun, et n'imprime jamais de mouvement rapide à notre pensée. Il me semble qu'en France, on est si sûr du bon goût qu'on ne doit pas craindre les idées nouvelles, et tellement certain de retrouver beaucoup chez soi, qu'on doit se plaire à voyager dans les régions étrangères.

COURS
DE
LITTÉRATURE DRAMATIQUE

PREMIÈRE PARTIE

THÉATRE CLASSIQUE

PREMIÈRE LEÇON

Introduction. — Quel doit être l'esprit de la critique. — Contraste entre le goût des anciens et celui des modernes. — Il faut rendre également justice à ces deux manières de sentir. — Esprit de la poésie classique et de la poésie romantique. — Le principe de l'une se retrouve dans l'ensemble de la culture morale des païens, celui de l'autre a déterminé le genre des beaux-arts depuis l'introduction du christianisme. — Division de la littérature dramatique d'après ce principe. — Les anciens et leurs imitateurs d'une part; les poètes romantiques de l'autre. — Coup d'œil sur le théâtre de toutes les nations.

Je vais essayer de réunir, dans ces leçons, la théorie de l'art dramatique à son histoire, et en faire connaître à la fois les préceptes et les modèles.

Le besoin et le plaisir des beaux-arts, naissent d'une disposition de la nature humaine, dont les philosophes ont souvent fait le sujet de leurs méditations. Les uns ont cherché à saisir les traits secrets de ressemblance des objets que nous admirons le plus dans les œuvres du créateur et dans celles des hommes, et à rattacher les idées qu'ils s'en sont formées, aux notions purement intellectuelles de la beauté morale; tandis que d'autres, s'élevant à des conceptions plus vastes, ont trouvé dans l'âme elle-même et dans ses relations avec l'univers, le principe général des arts, ou la théorie philosophique du beau.

Cette branche des sciences métaphysiques est infiniment curieuse en elle-même, et par sa liaison avec les autres recherches sur l'esprit humain. Elle analyse une grande faculté de l'âme, détermine ses rapports avec toutes les autres, et touchant même au problème des sensations, elle jette un jour éclatant sur l'ensemble de la nature de l'homme.

Mais ces hautes spéculations ne quittent point la région sublime à laquelle elles ont su atteindre, elles n'ont point d'objet hors d'elles-mêmes, et leur seule utilité évidente est d'augmenter, en les exerçant, les forces de la pensée.

Si les idées de cette théorie générale qui semble planer au dessus de la région des beaux-arts, ont quelque chose de trop subtil et de trop vague, la théorie de chacun des arts en particulier, considérée isolément, est peut-être aussi trop sèche et trop positive. Indispensable à l'artiste, elle offre peu d'intérêt à ceux qui ne veulent que jouir des productions du génie; l'étude des moyens les refroidit pour le but, et les charmes de l'art même s'évanouissent à leurs yeux.

Est-ce donc dans l'histoire qu'il faut chercher à connaître les arts? Sans doute elle a consigné les faits qui les concernent, ainsi que tous les autres faits remarquables; mais au milieu des événements terribles qui remplissent ses annales, lorsqu'elle déroule ses funestes tableaux, et fait passer et disparaître devant nous les destinées des hommes et des empires, comment s'attacher à la relation tranquille des plaisirs calmes et purs que les artistes célèbres ont procurés à leurs contemporains? Il faut séparer l'histoire des arts de celle des révolutions humaines, pour qu'elle puisse exciter l'attention. On doit y placer l'intérêt dans les idées, emprunter des lumières à la théorie, rallier les jouissances des arts aux plus nobles jouissances de l'âme, et montrer le sentiment d'admiration qui les a fait naître comme une des plus belles prérogatives de l'homme, comme un des liens qui le rattachent à la divinité.

L'histoire des arts nous enseigne ce qu'on a fait, leur théorie ce qui doit se faire. Ces deux études resteraient isolées et imparfaites sans un intermédiaire qui les réunît. C'est la critique qui éclaire l'histoire des arts et en rend la théorie féconde. Elle compare ensemble les productions des grands artistes, et sait y découvrir les beautés éternelles qui en font le prix; elle évalue leur mérite relatif, et indique ainsi la route qu'il faut suivre pour parvenir à produire encore des ouvrages estimables et originaux.

On sait en général que la critique est l'art de juger les productions du génie humain. Comme jugement, elle exige déjà de l'impartialité; comme jugement appliqué aux arts, elle suppose, de plus, ce vif sentiment du beau qui est leur source commune, et met seul en état de les apprécier. Cependant, par une imperfection du langage, qui tient peut-être à une fausse direction dans les idées, il est certain que le mot critique nous fait plutôt penser à la sagacité qui découvre les défauts, qu'à l'heureux don de sentir vivement les beautés. Il faut convenir que l'esprit de la critique moderne a contribué à la faire envisager comme l'art de censurer. Elle reconnaît un mérite négatif et des fautes positives. Son blâme condamne sévèrement et son approbation ne fait qu'absoudre. Elle compte les chutes sans mesurer le vol du génie, et, en paraissant plutôt adjuger le prix à l'exactitude que distribuer les palmes de la gloire, elle inspire plus de crainte que d'ardeur.

Ce n'est pas ainsi que j'ai considéré la critique, cette étude à laquelle j'ai consacré la plus grande partie de ma vie, et dont je vais chercher à donner l'idée, telle que je la conçois.

Nous voyons une multitude d'hommes, même des nations entières, tellement emprisonnées dans les habitudes de leur éducation et de leur manière de vivre, qu'elles ne réussissent jamais à s'en dégager, lorsqu'il s'agit de la jouissance des beaux-arts. Elles ne sauraient trouver du naturel, de la convenance, ou de la beauté, hors de ce qui se conforme à leurs usages nationaux, ou du moins aux usages qui se sont dès longtemps naturalisés dans leur langue, dans leurs mœurs ou dans leurs relations sociales. Avec cette manière exclusive de voir et de sentir on peut, il est vrai, par la culture de l'esprit, parvenir à porter une grande finesse de discernement dans le cercle étroit où l'on s'est une fois renfermé; mais il n'y a point, dans les arts, de véritable juge, sans la flexibilité qui nous met en état de dépouiller nos préjugés personnels et nos aveugles habitudes, pour nous placer au centre d'un autre système d'idées, nous identifier avec les hommes de tous les pays et de tous les siècles au point de nous faire voir et sentir comme eux. C'est seulement avec une pareille universalité d'esprit qu'on se met au niveau de tous les sentiments, qu'on rend hommage à tout ce qui honore la nature humaine, qu'on reconnaît la grandeur et la beauté morale sous toutes les formes accidentelles qu'elles peuvent revêtir pour se manifester à nos yeux, et même sous les travestissements qui nous étonnent le plus. Il n'y a point de monopole pour la poésie en faveur de certaines époques et de certaines contrées. Ce sera toujours une vaine prétention que celle d'établir le despotisme en fait de goût, et aucune nation ne pourra jamais imposer à toutes les autres les règles qu'elle a peut-être arbitrairement fixées.

L'inspiration poétique (1), envisagée sous le point de vue le plus étendu, comme la puissance de concevoir l'idée du beau et de le rendre sensible, est un don répandu sur l'humanité tout entière, et les peuples mêmes que nous nommons barbares et sauvages ne sont pas à cet égard déshérités par le ciel. La

---

(1) Il y a dans le texte la *poésie*. M. Schlegel applique souvent ce mot à l'inspiration poétique, au style poétique et même à l'ensemble d'une composition poétique. Pour abréger, le traducteur suivra en cela son exemple. (*Note du traducteur.*)

grandeur des facultés morales décide de tout. Là où elle se manifeste, il ne faut pas s'arrêter à l'extérieur; tout doit être ramené aux plus intimes sentiments de notre âme, et ce qui jaillit de ce foyer a une incontestable valeur; mais lorsqu'un germe de vie n'existe pas au centre des œuvres de l'homme, la forme a beau en être régulière. il n'y a pas d'organisation réelle, et l'on ne peut y observer un jet hardi et vigoureux.

Plusieurs de ces époques célèbres dans l'histoire de l'esprit humain, auxquelles la réunion brillante de tous les arts a valu les titres les plus glorieux, rappellent ces jardins que les enfants s'amusent à construire. Emportés par l'impatience de leur âge, et voyant d'avance un petit paradis terrestre prêt à sortir de leurs mains, ils arrachent çà et là des fleurs et de la verdure, et fixent légèrement les extrémités des tiges dans la terre. Tout a d'abord une superbe apparence, le petit jardinier marche avec fierté au milieu de ses brillants carreaux de fleurs; mais, hélas! son triomphe ne dure guère; les plantes sans racines laissent tomber leurs feuilles et leurs fleurs déjà fanées, et il ne reste plus que des rameaux desséchés. Il n'en est pas ainsi de la forêt majestueuse qui s'est élancée vers le ciel sans le secours de l'homme : les siècles l'ont toujours respectée, et ses profondes solitudes nous remplissent encore d'une sainte terreur.

Telles sont les idées que nous nous sommes formées de l'impartialité ou de l'universalité d'esprit nécessaires au véritable critique, et nous allons actuellement en faire l'application à l'histoire de la poésie et des beaux-arts. On a coutume de borner cette étude aux ouvrages des Grecs, des Romains et des peuples de l'Europe moderne qui, sous ce rapport, se sont signalés les premiers ou avec le plus de succès; et, cependant, il y aurait, hors de ce cercle, bien des connaissances intéressantes à acquérir. Mais c'est ainsi que dans l'histoire, prétendue universelle, on ne comprend que les peuples qui ont exercé une influence plus ou moins marquante sur la civilisation européenne.

On sait comment l'étude de l'ancienne littérature prit, il y a environ trois siècles et demi, une nouvelle vie, lorsque la langue grecque se répandit plus généralement dans des contrées où la langue latine n'avait jamais été totalement hors d'usage; les auteurs classiques furent remis en lumière, l'imprimerie les répandit avec profusion; les antiques monuments des arts furent exhumés à grands frais. Toutes ces causes donnèrent une forte impulsion à l'esprit humain; cette époque fut décisive dans son histoire. Elle fut féconde en résultats, qui s'étendent jusqu'à nous, et s'étendront encore dans un avenir incalculable.

Cependant un abus, de nature à paralyser ces forces nouvelles, s'introduisit avec l'étude des anciens. Les érudits, qui s'étaient surtout emparés des trésors de l'antiquité, incapables de se distinguer eux-mêmes par des productions originales, attribuèrent aux anciens une autorité sans bornes : c'était, il en faut convenir, avec d'autant plus d'apparence de raison, que les chefs-d'œuvre des Grecs et des Romains offrent véritablement des modèles parfaits dans leur genre. Mais l'admiration la plus juste dans sa cause devint funeste dans ses effets, lorsqu'on alla jusqu'à soutenir qu'il n'y a rien à espérer pour l'esprit humain hors de la route de l'imitation, lorsqu'on n'estima les ouvrages modernes qu'autant qu'ils offraient une ressemblance plus ou moins parfaite avec les ouvrages anciens, et qu'on rejeta tout ce qui s'écartait des modèles classiques, comme l'effet d'une dégénération barbare et la preuve d'un goût dépravé.

Ce n'est heureusement pas ainsi qu'ont pensé les grands artistes et les grands poètes qui ont illustré les siècles modernes. Quelque vif enthousiasme que leur inspirassent les anciens, quel que pût être leur secret désir de les égaler, l'originalité, essentielle à leur génie, les a forcés à se frayer une route particulière, et à marquer leurs productions de leur sceau individuel. Tel fut l'exemple que donna le Dante, le restaurateur de la poésie moderne chez les Italiens; tout en se disant le disciple de Virgile, il mit au jour un ouvrage qui ne ressemble en rien à l'*Énéide*, et dans lequel, à l'égard du moins de la force, de la vérité, de l'étendue des idées et de leur profondeur, il surpasse de beaucoup, à mon avis, celui qu'il avoue pour son maître. Il en fut de même de l'Arioste, poète que l'on compare mal à propos avec Homère, car rien ne peut moins se ressembler.

Michel-Ange et Raphaël montrèrent encore une complète originalité dans les arts qui les rendirent fameux, quoiqu'ils eussent étudié l'antique avec beaucoup de soin. L'exemple de ces deux grands artistes doit nous prouver à quel point il serait injuste de n'estimer les peintres modernes que d'après leur plus ou moins de ressemblance avec l'idéal de la sculpture grecque; et c'est, sans contredit, le tort qu'on peut reprocher à Winckelmann dans sa manière d'apprécier Raphaël.

Comme la plupart des poëtes s'étaient formés à l'école des érudits, ils se sentirent partagés entre leur inclination naturelle et le devoir qu'on leur avait imposé; lorsqu'ils obéirent à l'une de ces impulsions, ils furent loués par les savants; lorsqu'ils s'abandonnèrent à l'autre, ils furent aimés du peuple. Ce ne sont assurément pas des rapports imparfaits avec Homère ou Virgile, qui ont fait vivre jusqu'à nos jours, dans le souvenir et dans les chants de leurs compatriotes, les strophes héroïques du Tasse et du Camoëns: c'est, chez le Tasse, le sentiment délicat de l'amour chevaleresque et de l'honneur; c'est, chez le Camoëns, l'ardente inspiration de l'héroïsme national.

Les siècles, les peuples et les classes de la société, à qui le besoin de la poésie originale se fait le moins sentir, s'accommodent toujours mieux que les autres de l'imitation des anciens. De là l'estime accordée à des ouvrages sans chaleur et sans vie, à de vains exercices d'école, qui peuvent tout au plus exciter un froid étonnement. La pure imitation reste toujours stérile dans les beaux-arts; ce que nous empruntons du dehors doit, pour ainsi dire, être régénéré en nous, pour reparaître sous une forme poétique. A quoi sert l'adresse laborieuse qui remanie sans cesse une matière étrangère? Là où ne règne pas l'amour de la nature, on ne voit pas briller la gloire des arts : l'homme ne peut jamais donner à ses semblables autre chose que lui-même.

Les véritables élèves des anciens, ceux qui, par

l'analogie des dispositions intérieures ou de l'éducation, ont pu réussir à marcher sur leurs traces et à travailler dans leur sens, sont toujours restés en petit nombre, tandis que la foule des lourds imitateurs de profession s'est continuellement augmentée. La plupart des critiques, séduits par la forme extérieure, ont donné libéralement à ces derniers le nom de classiques modernes, tandis qu'ils daignent tout au plus tolérer, sous le nom de génies incultes et sauvages, ces grands poètes vivants, chers aux nations, dont le talent original brille d'un trop grand éclat pour ne pas les frapper eux-mêmes. C'est en vain que, dans le dessein de concilier ces sentiments divers, on a voulu établir entre le goût et le génie une séparation absolue : cette séparation ne saurait exister; car le génie, de même que le goût, est une impulsion involontaire qui force à choisir le beau, et il n'en diffère peut-être que par un plus haut degré d'activité.

C'était donc une question encore agitée, que celle de l'estime due aux productions originales des modernes, lorsque, vers ces derniers temps, des hommes de lettres se sont occupés, principalement en Allemagne, à réunir tous les avis. Ils ont désiré conserver aux anciens les honneurs qui leur sont dus, et rendre en même temps de justes hommages au mérite tout à fait particulier qui distingue les modernes. Des contradictions apparentes ne les ont pas effrayés. La nature humaine est, sans doute, simple dans son essence, mais un examen approfondi nous apprend qu'il n'y a, dans l'univers, aucune force primitive qui ne soit susceptible de se diviser et d'agir en des directions opposées; les mouvements des êtres animés s'expliquent par le jeu des organes, tour à tour excités et détendus; partout on ne voit que dissonances et consonnances, contraste et accord; pourquoi ce phénomène ne se reproduirait-il pas dans le monde moral, dans l'âme de l'homme? Peut-être cette idée nous donnerait-elle la vraie solution du problème qui nous occupe; peut-être nous dévoilerait-elle la cause des directions différentes qu'ont prises, chez les anciens et les modernes, la poésie et les beaux-arts.

D'après cette manière de voir, on a imaginé de faire ressortir le contraste qui existe entre le genre antique ou classique et celui des arts modernes, en donnant à ce dernier le nom de genre romantique. Ce nom lui convient sans doute, puisqu'il dérive de celui de langue romane ou romance, sous lequel on désigne les idiomes populaires qui se sont formés par le mélange du latin avec les anciens dialectes germaniques, de même que la nouvelle civilisation européenne s'est formée du mélange, d'abord hétérogène mais devenu peu à peu intime, des peuples du Nord avec les nations dépositaires des restes précieux de l'antiquité. L'ancienne civilisation, au contraire, était simple dans son principe.

Le point de vue que nous venons de présenter deviendrait singulièrement lumineux, s'il était possible de suivre, avec régularité, les traces de ce même contraste dans toutes les productions du domaine des beaux-arts; si on le voyait se manifester dans la musique et dans les arts imitateurs des formes extérieures, ainsi que dans la poésie. Mais si ce problème n'a pas encore pu se résoudre, dans toute sa vaste étendue, il a du moins donné lieu à un grand nombre d'observations de détail à la fois heureuses et instructives.

Il serait aisé de nommer plusieurs écrivains étrangers qui se sont occupés de ces questions, avant l'établissement de ce qu'on se plaît à nommer la nouvelle école allemande. Rousseau a reconnu dans la musique le contraste dont nous parlons, et il a prouvé que le rhythme et la mélodie étaient les principes dominants de la musique ancienne, tandis que l'harmonie est celui de la musique moderne; il montre même contre ce dernier principe une prévention que nous ne partageons pas avec lui. Hemsterhuys a fait sur les arts du dessin une remarque fort ingénieuse, lorsqu'il a dit, que les sculpteurs modernes étaient trop peintres, tandis que, selon toute apparence, les peintres anciens avaient été trop sculpteurs. Ceci touche au véritable nœud de la question; car, ainsi que j'espère le faire mieux comprendre dans la suite, on voyait, chez les anciens, le génie statuaire présider à tous les arts, tandis que celui qui inspire les modernes, est le génie pittoresque.

Nous chercherons à rendre cette opposition plus sensible par un exemple tiré d'un art différent. Un genre particulier d'architecture, celui qu'on nomme (peu importe si c'est à juste titre) le genre gothique, a dominé pendant le moyen âge, et a été porté dans les derniers siècles de cette époque à son plus haut degré de perfection. Lorsque le zèle pour l'étude de l'antiquité classique vint à se ranimer, on vit se répandre le goût de l'architecture grecque; on chercha partout à l'imiter, souvent même mal à propos, et sans avoir égard à la différence du climat, des habitudes et de la destination des édifices; les partisans de ce genre renouvelé rejetaient avec mépris l'architecture gothique; ils la trouvaient sombre, barbare et contraire à toutes les règles du goût. Cette manière de voir pouvait se pardonner aux Italiens : la préférence pour l'architecture antique est héréditaire chez un peuple qui vit sous le même ciel que les Grecs et les Romains, et qui se glorifie de posséder les ruines de leurs monuments; mais les habitants des contrées septentrionales ne permettront pas qu'on essaye d'affaiblir, par de vaines paroles, l'impression solennelle et profonde qu'ils éprouvent en entrant sous les voûtes élevées d'un temple gothique; ils chercheront plutôt à expliquer cette impression et à la justifier. Le moindre examen montre, en effet, que le mérite de l'architecture gothique ne consiste pas seulement dans l'adresse mécanique qu'exige l'exécution de ses détails, mais qu'elle prouve une imagination étonnamment forte et sensible chez les peuples qui en ont conçu l'idée; plus on la considère, plus on se pénètre du sens religieux et profond qu'elle renferme, et plus on est convaincu qu'elle constitue, en elle-même, un système aussi régulier et aussi complet que celui de l'architecture grecque.

Il faut en venir à l'application. Le Panthéon n'est pas plus différent de l'abbaye de Westminster, ou de l'église de Saint-Étienne à Vienne, que l'ordonnance d'une tragédie de Sophocle ne l'est de celle d'une pièce de Shakespeare. La comparaison entre ces chefs-d'œuvre de la poésie et de l'architecture pourrait encore se pousser plus loin, mais l'admiration pour un genre entraîne-t-elle le mépris pour l'autre? Chacun des deux ne peut-il pas avoir de la grandeur et de la beauté, quoiqu'ils soient et doivent être essentiellement différents? L'univers est vaste et tout y trouve sa place. On ne peut refuser à personne le droit de se décider d'après son penchant particulier, mais le véritacle critique est l'arbitre de tous les goûts, il doit planer au dessus des points de vue bornés et, s'il se peut, abjurer toutes les prédilections personnelles.

Il aurait pu nous suffire de faire ainsi ressortir le contraste qui existe entre la littérature antique ou classique, et la littérature romantique, si nous n'avions eu d'autre but que de justifier la division générale que nous établissons dans l'histoire des arts, et que nous allons appliquer à celle de l'art dramatique. Mais comme les admirateurs exclusifs des anciens continuent à soutenir, que tout ce qui s'écarte de ces modèles ne peut obtenir d'autres succès que l'approbation capricieuse de certains nouveaux critiques, lesquels affectent de parler mystérieusement du genre romantique, sans attacher jamais à cette expression aucun sens précis, je vais donner quelques éclaircissements sur l'origine et l'esprit de ce genre de composition, dans l'espoir de faire adopter à la fois et le mot et les idées qu'il exprime.

La culture morale des Grecs était l'éducation de la nature perfectionnée; issus d'une race noble et belle, doués d'organes sensibles et d'une âme sereine, ils vivaient sous un ciel doux et pur, dans toute la plénitude d'une existence florissante; et, favorisés par les plus heureuses circonstances, ils accomplissaient tout ce qu'il est donné à l'homme, renfermé dans les bornes de la vie, d'accomplir en ce monde. L'ensemble de leurs arts et de leur poésie exprime le sentiment de l'accord harmonieux de leurs diverses facultés : ils ont imaginé la poétique du bonheur.

Leur religion était l'apothéose des forces de la nature et de la vie terrestre; mais ce culte qui, chez d'autres peuples, enveloppé d'un voile lugubre, a souvent frappé les esprits par des images effrayantes, et endurci les âmes par des rites cruels, ce culte n'avait revêtu chez les Grecs que des formes nobles, grandes et douces. La superstition, qui ailleurs a tant de fois étouffé le génie, parut aider ici à son libre développement; elle favorisa les arts qui ornèrent à leur tour ses autels, et les idoles devinrent les modèles de la beauté idéale.

Mais quelques progrès qu'aient fait les Grecs dans les arts et même dans la philosophie morale, nous ne pouvons assigner à leur culture intellectuelle un caractère plus élevé que celui d'une sensualité épurée et ennoblie. Il est bien évident que ceci ne doit s'entendre que de la masse. Ce que de profondes méditations ont dévoilé aux philosophes, ce que des éclairs d'inspiration ont révélé aux poètes, fait sans doute exception. L'homme ne peut jamais se détourner en entier de l'infini, et des souvenirs fugitifs de sa céleste patrie viennent par moment lui rappeler ce qu'il a perdu; mais il s'agit ici de la tendance générale des esprits.

La religion est la racine véritable de notre être;

s'il était possible à l'homme d'abjurer toute religion, celle même qui, souvent sans qu'il le veuille, vit inconnue au fond de son cœur, il serait tout en superficie et rien d'intime ou de profond n'existerait plus en lui. Lors donc que ce centre vient à se déplacer, toute l'activité des forces morales prend une nouvelle direction.

C'est ce qui est arrivé dans l'Europe moderne par l'introduction du christianisme. Cette religion, aussi bienfaisante que sublime, a régénéré le monde épuisé et corrompu ; elle a longtemps décidé du sort des nations, et même à présent que plusieurs de ses institutions semblent vieillies, son influence sur les choses humaines est encore bien plus grande que les hommes ne paraissent le croire.

Après le christianisme, c'est le caractère énergique des conquérants du Nord qui a surtout déterminé la marche de la civilisation européenne, puisque ces races belliqueuses ont apporté de nouveaux principes de vie aux nations dégénérées. La nature sévère du Nord force l'homme à rentrer en lui-même ; mais ce qu'il perd du côté des développements brillants d'une imagination sensuelle, tourne au profit des dispositions plus nobles et plus sérieuses de son âme. C'est ce que prouve la franchise avec laquelle les anciens peuples germains embrassèrent le christianisme. Nulle part il ne conserva si longtemps sa force et son activité, nulle part il ne pénétra aussi avant dans le cœur, et ne se combina aussi intimement avec les divers intérêts qui s'y rencontrent.

Le mélange de l'héroïsme grossier, mais loyal, des conquérants du Nord, avec les sentiments du christianisme fit naître la chevalerie. Cette belle institution avait pour but d'enchaîner par des vœux pieux des guerriers encore féroces, et de préserver ainsi l'esprit militaire du barbare abus de la force, dans lequel il n'est que trop enclin à tomber. Sous la sauvegarde de la vertu chevaleresque, l'amour prit un caractère plus pur et plus sacré; il devint un hommage exalté rendu à des êtres qui, dans la nature humaine, paraissent devoir se rapprocher le plus de la nature des anges; la religion elle-même semblait consacrer ce culte en présentant, sous une forme divine, à la vénération des mortels, ce qu'il y a sur la terre de plus pur et de plus touchant, l'innocence d'une vierge et l'amour d'une mère.

Comme le christianisme ne se contentait pas, ainsi que le culte des faux dieux, de cérémonies extérieures, mais qu'il s'adressait au cœur de l'homme et à ses émotions les plus cachées, et voulait s'en rendre maître, le sentiment énergique de la liberté intérieure, la noble indépendance d'âme qui refuse de fléchir sous le joug des lois positives, se réfugièrent dans le domaine de l'honneur. Cette morale mondaine se place à côté de la morale religieuse, et semble quelquefois se trouver en contradiction avec elle. Un grand trait de ressemblance les rapproche toutefois. La religion, de même que l'honneur, ne calcule jamais les suites des actions; l'une et l'autre ont consacré des principes absolus, et les ont placés bien au dessus de l'atteinte d'une raison réfléchie.

La chevalerie, l'amour et l'honneur, furent les objets de la poésie naturelle qui répandit ses productions, avec une inconcevable abondance, vers le milieu du moyen âge, et précéda le degré supérieur de développement qu'acquit ensuite l'esprit romantique. Cette époque a aussi sa mythologie, fondée sur les légendes et les fables de la chevalerie; mais l'héroïsme et le merveilleux qui y règnent sont d'un genre tout à fait opposé à celui de l'ancienne mythologie.

Quelques philosophes, qui s'accordent d'ailleurs avec nous dans notre manière d'envisager le génie particulier des modernes, ont cru que le caractère distinctif de la poésie du Nord était la mélancolie; cette opinion, à la bien entendre, ne s'écarte point de la nôtre. Chez les Grecs, la nature humaine se suffisait à elle-même, elle ne pressentait aucun vide, elle se contentait d'aspirer au genre de perfection que ses propres forces peuvent réellement lui faire atteindre. Une plus haute sagesse nous enseigne que le genre humain ayant perdu, par une grande faute, la place qui lui avait été originairement destinée, n'a d'autre but sur la terre que de la recouvrer, à quoi il ne peut cependant parvenir s'il reste abandonné à ses propres forces. La religion sensuelle des Grecs ne promettait que des biens extérieurs et temporels. L'immortalité, si tant est qu'ils y crussent, n'était qu'entrevue dans le lointain, comme une ombre, un rêve léger, n'offrant qu'une image effacée de la vie, et disparaissant devant sa lumière éclatante. Sous le point de vue chrétien c'est précisément l'inverse; la contemplation de l'infini a révélé le néant de tout ce qui a des bornes, la vie présente s'est ensevelie dans la nuit, et ce n'est qu'au delà du tombeau que brille le jour sans fin de l'existence réelle. Une semblable religion réveille tous les pressentiments qui reposent au fond des âmes sensibles, et les met en évidence; elle confirme cette voix secrète qui nous dit que nous aspirons à une félicité inconnue et supérieure à ce monde, que nul objet périssable ne peut jamais remplir le vide de notre cœur, que toute jouissance n'est ici-bas qu'une illusion fugitive : lors donc que, semblable aux Hébreux captifs, couchés sous les saules de Babylone, et faisant retentir de leurs chants plaintifs les rives étrangères, notre âme exilée sur la terre soupire après sa patrie, quels peuvent être ses accents si ce n'est ceux de la mélancolie? C'est ainsi que la poésie des anciens était celle de la jouissance, et que la nôtre est celle du désir; l'une s'établissait dans le présent, l'autre se balance entre les souvenirs du passé et le pressentiment de l'avenir.

Il ne faut pas croire toutefois que la mélancolie s'exhale sans cesse en plaintes monotones, ni qu'elle s'exprime toujours distinctement. De même que la tragédie a souvent été, chez les Grecs, énergique et terrible, malgré l'aspect serein sous lequel ils envisageaient la vie, ainsi la poésie romantique, telle que nous venons de la dépeindre, peut parcourir tous les tons, depuis ceux de la tristesse jusqu'à ceux de la joie. Mais on trouve toujours en elle quelque chose d'indéfinissable qui dénote son origine; le sentiment y est plus intime, l'imagination moins sensuelle, la pensée plus contemplative. Néanmoins, dans la réalité, les limites se confondent quelquefois, et les objets ne se montrent jamais complétement détachés les uns des autres, tels que nous sommes obligés de nous les représenter pour en avoir une idée nette.

Les Grecs voyaient l'idéal de la nature humaine dans l'heureuse proportion des facultés et dans leur accord harmonieux. Les modernes, au contraire, ont le sentiment profond d'une désunion intérieure, d'une double nature dans l'homme, qui rend cet idéal impossible à atteindre. Leur poésie aspire sans cesse à concilier, à unir intimement les deux mondes entre lesquels nous nous sentons partagés, celui des sens et celui de l'âme. Elle se plaît également à sanctifier les impressions sensuelles par l'idée du lien mystérieux qui les rattache à des sentiments plus élevés, et à manifester aux sens les mouvements les plus inexplicables de notre cœur et ses plus vagues tendances. En un mot, elle donne de l'âme aux sensations et un corps à la pensée.

On ne doit donc pas s'étonner que les Grecs nous aient laissé, dans tous les genres, des modèles plus achevés. Ils marchaient vers une perfection déterminée, et ils ont trouvé la solution du problème qu'ils s'étaient proposé : les modernes, au contraire, dont la pensée s'élance vers l'infini, ne peuvent jamais se satisfaire complétement eux-mêmes, et il reste à leurs œuvres les plus sublimes quelque chose d'imparfait, qui les expose au danger d'être méconnues.

Nous pourrions suivre la trace des idées que nous venons d'indiquer dans tout le domaine des beaux-arts, montrer qu'on retrouve la même opposition dans les différentes formes qu'ont prises, chez les anciens et chez les modernes, l'architecture, la musique et la peinture (je ne parle pas de la sculpture où les modernes n'ont jamais eu de style particulier), et chercher quelle a été l'influence réciproque de ces arts alliés ; mais cet examen approfondi nous mènerait trop loin.

Nous ne pouvons pas même nous occuper ici des différentes branches de la poésie romantique, et nous devons revenir à notre sujet, qui consiste à faire connaître l'art dramatique et l'histoire de sa littérature. La division du genre classique et du genre romantique que nous avons établie dans tous les arts, s'applique encore à celui-ci, et détermine d'avance la méthode que nous devons suivre.

Nous commencerons par étudier les anciens, nous en viendrons ensuite aux modernes qui se sont voués avec plus ou moins de succès à l'imitation des grands modèles de l'antiquité, et enfin nous parlerons des poètes qui, négligeant ces modèles ou s'en écartant à dessein, se sont frayés une route particulière. Parmi les peuples anciens, les Grecs sont les seuls qui se soient montrés avec éclat dans la carrière dramatique. Les Romains ne furent d'abord que de simples traducteurs des pièces du théâtre grec, ils les imitèrent ensuite, mais sans obtenir de succès constants dans ce genre, si du moins on en juge par le petit nombre de ces imitations qui sont parvenues jusqu'à nous. Chez les modernes, les Français et les Italiens sont ceux qui ont déployé le plus de zèle dans leurs efforts pour relever l'ancien théâtre tragique, et, s'il est possible, pour le perfectionner. On a fait, en dernier lieu, chez d'autres peuples, quelques tentatives du même genre, relatives également à la tragédie ; car, dans la comédie, la même forme n'a pas cessé de régner depuis Plaute et Térence jusqu'à nos jours. De toutes les nations qui se sont adonnées à l'imitation de la tragédie antique, la nation française est, sans contredit, celle dont le théâtre a jeté le plus grand éclat. La brillante réputation dont jouit la scène française mérite, par conséquent, un examen attentif et scrupuleux. Les Italiens modernes, Métastase et Alfieri, se placent naturellement à la suite des Français.

Le drame romantique, auquel on ne peut appliquer le nom de tragédie ni celui de comédie, dans le sens qu'y attachaient les anciens, n'a jamais été national que chez les Anglais et chez les Espagnols; le génie de Shakespeare et celui de Lope de Véga l'ont fait fleurir chez ces deux peuples à peu près en même temps Le théâtre allemand s'est acquis de la célébrité plus tard que celui des autres peuples, et il a longtemps subi l'influence successive des idées qui régnaient ailleurs : il sera donc à propos de le réserver pour la fin. Nous pourrons ainsi juger le mieux des directions diverses qu'il a suivies, et lui ouvrir, s'il est possible, une nouvelle perspective pour l'avenir.

Si j'entreprends de parcourir l'histoire dramatique de chacun des peuples que je viens de nommer, il est aisé de concevoir que je pourrai, tout au plus, en prendre un aperçu rapide, et saisir, à un point de vue général, ce qu'elle offre de plus remarquable.

On ne saurait se faire une juste idée de l'abondance des productions dramatiques, on en est comme effrayé, et lors même qu'on se bornerait à une seule des subdivisions, on ne pourrait le connaître en entier. Dans la plupart des histoires littéraires, on voit tous les écrivains d'un même genre et d'une même nation, rangés sans distinction, les uns à côté des autres, à peu près comme les rois assyriens ou égyptiens des anciennes histoires universelles. Il y a des gens qui ont la passion des catalogues; ils peuvent à leur gré les rendre plus volumineux encore, en faisant de nouveaux livres avec des titres de livres. C'est à peu près comme si l'on voulait, dans le récit d'une bataille, nommer tous les soldats qui ont combattu : on ne peut parler que des chefs et des guerriers qui se sont distingués par des actions éclatantes. Et comme les victoires de l'esprit humain n'ont de même été remportées que par un petit nombre de héros, c'est aussi d'eux seuls que nous devons nous occuper. L'histoire du développement de l'art, et des différentes formes qu'il a prises, se trouve naturellement renfermée dans celle de quelques génies créateurs, reproduits avec les traits qui les caractérisent.

Il sera nécessaire, avant d'entrer dans la carrière que nous venons de tracer, de donner une explication précise des idées que nous attachons aux mots *dramatique*, *théâtral*, *tragique* et *comique*. Qu'est-ce que le genre dramatique? La réponse paraît très facile : c'est celui qui comporte différents personnages qui s'entretiennent ensemble, et où l'auteur ne parle point en son propre nom. Ce n'est là cependant que la définition de la forme extérieure du drame, laquelle doit évidemment être celle du dialogue; mais si les personnages expriment des sentiments et des pensées sans exercer d'influence les uns sur les autres, et s'ils se trouvent à la fin dans la même situation d'âme qu'au commencement, leur conversation, qui peut d'ailleurs être fort distinguée, n'excite certainement aucun intérêt dramatique.

Je rendrai cette idée plus sensible par un exemple tiré d'un genre de dialogue beaucoup plus calme que le drame, et qui n'est point destiné à la représentation théâtrale : le dialogue philosophique. Socrate, dans Platon, demande à un sophiste enflé d'orgueil, nommé Hippias, ce que c'est que le beau : celui-ci trouve à l'instant, dans sa mémoire, une réponse superficielle ; mais l'adresse cachée des objections de Socrate lui fait bientôt abandonner son explication, et, après avoir divagué quelque temps, il est obligé de se retirer tout honteux, en reconnaissant la supériorité du sage qui lui a prouvé son ignorance. Ce dialogue, tout rempli d'idées instructives et philosophiques, n'est pas seulement une excellente leçon, il offre encore l'intérêt d'une comédie.

Lors donc qu'on a voulu louer les dialogues de Platon, sous le rapport de la marche animée des pensées, de l'art d'exciter la curiosité, de l'intérêt soutenu qu'ils inspirent, on a renfermé cet éloge dans un seul mot, en disant qu'ils étaient dramatiques.

Ceci nous fait déjà comprendre le charme puissant attaché à ce genre de fiction. L'activité est le véritable plaisir de la vie, ou pour mieux dire, la vie elle-même. Des jouissances purement passives peuvent, en nous berçant mollement, nous plonger dans une sorte de sommeil de l'âme qui, sans doute, a quelque douceur; mais lorsqu'on n'éprouve point d'émotion intérieure, l'ennui n'est jamais bien éloigné. La plupart des hommes, par leur situation ou parce qu'ils ne sont pas capables de grands efforts, vivent renfermés dans le cercle monotone de petites occupations insignifiantes. Leurs jours se répètent en suivant les lois uniformes de l'habitude, ils ont à peine le sentiment de l'existence; les passions de leur jeunesse faisaient couler leur vie comme un torrent rapide, elle languit bientôt après sans mouvement; accablés d'un mécontentement secret, ils cherchent à y échapper en essayant de divers moyens de distraction, qui tous aboutissent à donner quelque exercice à des facultés oisives, en les mettant aux prises avec de légères difficultés. Aucun de ces divertissements ne peut entrer en comparaison avec le spectacle. Privés du plaisir d'exercer quelque influence par nos propres actions, nous regardons du moins avec intérêt celles des autres. L'objet le plus important de l'activité de l'homme, c'est l'homme lui-même. Nous voyons, sur la scène, des personnages, amis ou ennemis, mesurer leurs forces réciproques; nous y voyons des êtres intelligents et sensibles qui agissent les uns sur les autres, par leurs opinions, leurs caractères, leurs passions, et qui décident, devant nous, de leurs relations futures. L'art du poète dramatique consiste à écarter les accessoires étrangers à l'action, ces détails minutieux, ces incidents importuns, qui, dans la réalité, retardent la marche des grands événements, et à rassembler, comme en un faisceau, tout ce qui excite l'attention et la curiosité. Il nous présente ainsi le tableau embelli de la vie, la série ininterrompue des moments les plus touchants et les plus décisifs de la destinée humaine.

Ce n'est pas tout. Dans un simple récit, pour peu qu'il soit animé, on voit souvent celui qui raconte mettre en scène ses personnages, les faire parler eux-mêmes, et changer alors de son de voix et d'expression; toutefois, pour remplir les lacunes que ces dialogues laisseraient dans l'histoire, le narrateur reprend la parole en son propre nom, et décrit toutes les circonstances qui doivent être connues.

Le poète dramatique est obligé de renoncer à ce moyen, mais il use d'un privilége plus important; il fait paraître une personne réelle à la place de chacun de ses personnages supposés; il exige que, sous tous les rapports d'âge, de sexe et de figure, elle réponde, autant que possible, aux qualités dont il a revêtu l'être qu'il a créé; qu'elle adopte, pour ainsi dire, l'ensemble de sa manière d'être; il veut encore qu'elle accompagne chacune de ses paroles de l'expression de la voix, du jeu de la physionomie et de tous les mouvements qui peuvent faciliter l'intelligence de ses discours : il y a plus, il faut encore que ces représentants réels d'êtres imaginaires, paraissent sous un costume convenable à la condition, à l'époque, au pays dans lequel on les suppose, soit pour ajouter un trait de ressemblance, soit parce qu'il y a dans les vêtements quelque chose de caractéristique; enfin, pour réunir tous les rapports possibles, il veut placer ses personnages dans un lieu qui ait une sorte de ressemblance avec celui qu'ils sont censés habiter; en un mot il les introduit sur la scène. Ceci nous conduit à l'idée du théâtre: car il est évident que tout l'appareil de la scène est le complément nécessaire de la forme dramatique, c'est à dire, de la représentation d'une action par le moyen des paroles, et sans le secours du récit. Je conviens qu'il y a des ouvrages dramatiques qui n'ont pas été destinés au théâtre par leurs auteurs, et qui n'y produiraient pas beaucoup d'effet, quoiqu'on les admire à la lecture. Mais je doute fort qu'un homme qui n'aurait jamais vu de spectacle, ou qui n'en aurait pas entendu parler, pût recevoir de ces ouvrages une impression aussi vive que celle qu'ils produisent sur nous. Notre imagination est dès longtemps accoutumée, lorsque nous lisons les ouvrages dramatiques, à nous en faire voir la représentation.

Il semble que l'invention du théâtre ait dû se présenter tout naturellement. Les hommes ont toujours eu beaucoup de penchant à l'imitation du geste et de la voix, à ce qu'on peut appeler la contrefaçon. Lorsqu'on se transporte avec vivacité dans la situation, les pensées et les sentiments des autres, on revêt même involontairement leur manière d'être extérieure. C'est ainsi que les enfants se plaisent sans cesse à sortir d'eux-mêmes; le jeu qui les amuse le plus constamment, consiste à imiter les grandes personnes qu'ils ont eu occasion d'observer, ou même de prendre des rôles au hasard ; avec l'heureuse flexibilité de leur imagination, tout ce qu'ils trouvent sous la main leur sert à caractériser leurs nouvelles dignités, à composer le costume d'un père, d'un maître d'école ou d'un roi.

Il ne s'agit donc, pour arriver à l'invention du théâtre, que de faire à dessein, avec suite et d'après une certaine méthode, ce que les hommes font parfois tout spontanément dans la vie commune, et d'entourer cette imitation d'un cadre. Cependant chez beaucoup de peuples ce dernier pas n'a jamais été fait.

Je ne me souviens pas d'en avoir trouvé de traces dans Hérodote ni dans les autres auteurs qui nous ont laissé des descriptions très prolixes des mœurs de l'ancienne Égypte. Les Étrusques, qui montrent d'ailleurs tant d'analogie avec les Égyptiens, ont eu en revanche des jeux scéniques; et, ce qui est assez remarquable, le nom que les Étrusques donnaient aux comédiens, *histrion*, s'est conservé dans les langues vivantes jusqu'à nos jours.

Les peuples de l'Asie occidentale, les Perses et les Arabes, au milieu d'une grande richesse de littérature poétique, ne possèdent point de pièces de théâtre; on n'en connaît aucune du moyen âge, dans toute l'Europe; les restes des anciens spectacles des Grecs et des Romains furent abolis à l'époque de l'introduction du christianisme, soit parce qu'ils avaient rapport au culte des faux dieux, soit parce qu'il s'y était introduit une grande licence de mœurs. Mille ans se passèrent à peu près sans qu'on vît se relever de théâtre. Au quatorzième siècle encore, Boccace, qui entre dans de grands détails sur les usages de la vie sociale, ne fait aucune mention de spectacles; des conteurs, des ménestrels, des jongleurs, en tenaient lieu. D'un autre côté, il ne paraît pas que la comédie n'ait été imaginée qu'une seule fois dans le monde, chez un peuple unique, qui en a transmis l'idée aux autres. Les navigateurs anglais nous disent qu'ils ont trouvé chez les insulaires de la mer du Sud, qui d'ailleurs en sont à peine aux premiers degrés de la civilisation, une espèce de spectacle informe où l'on imite, d'une manière grotesque, un événement de la vie commune. Pour passer à l'extrême le plus opposé, le peuple auquel on a dû peut-être les premiers rayons de lumière qui ont éclairé la race humaine, les Indiens ont eu des pièces de théâtre longtemps avant d'avoir reçu aucune influence étrangère ; ils possèdent même, comme on ne l'a su que dernièrement en Europe, une littérature dramatique infiniment riche, dont l'antiquité remonte à plus de vingt siècles. Nous ne connaissons qu'une seule de ces pièces de théâtre (nommées en indien nataks), d'après laquelle nous puissions juger du reste; c'est la pièce charmante intitulée *Sakontala*. Elle offre, au travers du coloris oriental le plus brillant, une ressemblance si frappante, dans la forme de l'ensemble, avec notre drame romantique, que l'on croirait que le traducteur anglais, William Jones, y a contribué à dessein par amour pour Shakespeare, si d'autres savants n'attestaient la fidélité de sa traduction. Dans les temps brillants de l'Inde, la représentation de ces nataks faisait à Delhi les plaisirs de la magnifique cour de l'empereur; l'art dramatique y est, depuis, tout à fait tombé en décadence, au milieu des malheurs qu'ont entraînés différents genres d'oppression. Les Chinois, au contraire, ont un théâtre national toujours subsistant, où d'ailleurs on ne trouve, depuis des siècles, aucune trace de progrès, et je ne doute pas que, dans l'observation minutieuse de certaines règles de convention, les Chinois ne laissent fort en arrière les peuples de l'Europe les plus scrupuleux.

Lorsque dans le quinzième siècle on vit de nouveau s'élever le théâtre européen, et qu'on y représenta des pièces allégoriques ou sacrées, sous le nom de *moralités* ou de *mystères*, l'impulsion ne fut point donnée par le désir d'imiter les anciens chefs-d'œuvre de l'art dramatique, puisque la connaissance n'en fut généralement répandue que longtemps après ; et dans cette renaissance d'un art encore informe, on peut apercevoir déjà le premier germe de l'invention tout à fait originale du drame romantique.

Au milieu de la prodigieuse faveur qu'ont prise, dans toute l'Europe civilisée, les représentations théâtrales, on est frappé de la distance qui sépare, relativement au talent dramatique, des nations également intelligentes ; il semble que ce soit un talent à part et tout à fait distinct du don de la poésie. Ce n'est pas le contraste entre les Grecs et les Romains qui doit le plus nous étonner ; les Grecs étaient nés pour les arts, de même que les Romains étaient nés pour la guerre et pour la politique ; les beaux-arts ne furent introduits chez ces derniers que comme des branches d'un luxe corrupteur, présage de la dégénérescence et fait pour l'accélérer. Le théâtre surtout fut tellement envisagé par eux comme un moyen d'étaler de la magnificence, qu'ils négligèrent bientôt ce qui constitue sa véritable destination, pour s'occuper des accessoires qui ajoutent à son éclat extérieur ; chez les Grecs eux-mêmes, le talent dramatique n'était point universel. L'invention du théâtre est due aux Athéniens, et eux seuls l'ont perfectionnée ; les drames doriques d'Épicharme méritent à peine de faire ici une légère exception. Tous les grands génies créateurs de l'art dramatique, chez les Grecs, naquirent dans l'Attique, et se formèrent à Athènes.

La nation grecque, dont les colonies lointaines cultivaient partout avec tant de succès les beaux-arts, ne sut, hors d'Athènes, qu'admirer les merveilles du théâtre athénien sans essayer de les imiter.

Mais rien n'est surprenant comme la différence présentée à cet égard par deux peuples aussi semblables que les Espagnols et les Portugais. Les Espagnols possèdent une littérature dramatique d'une inconcevable richesse; les auteurs grecs qu'on cite le plus pour leur prodigieuse fécondité, ne surpassent pas, sous ce rapport, les auteurs espagnols. Quelque jugement qu'on porte sur eux, on ne leur refusera pas du moins le génie de l'invention; il faut même que sur ce point on leur ait secrètement rendu justice, car les Italiens, les Français et les Anglais n'ont cessé de profiter de leurs idées les plus ingénieuses, et souvent sans en avouer la source. En revanche, les Portugais qui, dans d'autres genres de poésie, peuvent le disputer aux Espagnols, n'ont presque rien produit dans le genre dramatique, et n'ont même jamais eu de théâtre national. Des troupes ambulantes de comédiens espagnols viennent de temps en temps les divertir, et ils se contentent d'entendre sur la scène un idiome étranger qui ne peut être bien compris sans étude, plutôt que d'inventer eux-mêmes quelques pièces, ou du moins d'en imiter ou d'en traduire.

Parmi les nombreux talents qui distinguent les Italiens dans les arts et la littérature, le talent dramatique n'est même en aucune manière le plus brillant. Ils semblent tenir ce défaut des Romains, leurs ancêtres, et leur étonnante disposition pour la pantomime burlesque date de même des temps les plus reculés. Les anciennes fables *atellanes*, la seule forme du genre dramatique vraiment indigène chez les Romains, n'étaient vraisemblablement pas très supérieures, sous le rapport du plan, à ce que les Italiens appellent la *commedia dell' arte*, sorte de parade improvisée par des masques grotesques; les saturnales des Romains ont, selon toute apparence, donné la première idée du carnaval actuel, invention totalement italienne; c'est encore aux peuples d'Italie que l'on doit l'opéra et le ballet, divertissements de théâtre, dans lesquels l'intérêt dramatique est tout à fait subordonné et même sacrifié à l'effet de la musique et de la danse.

Si le génie des Allemands ne s'est pas déployé dans le genre dramatique avec la même facilité et la même énergie que dans les autres branches de la littérature, peut-être faut-il attribuer cet effet à une cause honorable. Les Allemands ont naturellement l'esprit spéculatif; c'est à dire qu'ils veulent toujours parvenir à connaître, par la pensée, l'essence la plus intime des choses qui les occupent, et cela même les rend moins habiles dans la pratique. Pour agir d'une manière en même temps adroite et délibérée, il faut une fois en sa vie croire que l'on a fini d'apprendre, et ne pas toujours ramener ce que l'on fait à l'épreuve de la théorie; il faut même saisir son objet sous un point de vue fixe et particulier. Dans l'ordonnance et la marche d'une pièce de théâtre, ainsi que dans celle d'une affaire, le genre d'esprit qu'on peut appeler administratif doit toujours dominer. Il n'est pas permis au poète dramatique de se livrer à une inspiration rêveuse, il faut qu'il marche, il faut qu'il avance, et les Allemands sont sujets à perdre de vue leur but et à rester en chemin. Ajoutons que la physionomie nationale doit se montrer sur la scène avec des traits hardis et bien prononcés; et que les Allemands, trop modestes à l'égard de ce qui les caractérise, cherchent souvent à en effacer l'empreinte. Le zèle louable qui les porte à connaître et à s'approprier ce qu'il y a de plus parfait chez les peuples voisins, les aveugle trop souvent sur le mérite réel de leur propre nation. La question qui doit nous occuper n'est pas de reproduire passivement chez nous le théâtre grec, français, espagnol ou anglais; mais, selon mon opinion, de trouver une forme dramatique qui admette, à l'exclusion des règles fondées uniquement sur des conventions arbitraires, tout ce qu'il y a de vraiment poétique dans les formes adoptées chez d'autres peuples : quant au fond, nous devons faire dominer et ressortir le caractère propre à la nation allemande.

DEUXIÈME LEÇON

Effet théâtral. — Combien l'influence des spectacles est importante. Principales divisions de l'art dramatique. — Essence du genre tragique et du genre comique. — Sérieux et gaîté. — Jusqu'à quel point il est possible de se pénétrer de l'esprit de l'antiquité sans connaître les langues anciennes. — Winckelmann.

Après avoir jeté un coup d'œil rapide sur la littérature dramatique et, pour ainsi dire, tracé la carte de son domaine, nous en revenons à éclaircir quelques idées fondamentales. Comme les compositions dramatiques paraissent en général prétendre à la représentation, et qu'elles en offrent toujours l'idée, on peut les considérer sous deux rapports absolument différents, celui de l'effet théâtral et celui de la poésie. Il ne faut pas se méprendre au mot de poésie : il ne s'agit point ici du mécanisme du vers ni des ornements du langage; ce n'est que sous le rapport du mouvement plus animé qui en résulte, que le mérite de la diction est essentiel au théâtre; je parle de l'inspiration poétique dans l'esprit général d'une pièce et dans la conception de son plan, de cette inspiration qui peut y exister à un degré très élevé, lors même qu'elle serait écrite en prose, et ne point s'y trouver malgré la versification la plus soignée. Quelles sont donc les qualités qui rendent un drame poétique? Ce sont exactement les mêmes qui nous permettent d'accorder ce titre à toute autre production littéraire. Pour qu'un ouvrage soit poétique, il faut premièrement qu'il forme un tout complet, bien terminé, et qui ne laisse rien à désirer hors de ses propres limites. Mais ce n'est là qu'une condition négative, indispensablement exigée dans tous les ouvrages des arts, puisque autrement ils n'auraient pas d'existence propre, et ne se détacheraient point de la chaîne universelle qui lie entre eux les êtres naturels. Ce qui est surtout nécessaire pour qu'un ouvrage soit poétique dans son essence, c'est qu'il soit produit d'un seul jet, que l'esprit en détermine la forme, et que la forme y soit l'expression de l'esprit; il faut encore qu'il réfléchisse, comme une glace fidèle, les idées éternellement vraies, c'est à dire les pensées et les sentiments qui s'élèvent au dessus de l'existence terrestre, et qu'il les revête d'images sensibles. Nous examinerons, par la suite, qu'elles doivent être ces idées dans les différentes espèces d'ouvrages dramatiques, et nous montrerons que lorsqu'elles n'animent pas toute la composition, un drame n'est qu'une œuvre prosaïque, fruit de l'expérience plutôt que du sentiment intérieur, et n'offre que la combinaison raisonnée des divers résultats fournis par l'observation de la vie.

Qu'est-ce qui rend un drame théâtral, c'est à dire propre à réussir sur la scène? Il n'est quelquefois pas aisé de prévoir le succès d'une pièce en particulier; mais la question, envisagée à un point de vue général, n'est pas si difficile à résoudre. Pour produire ce qu'on appelle l'effet théâtral, il faut agir sur une multitude d'hommes assemblés, réveiller leur attention, exciter leur intérêt. L'objet du poète dramatique est donc, à quelques égards, semblable à celui de l'orateur. — Comment celui-ci parvient-il à son but? Par de la clarté, par de la rapidité, par de l'énergie; il doit éviter avec soin tout ce qui dépasse la mesure de patience et d'intelligence ordinaires à la masse des spectateurs. Il y a plus : un grand nombre d'hommes réunis sont un objet de distraction les uns pour les autres, tant qu'ils ne dirigent pas leurs regards ainsi que leur attention vers un but commun, en dehors de leur propre enceinte. L'auteur dramatique, de même que l'orateur, doit donc, dès le commencement, produire une impression assez forte pour faire sortir ses auditeurs d'eux-mêmes et les attirer à lui. Il faut que, pour ainsi dire malgré eux, il se rende maître de leurs organes. Il y a une sorte de poésie qui peut émouvoir doucement une âme adonnée à la contemplation solitaire, à peu près comme le plus léger soufle de l'air fait résonner une harpe éolienne. Cette poésie a quelquefois beaucoup de charme; mais si elle n'est pas relevée par un accompagnement plus vif, ses accents, trop languissants pour le théâtre, n'y seront point écoutés. Les sons enchanteurs de l'harmonica ne sont pas faits pour ordonner le départ ou pour animer la marche d'une armée : il faut des instruments éclatants; il faut surtout un rhythme décidé qui, par ses impulsion redoublées, accélère les battements du cœur et imprime un mouvement rapide à la vie. Lorsque l'on a rendu ce rhythme sensible dans le progrès d'un drame, on a obtenu l'essentiel. Le poëte peut alors, à son gré, ralentir sa marche précipitée, il peut se livrer à ses diverses inspirations. Il y a des moments où le récit le plus simple comme le plus orné, où l'enthousiasme lyrique le plus exalté, les réflexions les plus profondes, les allusions les plus fines, les traits d'esprit les plus ingénieux, l'essor le plus inattendu d'une imagination brillante, sont également à leur place; où les spectateurs bien préparés, ceux mêmes qui ne peuvent pas tout saisir, prêtent toujours une oreille attentive comme s'ils entendaient une musique en harmonie avec leurs dispositions intérieures. C'est alors que le grand art du poëte est de tirer partie des effets de contraste; il peut, avec leur secours, donner quelquefois des couleurs aussi frappantes à la peinture du calme de l'âme, à un retour contemplatif sur la destinée, même à la langueur de la nature épuisée, qu'à l'expression des émotions les plus fortes, et des passions les plus orageuses.

Nous devons ajouter encore, relativement à l'effet théâtral, qu'il faut toujours s'accommoder en quelque chose aux goûts et à l'intelligence des spectateurs. Il y a, dans presque tous les genres de composition, une partie mobile qui doit être déterminée d'après la nation à laquelle on s'adresse, et d'après son degré d'avancement dans les arts. La poésie dramatique est, en quelque sorte, la plus sociale de toutes; elle ne craint point de quitter les tranquilles solitudes de l'inspiration pour se plonger dans le tourbillon agité du monde. L'auteur qui travaille pour le théâtre doit, plus que tout autre, rechercher la faveur populaire, le bruit des applaudissements; mais seulement ce n'est qu'en apparence qu'il doit s'abaisser au niveau de ses auditeurs : dans la réalité il faut qu'il les élève jusqu'à lui.

Pour peu que l'on connaisse la nature humaine, on sentira combien l'effet des représentations théâtrales est puissant sur la multitude. Les hommes ne montrent ordinairement, dans leur commerce habituel, que ce qu'il y a de plus extérieur en eux; la défiance ou la froideur les empêchent de laisser pénétrer les regards dans le sanctuaire de leurs pensées intimes. Il ne serait pas même conforme au ton du grand monde de montrer du trouble ou de l'émotion, en parlant de ce qui nous tient le plus au cœur. L'orateur et le poète dramatique trouvent le moyen de franchir cette barrière et de bannir une réserve de convention. Lorsqu'ils excitent dans l'âme de leurs auditeurs des mouvements assez vifs pour que les signes involontaires en échappent de partout, chacun remarque la même émotion dans ceux qui l'environnent, et des hommes qui se regardaient comme des étrangers, se familiarisent tout à coup ensemble et deviennent des confidents mutuels; les larmes que l'orateur ou l'acteur tragique les force à répandre pour un innocent calomnié, ou pour un héros qui marche à la mort, en font des amis et des frères. Il est inconcevable à quel degré d'énergie cette communication instantanée d'un grand nombre d'hommes, peut porter les sentiments intimes qui, pour l'ordinaire, se retirent au fond du cœur, ou ne se découvrent que dans la confiance de l'amitié. Une impression d'abord douteuse prend à mesure qu'elle se répand un caractère mieux prononcé; elle se fortifie en nous par le nombre de ceux qui la partagent, et les âmes entraînées se réunissent comme les eaux d'un torrent rapide dont le cours ne pourrait être arrêté.

Ce n'est point, cependant, sans qu'il en soit quelquefois résulté des abus, que le privilége d'exercer une action aussi puissante a été accordé au poète dramatique. S'il est facile d'inspirer aux hommes un amour désintéressé pour ce qu'il y a de meilleur et de plus élevé, on peut aussi les captiver par des sophismes, et les éblouir par l'éclat de cette fausse grandeur d'âme qui présente les crimes de l'ambition comme des vertus, ou même comme des actes d'un dévoûment sublime. La séduction cachée sous les dehors brillants de la poésie et de l'éloquence se glisse imperceptiblement dans les cœurs. L'auteur comique surtout, doit, en allant à son but, se garder d'un écueil difficile à éviter : il doit craindre sans cesse de fournir aux sentiments bas et vulgaires qui peuvent exister dans le cœur humain, l'occasion de se mettre au jour avec assurance; car si la honte de montrer ces penchants ignobles est une fois vaincue, par l'exemple de cette même réunion nombreuse qui oblige ordinairement à les réprimer, le plaisir de s'y livrer éclate avec une licence audacieuse.

Cette puissance populaire qui s'exerce tour à tour en bien et en mal, a dû de tout temps diriger vers le théâtre l'attention des législateurs. Les gouvernements ont cherché, par des mesures de toute espèce, à donner aux spectacles une tendance qui leur fût utile, et à les préserver de différents genres d'abus. La difficulté est toujours d'allier la liberté d'action, nécessaire au progrès des beaux-arts, avec les ménagements qu'exige la constitution morale et politique d'un peuple. Le théâtre florissant d'Athènes jouissait, sous la protection du culte des dieux, d'une liberté presque sans bornes, et les mœurs publiques le préservèrent longtemps de la corruption. L'extrême hardiesse des comédies d'Aristophane, où les magistrats et le peuple lui-même étaient tournés sans ménagement en ridicule, paraît bien inconcevable d'après nos mœurs et notre manière de voir, mais cette hardiesse semblait alors précisément mettre le sceau à la liberté populaire.

Il faut sans doute que Platon, qui vivait dans cette même Athènes, s'aperçût déjà d'un commencement de décadence dans les arts, ou qu'il le prévît du moins avec certitude, puisqu'il a totalement banni les poètes dramatiques de sa république idéale. Peu de gouvernements ont cru nécessaire de souscrire à un arrêt aussi rigoureux, mais il n'en est pas beaucoup qui aient osé abandonner les spectacles à eux-mêmes sans aucune surveillance. Chez quelques peuples chrétiens, l'art dramatique a paru digne de prêter son secours à la religion, et il lui a été permis de traiter des sujets sacrés. Une pieuse émulation a produit alors, et surtout en Espagne, plusieurs ouvrages que la religion ni la poésie ne peuvent désavouer. Dans d'autres pays, et au milieu de circonstances différentes, la représentation des pièces sacrées a paru contraire aux convenances et sujette à quelques inconvénients.

C'est peut-être dans les pays où l'on a jugé à propos de soumettre les pièces de théâtre à une inspection préalable, et de ne pas s'en tenir uniquement à la responsabilité de l'auteur et des acteurs, que la censure a souvent le moins bien rempli son objet le plus important, qui est l'examen de l'esprit d'une pièce et de l'impression générale qu'elle produit. La nature de l'art dramatique exige qu'un auteur mette dans la bouche de ses personnages bien des maximes qu'il ne prétend point justifier. Il nous demande de ne juger sa manière de penser, que d'après l'ensemble de son ouvrage, et la disposition d'âme où il nous laisse. Il pourrait fort bien arriver qu'une pièce fût irréprochable, dans chacune des phrases qui la composent, et qu'elle échappât à la censure qui ne serait dirigée que sur les détails, tandis qu'elle tendrait à produire les effets les plus nuisibles dans sa totalité. Nous avons assez vu de nos jours de ces sortes de pièces (et il y en a même qui ont fait une grande fortune en Europe), où les épanchements du bon cœur et de la générosité paraissent déborder de toutes parts, et où cependant un coup d'œil plus pénétrant ne peut méconnaître, chez l'auteur, le dessein secret de flatter la lâche faiblesse de ses contemporains, en sapant les principes sévères de la moralité, le respect de tout ce qui doit être sacré parmi les hommes. L'inverse pourrait se dire de quelques auteurs fort décriés, et si quelqu'un voulait entreprendre la justification d'Aristophane, chez qui la licence dans les mots paraît intolérable, il lui serait aisé de faire absoudre ce poète d'après l'intention générale de ses pièces, en montrant que le zèle d'un bon citoyen pour sa patrie ne saurait du moins y être méconnu.

Nous avons voulu, dans ce qui précède, faire sentir la grande importance morale de l'objet de nos méditations. Si les arts ont mérité d'occuper la pensée des hommes, le théâtre où ils réunissent leurs plus séduisants prestiges, doit surtout attirer nos regards. A la tête du brillant cortége de tous les arts, la déclamation y vient servir d'interprète aux pensées les plus sublimes et les plus profondes, agir sur nous par le double effet de l'éloquence et d'une suite de mobiles tableaux ; l'architecture décore l'enceinte éclatante de son temple, la peinture lui prête l'illusion de ses perspectives lointaines, et la musique y seconde la poésie de toute la puissance de ses accords. Enfin, dans cette réunion magique de tous les enchantements, on voit l'état actuel, moral et social, d'une nation, le résultat de ses efforts pendant des siècles, se manifester en peu d'heures à nos yeux. Est-il surprenant que ces représentations théâtrales possèdent un charme si particulier pour tous les âges, pour toutes les classes et pour toutes les professions, et qu'elles aient toujours été l'amusement favori des peuples intelligents? Le prince, l'homme d'État, le général d'armée voient les grands événements des siècles passés, des événements semblables peut-être à ceux qu'ils dirigent eux-mêmes, se développer devant eux en dévoilant leurs causes les plus secrètes. Le philosophe y découvre le germe des pensées neuves et profondes sur la nature de l'homme et sur sa destination; l'artiste suit d'un regard observateur ces groupes fugitifs qu'il empreint dans sa mémoire comme les sujets de ses imitations futures; la jeunesse, avide d'émotions, ouvre son âme aux sentiments les plus élevés; l'âge avancé se rajeunit par les souvenirs; l'enfance elle-même regarde, avec tous les pressentiments de l'espoir, ce rideau coloré qui doit en se levant avec bruit, lui dévoiler des merveilles inconnues. Tous y trouvent ce qui ranime leurs forces, ce qui rend la sérénité à leur esprit, tous sont enlevés pendant quelque temps aux soucis et à l'oppression habituelle de la vie.

Mais, d'un autre côté, l'art dramatique et les arts qui s'y rallient pourraient, par le découragement et la négligence réciproque des poètes, des acteurs et du public, tomber à un tel point de dégradation, que le spectacle devînt la plus vulgaire, la plus insipide et même la plus pernicieuse de toutes les manières de perdre son temps. Nous pensons donc qu'on ne peut, sans injustice, regarder comme destinées à satisfaire une vaine curiosité, des recherches sur ces ouvrages dont les peuples les plus distingués par leurs lumières se sont honorés dans leurs plus beaux jours, et des vues dirigées vers les moyens d'ennoblir ou de perfectionner un art qui exerce autant d'influence.

C'en est assez pour prouver l'importance de notre but. Nous allons à présent nous occuper des deux genres opposés, le genre tragique et le genre comique, qui forment la division générale de la poésie dramatique, et nous examinerons l'idée fondamentale de l'un et de l'autre.

Les trois espèces principales de la poésie sont : la poésie épique, la poésie lyrique et la poésie dramatique. On peut aisément y subordonner tous les genres secondaires d'après leurs rapports avec quelqu'un de ceux-là, et montrer, ou qu'ils en dérivent, ou qu'ils n'en sont que des mélanges diversement combinés.

Si nous voulons connaître ces trois sortes de poésie dans toute leur pureté, il faut remonter à la forme primitive sous laquelle elles ont paru chez les Grecs. La théorie s'applique surtout avec facilité à l'histoire de la poésie grecque, car cette poésie s'est développée dans un ordre naturel et méthodique, et nous y voyons réalisées de la manière la plus frappante toutes les idées que nous avions conçues indépendamment de l'expérience.

Il est remarquable que, dans la poésie épique et dans la poésie lyrique, on ne retrouve pas cette même division, en deux branches opposées, que présente la poésie dramatique. On a voulu, il est vrai, ériger la prétendue épopée badine en un genre particulier. Mais ce n'est qu'une sorte de production subalterne et accidentelle, une simple parodie de l'épopée, où tout consiste à tourner d'un côté niais et mesquin les pompeux développements et la marche solennelle qui semblent ne convenir qu'aux grands objets. Dans la poésie lyrique, on ne trouve que différentes gradations entre la chanson, l'ode et l'élégie, mais aucune opposition véritable.

L'esprit qui dicte l'épopée, comme nous pouvons le reconnaître dans Homère, à qui elle a dû sa naissance, est une conception claire et paisible; le poème épique est une représentation tranquille de la marche des choses : le poète raconte des événements heureux ou malheureux, mais il les raconte avec calme, et il les regarde comme appartenant au passé, à une certaine distance de nous.

Le poëme lyrique est l'expression harmonieuse des mouvements de l'âme. L'essence de ce qu'on peut appeler en nous la disposition harmonieuse (1) consiste dans le désir que nous éprouvons de retenir au fond de notre cœur une émotion ou mélancolique ou agréable, et d'en prolonger la durée. Il faut donc que le sentiment en soit adouci à un tel degré, que nous ne voulions point y échapper, que nous craignions même de la dissiper par la moindre action et que, sans égard aux changements que le temps amène, nous souhaitions éterniser un seul instant de notre existence.

Le poëte dramatique nous présente, il est vrai, ainsi que le poëte épique, des événements extérieurs, mais il les suppose présents et véritables; il exprime des sentiments et des passions, ainsi que le poëte lyrique, mais c'est avec de plus hautes prétentions, car il veut nous affliger ou nous réjouir bien plus immédiatement. Il évoque toutes les émotions qu'excite en nous, à la vue des actions réelles, notre intérêt pour le sort de nos semblables, et c'est seulement à la fin de sa fiction et par l'ensemble de l'impression qu'elle nous laisse, qu'il permet à ces émotions de se résoudre en un sentiment harmonieux et satisfait. Il se tient si près de la vie, il veut nous en offrir une image tellement fidèle, que le calme du poëte épique deviendrait en lui de l'indifférence. Il faut qu'il se décide, d'une manière bien positive, en faveur d'un

---

(1) Musikalisch. (*Note du traducteur.*)

des principaux aspects sous lesquels se présente la destinée humaine, et qu'il force ses auditeurs à prendre parti comme lui.

A l'égard des deux espèces de poésie dramatique, je dirai, pour me réduire à l'expression la plus simple et la plus claire, que le genre tragique et le genre comique soutiennent entre eux les mêmes rapports que le sérieux et la gaîté : chacun connaît par sa propre expérience ces deux directions de notre âme, mais il faudrait une recherche philosophique très profonde pour parvenir à connaître leur essence et leur origine. Toutes les deux portent l'empreinte de la totalité de notre nature, mais le sérieux appartient davantage aux impressions morales, et la gaîté à celles que nous recevons par les sens. Les créatures qui ne sont pas douées de raison ne peuvent réellement connaître aucune de ces deux dispositions; les animaux, il est vrai, semblent quelquefois se proposer un but sérieux dans leurs travaux, comme s'ils soumettaient le moment présent à un moment futur; d'autres fois ils paraissent jouer, c'est à dire s'abandonner, sans dessein, au plaisir de l'existence; mais il n'y a que la conscience de ce qu'on éprouve qui puisse élever ces deux manières d'être au niveau du sérieux et de la gaîté véritables. C'est à l'homme seul, entre toutes les créatures que nous connaissons, qu'a été accordé ce regard qui se retourne vers le passé et qui pénètre dans l'avenir; mais il a payé cher un si beau privilége.

Le sérieux, pris dans le sens le plus étendu, est la direction des forces de l'âme vers un but. Mais, aussitôt que nous nous rendons compte de nos actions, la raison nous ordonne de rapporter ce but à un autre plus élevé, et enfin au but premier et général de notre existence. C'est alors que ce désir de l'infini qui habite au fond de notre âme se brise contre les bornes du fini où nous sommes emprisonnés, et que la contemplation de la vie dissipe les prestiges de la vie même. Toutes nos œuvres sont vaines et passagères, partout la mort se tient dans l'enfoncement, et chaque moment bien ou mal employé nous entraîne vers elle. Dans les circonstances les plus heureuses, lorsqu'un homme atteint en paix le terme naturel de sa carrière, il voit toujours devant lui la nécessité de quitter ce qu'il a de plus cher ou d'en être abandonné. Il n'existe aucun lien d'amour sans séparation, aucune jouissance sans perspective de regrets. Si nous embrassons d'un coup d'œil, et jusqu'aux derniers confins du possible, tous les divers rapports de notre existence, si nous considérons qu'elle est sous la dépendance d'un enchaînement de causes et d'effets à perte de vue, si nous envisageons comment nous avons été jetés, faibles et sans défense, sur les rivages d'un monde inconnu où, pour ainsi dire en naissant, nous avons déjà fait naufrage; comment nous sommes exposés à toutes les erreurs, à toutes les illusions qui peuvent nous être funestes; comment nos passions révoltées sont des ennemis que nous portons dans notre sein; comment chaque instant peut exiger de nous, au nom des devoirs les plus saints, le sacrifice de nos plus douces inclinations, et peut nous enlever d'un seul coup ce que nous avons acquis avec le plus de peine; comment à chaque nouvelle extension de notre bonheur, nous voyons s'augmenter le danger des privations douloureuses, ainsi que le danger d'offrir plus de prise à la colère d'un sort ennemi ; si nous considérons, dis-je, l'ensemble effrayant des conditions nécessaires de notre existence, toute âme qui n'est pas insensible, doit être saisie d'une mélancolie inexprimable, contre laquelle il n'y a d'autre refuge que la conviction profonde d'une vocation supérieure à celle de la destinée terrestre. Telle est cette disposition, composée d'une sombre tristesse et d'un enthousiasme élevé, qu'on peut appeler la disposition tragique. Et lorsque, sortant de la vague contemplation du possible, l'âme, ainsi modifiée, rentre tout à coup dans le domaine de la réalité et de la vie ; lorsqu'elle s'empare des grands faits de l'histoire, des exemples les plus frappants des vicissitudes humaines, et qu'elle évoque de leur tombeau les héros qui, par leur constance, ont triomphé de la fortune, ou ceux qui ont glorieusement succombé sous ses coups, alors on voit apparaître la tragédie elle-même. Ceci peut déjà servir à faire comprendre comment elle se fonde sur notre nature, comment nous pouvons aimer les spectacles terribles qu'elle présente, et y trouver quelque chose qui nous élève et qui nous console. L'état de l'âme, que nous appelons tragique, est inévitable pour les êtres doués d'un sentiment profond ; et la poésie qui ne peut étouffer en eux les dissonances intérieures, cherche du moins à les sauver par le charme d'une harmonie idéale.

De même que le sérieux, animé par l'inspiration poétique, est l'essence de la tragédie, l'essence de la comédie consiste dans la gaîté. La disposition à la gaîté est une sorte d'oubli de la vie, un état où nous sommes enlevés à toutes les idées tristes, par le sentiment agréable d'un bien être actuel; alors nous ne prenons rien qu'en jouant, et nous laissons glisser légèrement toutes choses sur la surface de notre âme. Les imperfections des hommes, et la mésintelligence qui règne entre eux, ne sont plus pour nous des objets de blâme ou de tristesse : nous n'y voyons que des contrastes bizarres qui exercent notre esprit et animent notre imagination. L'auteur comique doit donc tenir à distance tout ce qui pourrait exciter l'indignation morale contre ses personnages, ou un intérêt véritable pour leur situation, parce que l'un et l'autre de ces sentiments nous font retomber dans le sérieux. Il doit présenter les travers et les inconséquences des hommes comme le résultat naturel de l'empire des sensations, et leurs aventures comme des caprices amusants du hasard qui ne peuvent entraîner aucune suite funeste. C'est là l'essence de ce que nous nommons la comédie, et néanmoins, ainsi que je le montrerai dans la suite, il s'y trouve toujours chez les modernes un mélange de sérieux. La première comédie des Grecs, au contraire, était tout entière inspirée par la plus franche gaîté, et formait par là un contraste parfait avec leur tragédie. Ce n'étaient pas seulement le caractère et la situation des individus qui se montraient sous un aspect comique dans ce bizarre tableau : toute la constitution sociale, le peuple, le gouvernement, la race des hommes et celle des dieux y prenaient, sous le brillant pinceau de l'imagination, les couleurs les plus gaies et les plus originales.

Si l'on a saisi, dans toute sa pureté, l'idée du genre tragique et du genre comique, tels qu'ils se présentent à nous dans les modèles qu'ont laissés les Grecs, il deviendra facile de réduire à leurs véritables éléments les mélanges de ces différents systèmes imaginés par les modernes, et de reconnaître les accessoires étrangers que ceux-ci y ont ajoutés.

Dans l'histoire de la poésie et des beaux-arts en Grèce, on voit régner une même loi fondamentale d'après laquelle il se sont tous développés, une exclusion rigoureuse des éléments hétérogènes et une réunion intime des principes de même nature en un tout complet et harmonieux. De là vient que les divers genres se renferment, chez eux, dans leurs bornes naturelles et que les différents styles s'y distinguent d'une manière tranchée. Ce n'est donc pas seulement d'après l'ordre des temps, mais encore d'après l'ordre des idées, qu'il est convenable de commencer par les Grecs lorsqu'on trace l'histoire des arts.

Je ne peux pas supposer que la plupart de mes auditeurs aient acquis, dans la langue originale, une connaissance immédiate de l'antiquité grecque. Les traductions en prose ou même en vers, où toutes les idées sont travesties à la moderne, ne peuvent donner aucune idée véritable des spectacles des Grecs. Les seules qu'on puisse appeler fidèles, celles qui, par l'imitation de la nature du vers et de son accentuation particulière, s'efforcent d'atteindre à la hauteur de l'original, n'ont été encore tentées que dans la langue allemande. Mais quoique cette langue soit extrêmement flexible, qu'elle offre même plusieurs traits de ressemblance avec la langue grecque, il n'en résulte jamais qu'une lutte à armes inégales, et bien souvent on voit, à la place de la grâce libre et facile, s'introduire la raideur et la dureté. On ne s'est pas même, à beaucoup près, servi de tous les moyens, de toutes les ressources de la langue allemande; je ne connais aucune traduction des tragiques grecs qu'on puisse approuver d'un bout à l'autre. Mais quelque perfection qu'on suppose, quand la distance de la copie à l'original serait la moindre possible, un lecteur qui ne connaîtra pas l'ensemble de la littérature grecque sera toujours troublé par une sorte de nouveauté étrange dans le sujet, par la singularité des usages nationaux, par des allusions sans nombre qu'une grande érudition peut seule faire comprendre, et les distractions que lui donneront les détails l'empêcheront de recevoir une impression pure de l'ensemble. Aussi longtemps que le travail est nécessaire, tant qu'il faut lutter avec des difficultés, il n'y a point de véritable jouissance dans les beaux-arts : pour bien sentir les anciens et les admirer à leur manière, il faut s'être naturalisé chez eux, il faut, pour ainsi dire, avoir respiré l'air de la Grèce.

Quel moyen reste-t-il donc à ceux qui ne connaissent pas la langue des Grecs, pour parvenir à se transporter dans l'ensemble de leurs sentiments et de leurs pensées? Je le dis sans hésiter : l'étude de la sculpture antique. Si les modèles originaux sont d'un accès difficile, leurs copies du moins sont assez répandues pour qu'on puisse en saisir l'esprit; ces images de la beauté primitive n'ont besoin d'aucun interprète, leur signification sublime est impérissable ; elle doit être reconnue, à travers les révolutions des siècles, sous tous les climats différents où la figure de l'homme jouit de ses nobles avantages, partout où vit une race, telle que la race européenne, qui rappelle encore celle des Grecs. Il n'y a qu'une voix dans toute l'Europe civilisée, sur l'inimitable perfection du petit nombre de modèles du premier rang que nous a laissés la sculpture grecque. Si jamais cette perfection a été méconnue, ce n'a pu être que dans le temps où le goût dépravé des modernes avait fait tomber les beaux-arts dans l'affectation la plus maniérée. Non seulement tous les artistes éclairés, mais tous les hommes doués de sentiment, sont saisis d'un ravissement respectueux à la vue des chefs-d'œuvre de la sculpture antique.

Si cependant nous avions besoin d'un guide qui nous introduisît dans ce sanctuaire du beau idéal, l'ouvrage le plus propre à nous rendre ce service serait l'histoire de l'art de notre immortel Winckelmann. Il laisse sans doute beaucoup à désirer dans les détails, il s'y trouve même des erreurs considérables, mais jamais on n'a pénétré aussi profondément dans l'esprit le plus intime des arts de la Grèce. Winckelmann avait vraiment revêtu toute la manière d'être des anciens, il ne vivait qu'en apparence dans son propre siècle, et il n'en éprouvait pas les influences.

L'ouvrage de Winckelmann traite principalement des arts qui tiennent au dessin, mais il jette quelques rayons de lumière très précieux sur les autres branches de la culture morale des anciens, et il est très utile pour préparer à l'intelligence de la poésie grecque, particulièrement de la poésie dramatique. Comme les pièces de théâtre étaient destinées à paraître sur la scène, devant des spectateurs dont les yeux, sans doute très difficiles, s'attendaient à de vives jouissances, on ne peut parvenir à saisir l'effet majestueux de leur représentation, qu'en les évoquant, pour ainsi dire, dans leur entier, et en donnant par la pensée le mouvement et la vie aux images idéales des dieux et des héros. Je ne sais si on pourra l'entendre à présent, mais j'espère le rendre plus clair dans la suite : c'est devant le groupe de la Niobé ou celui du Laocoon, que nous apprenons véritablement à comprendre les tragédies de Sophocle.

Il serait à désirer qu'il existât un ouvrage qui nous présentât l'ensemble de l'état des arts, de la poésie, des sciences et de la société chez les Grecs, sous l'aspect d'un grand tout harmonieux, merveilleusement proportionné dans toutes ses parties, et offert à notre admiration comme le chef-d'œuvre du premier des artistes, la nature. Il faudrait que cet ouvrage, dirigé vers un but plus universel que celui de Winckelmann, mais animé du même esprit, nous fît suivre le développement successif et sentir la dépendance mutuelle de toutes les branches de la civilisation grecque. Un livre qui est entre les mains de tout le monde, les *Voyages du jeune Anacharsis*, est, il est vrai, un essai de ce genre. Cet ouvrage, estimable du côté de l'érudition, peut beaucoup servir à répandre la connaissance de l'antiquité; mais, sans m'arrêter aux défauts du cadre, je dirai qu'il prouve plus de bonne volonté à rendre justice aux Grecs que de talent à entrer profondément dans leur sens. On ne peut nier que les vues n'en soient souvent modernes ou superficielles, et que ce voyage d'un Scythe ne ressemble infiniment à celui d'un Parisien.

C'est, comme je l'ai dit, dans les arts imitateurs des formes, que la supériorité des Grecs est le plus universellement reconnue. Leur littérature a surtout inspiré un grand enthousiasme aux Anglais et aux Allemands, parce que c'est chez ces peuples que l'étude de la langue grecque a été faite avec le plus de zèle. Il est extraordinaire que les critiques français, qui nous présentent comme règle irrécusable, en fait de goût, les écrits théoriques des anciens sur la poésie (tels que ceux d'Aristote, de Quintilien, d'Horace, etc.) soient précisément les mêmes qui s'arrogent le droit de parler légèrement et sans respect de l'ancienne poésie dramatique. On peut en juger d'après un livre très répandu, le *Cours de littérature*, de la Harpe. L'auteur déploie beaucoup de jugement et de sagacité dans ses remarques sur le théâtre français; mais si quelqu'un espérait apprendre de lui à connaître les Grecs, il se tromperait fort, assurément. Le sentiment et la connaissance approfondie de l'antique lui manquent au même degré. Le ton tranchant de Voltaire sur le même sujet ne s'accorde guère avec le genre superficiel de ses études; il élève ou rabaisse les anciens, selon son caprice, ou selon la direction qu'il lui est utile de donner dans le moment à l'opinion du public. Métastase, de son côté, prononce, en passant, un jugement définitif sur les tragiques grecs, et les gourmande en maître d'école. Racine est infiniment plus modeste, il ne mérite même aucun reproche à cet égard, sans doute parce que de tous ces auteurs il est celui qui a le mieux connu la littérature grecque.

Les motifs des censures injustes dont nous venons de parler, sont aisés à deviner. Chaque écrivain cherche à flatter la vanité de sa nation et la sienne propre; on veut se mettre au dessus des anciens, et l'on se hasarde à prononcer des arrêts de toute espèce, parce que les ouvrages des poètes dramatiques ne sont accessibles qu'aux savants, qu'ils se montrent sans vie, sous la forme d'une froide écriture, privés de l'accompagnement animé de la récitation, de la musique, du jeu à la fois idéal et pittoresque des acteurs anciens, enfin de la pompe théâtrale : toutes choses qui sans doute s'accordaient noblement dans Athènes avec la poésie, pour produire l'impression la plus forte et la plus pénétrante. Si nous pouvions, une seule fois, avoir sous les yeux l'ensemble majestueux d'un pareil spectacle, je ne doute pas qu'il ne fît taire à jamais nos misérables chicanes.

Les statues antiques se passent de commentaires, elles parlent d'elles-mêmes; toute idée de rivalité, dans un artiste moderne, paraîtrait une prétention ridicule, et pour le théâtre seul, on nous allègue l'enfance de l'art. Parce que les tragiques grecs ont vécu deux mille ans avant nous, il est indubitable que nous en savons bien davantage; nous daignons quelquefois parler de leurs ouvrages avec cette indulgence qu'on accorde aux premiers essais des enfants. C'est principalement sur Eschyle que tombe notre bonté protectrice; mais il faut convenir que si ce poète nous montre l'enfance de l'art dramatique, c'est du moins l'enfance d'Hercule, qui étouffait des serpents dans son berceau.

Je me suis déjà déclaré contre cette foi exclusive et superstitieuse à l'autorité des anciens, qui, parmi tous leurs titres de gloire, ne voit que le froid mérite de l'absence des fautes, qui semble ne les présenter pour modèles qu'afin d'exclure la possibilité de tout progrès futur, et voudrait faire abandonner à la postérité, comme à jamais stérile, l'exercice des arts où ils ont excellé. Je pense plutôt que la poésie, étant la vive expression de ce qu'il y a de plus intime dans notre être, doit revêtir, selon les différents siècles, une forme nouvelle et particulière ; mais je n'en conserve pas moins la vénération la plus profonde pour les Grecs, pour ce peuple doué d'un sentiment des arts si parfait et si juste, qu'avec la conscience de cette faveur unique, il a pu nommer barbares tous les autres peuples, sans qu'on ait presque le droit de s'en formaliser.

Je ne voudrais pas être envisagé comme un de ces voyageurs qui, revenant des terres lointaines, ébranlent notre confiance par les merveilles mêmes qu'ils en racontent ; mais je voudrais, dans ce tableau d'après nature qu'une longue étude du théâtre des Grecs m'a mis à portée de tracer, relever les beautés qui le caractérisent, sans dissimuler ses défauts, et surtout réussir à faire revivre la scène grecque sous les yeux de mes auditeurs.

Nous traiterons en premier lieu de la tragédie grecque et ensuite des deux espèces de comédies qu'on a vues se succéder dans Athènes. Mais pour qu'on puisse se former une idée juste des spectacles anciens, il est nécessaire que nous jetions auparavant un coup d'œil sur l'architecture et les décorations de la scène, ainsi que sur toute cette partie de l'ordonnance théâtrale qui était commune aux différents genres de pièces.

L'art du comédien nous arrêtera ensuite quelques moments; nous parlerons des usages particuliers qui régnaient à cet égard dans l'antiquité, et entre autres de l'usage universel des masques, lesquels offraient des différences relatives aux divers genres de composition, puisque ceux de la tragédie représentaient des figures idéales, et ceux de la comédie, de la nouvelle comédie du moins, des caricatures grotesques.

En nous occupant de la tragédie, nous traiterons d'abord de ce qui constituait son caractère distinctif chez les anciens, de l'idéal, qui était la sphère où on la plaçait, de la puissance du destin, qui en était l'âme et enfin de la mythologie, qui en était le sujet. Nous chercherons ensuite à caractériser, chez les trois poëtes dont les ouvrages nous sont restés, les différents styles qui forment trois époques marquantes dans l'histoire de la tragédie grecque.

TROISIÈME LEÇON

Construction et ordonnance du théâtre chez les Grecs. — De ce qu'était en Grèce l'art de la déclamation. — De l'emploi des masques. — Fausse comparaison entre la tragédie grecque et l'opéra. — Essence de la tragédie grecque. — Imitation idéale. — Ce qu'était la Destinée chez les tragiques grecs. — Cause du plaisir que donne la tragédie. — Quelle était la signification du chœur chez les anciens. — De la mythologie considérée comme sujet des fictions tragiques. — Comparaison de la poésie avec la sculpture.

Le nom général de théâtre fait naturellement naître l'idée de ce qui porte ce nom parmi nous. Cependant le théâtre des Grecs était absolument différent du nôtre dans sa construction, et si, en lisant les ouvrages dramatiques des anciens, on croit les voir représenter sur notre scène, on les considère sous un jour tout à fait faux.

Le seul passage qui traite ce sujet avec une exactitude mathématique, se trouve dans Vitruve. Le même auteur détermine avec précision les principales différences entre les théâtres des Grecs et ceux des Romains. Ces données, cependant, ainsi que d'autres en très petit nombre, éparses chez les auteurs anciens, ont été tour à tour mal interprétées par les architectes qui ne connaissaient pas les poètes dramatiques (1), et par les littérateurs qui ignoraient l'architecture. On n'a jamais donné d'explication intelligible de toute la partie des anciennes pièces de théâtre qui tient à l'ordonnance de la scène. Je crois m'en être fait des notions claires relativement à plusieurs tragédies, mais d'autres m'offrent encore des difficultés. On a surtout de la peine à se figurer la représentation des pièces d'Aristophane. Cet auteur ingénieux paraît avoir eu des idées aussi hardies et aussi surprenantes, sur la manière d'exposer ses pièces au public, que relativement à leur invention même. La description du théâtre grec, donnée par Barthélemy, est assez confuse, et le plan qu'il y joint évidemment défectueux. Lorsqu'il veut rendre compte de la représentation de quelque pièce en particulier, comme d'*Antigone* ou d'*Ajax*, il finit par s'égarer tout à fait. Les éclaircissements que je vais donner à ce sujet pourront en conséquence ne pas sembler superflus (2).

Les théâtres des Grecs étaient entièrement découverts. Les spectacles se donnaient le jour et en plein

---

(1) On en trouve un exemple remarquable dans le soi-disant théâtre antique du Palladio à Vicence. Il est vrai que lorsqu'il a été construit, Herculanum n'avait pas encore été découvert, et que les fragments de ruines des théâtres anciens sont difficiles à comprendre lorsqu'on n'en a vu aucun dans son entier.

(2) Je les dois en partie aux explications d'un savant architecte, M. Genelli de Berlin, auteur de lettres ingénieuses sur Vitruve. Nous avons comparé soigneusement plusieurs tragédies grecques avec la description de Vitruve (telle que nous la comprenions) et suivi leur représentation dans la pensée ; j'ai été confirmé depuis dans ces mêmes idées en voyant les théâtres d'Herculanum et de Pompéi.

air. L'usage de mettre les spectateurs à l'abri du soleil, au moyen de voiles étendus, est une recherche de luxe, probablement inconnue aux Grecs, qui s'introduisit plus tard chez les Romains. Ces théâtres découverts nous paraissent mal imaginés, mais les Grecs n'étaient pas un peuple accoutumé à la mollesse, et nous ne devons pas oublier la douceur de leur climat. S'il survenait un orage ou une ondée subite, le spectacle était interrompu, et d'ailleurs ils aimaient mieux se soumettre à quelques désagréments passagers, que de troubler l'éclat pur et solennel d'une fête religieuse, en se renfermant dans un bâtiment obscur (1). Il leur aurait paru encore bien plus absurde de fermer la scène même, et d'emprisonner les dieux et les héros dans une chambre toujours difficilement éclairée. Ces jeux scéniques, destinés à sanctionner d'une manière majestueuse l'opinion d'une alliance avec le ciel, devaient s'exécuter sous le ciel même, et en présence des dieux, de ces dieux qui, suivant le mot de Sénèque, pensent que la lutte d'un homme de bien contre ses passions ou contre l'adversité, est un spectacle digne d'eux.

Quelques critiques modernes ont beaucoup exagéré, du moins à l'égard de la tragédie et de l'ancienne comédie, les inconvénients qui résultaient pour les auteurs de la nécessité de placer le lieu de

---

(1) Les anciens se plaisaient à choisir pour leurs théâtres les plus belles situations. Le théâtre de Tauromenium (aujourd'hui Taormina en Sicile) dont on voit encore les ruines, était, d'après la remarque de Munter, placé de manière que l'on jouissait de la vue de l'Etna, au delà du fond de la scène.

la scène sur le devant des maisons, et on s'est trop arrêté sur les invraisemblances auxquelles cette disposition donnait lieu. Les Grecs vivaient, suivant l'usage actuel des peuples méridionaux, beaucoup plus en plein air que nous, ils y traitaient de toutes les affaires de la vie, dont nous ne nous occupons que dans nos maisons; d'ailleurs la scène ne se passait pas dans la rue, mais dans une espèce d'avant-cour qui appartenait au bâtiment; c'est là qu'était placé l'autel où l'on sacrifiait aux dieux pénates. Les femmes grecques qui vivaient si retirées, celles mêmes qui n'étaient pas mariées, avaient le droit d'y venir. Ajoutons qu'on pouvait, au moyen de l'encyclème, laisser pénétrer les regards des spectateurs dans l'intérieur des appartements, ainsi que nous le verrons bientôt.

Mais ici notre attention doit surtout se fixer sur un sentiment particulier aux Grecs, je parle du genre d'esprit républicain d'après lequel il leur semblait qu'une sorte de publicité communiquait un caractère grave et solennel à toute action importante. C'est là ce qu'indique la présence du chœur, qui a été regardée, lorsque la fiction paraît exiger le secret, comme une inconvenance blâmable.

Les théâtres des anciens étaient, en comparaison des nôtres, disposés sur une échelle colossale. Il fallait que ces théâtres pussent contenir à la fois tous les citoyens, ainsi que les étrangers qui arrivaient en foule pour assister aux fêtes, et sans doute on voulait encore ajouter à la majesté du spectacle en ne le montrant qu'à une distance imposante. Les siéges des spectateurs consistaient en des gradins, qui s'élevaient davantage à mesure qu'ils s'éloignaient du demi-cercle de l'orchestre. On compensait avec beaucoup d'art la diminution des différents genres d'effets, produite par l'éloignement, en donnant aux acteurs des masques construits de manière à renforcer la voix, et en rehaussant leur taille par le cothurne. Vitruve fait aussi mention de certains vases sonores, distribués dans différentes parties de l'édifice; mais les commentateurs ne sont point d'accord à cet égard. En général, il n'est pas douteux que les théâtres des anciens ne fussent construits d'après d'excellents principes d'acoustique.

Le gradin le plus bas de l'amphithéâtre était placé près de la scène et sur le même niveau. L'orchestre, en forme de demi-cercle, et profondément enfoncé au dessous de ce dernier gradin, avait une destination particulière et ne contenait point de spectateurs. Il n'en a pas été de même, il est vrai, chez les Romains; mais l'arrangement de leur théâtre n'est pas ce qui nous occupe à présent.

La scène consistait premièrement en une plateforme qui s'étendait d'un côté du théâtre à l'autre et n'avait que peu de profondeur relativement à sa largeur. C'est ce qu'on appelait *logeum*, et en latin *pulpitum*. Les acteurs principaux en occupaient ordinairement le milieu. De plus, en arrière de la place où ils se tenaient, la scène présentait un enfoncement, de forme quadrangulaire, mais toujours plus large que profond, et que l'on nommait le *proscenium*. La partie restante du logeum, à droite et à gauche de la scène, était terminée du côté des spectateurs par un bord en pente qui descendait vers l'orchestre, et plus loin par un mur tout uni, ou simplement décoré par de l'architecture, lequel s'élevait jusqu'à la hauteur des gradins les plus reculés de l'amphithéâtre.

Les décorations étaient disposées de manière que l'objet qui devait principalement attirer les regards et paraître le plus rapproché, en occupât le milieu, tandis que les perspectives éloignées étaient ménagées des deux côtés : ce qui est l'opposé de notre usage ordinaire. On observait des règles fixes à cet égard; à gauche était représentée la ville à laquelle appartenait le palais, le temple ou l'édifice quelconque du milieu de la scène; à droite la campagne, les arbres, les montagnes, les rivages de la mer. Les décorations latérales étaient dressées contre des échafaudages à trois faces, qui tournaient sur un pivot, et c'est ainsi que s'exécutaient les changements de scène (1).

Il est vraisemblable que l'on plaçait au fond du théâtre beaucoup d'objets réels que nous avons coutume d'imiter par la peinture. Lorsque la scène représentait la façade d'un temple ou d'un palais, on élevait ordinairement sur le proscenium un autel, que la plupart des pièces anciennes rendaient, à divers égards, nécessaire. Les décorations imitaient le plus souvent des morceaux d'architecture; mais elles offraient quelquefois aussi de véritables peintures de

(1) D'après une remarque que Servius a faite sur Virgile, il paraît que ces changements s'opéraient, tantôt en tournant, tantôt en tirant les décorations. Le premier moyen était adopté pour les côtés, et l'autre pour le fond de la scène. La paroi du milieu était encore susceptible de s'ouvrir, et les deux moitiés, en disparaissant de chaque côté, découvraient une nouvelle perspective. Il était cependant rare qu'on changeât à la fois toutes les décorations.

paysages. Dans *Prométhée*, par exemple, elles représentaient le Caucase ; dans *Philoctète*, l'île déserte de Lemnos, avec tous ses rochers et une grande caverne. On peut conclure d'un passage de Platon, que les Grecs étaient bien plus habiles dans l'art des illusions de la perspective théâtrale, qu'on n'a voulu le leur accorder d'après quelques mauvais paysages découverts à Herculanum.

Il y avait dans le fond de la scène une grande entrée et deux petites immédiatement à côté. On a prétendu qu'il était aisé de juger, à la manière dont entrait un acteur, de l'importance de son rôle, parce que les principaux personnages étaient les seuls qui arrivassent par la porte du milieu. Cela est vrai en général ; mais l'ordonnance des pièces pouvait quelquefois en décider autrement. Lorsque le milieu de la scène représentait un palais habité par la famille royale, les princes et les princesses devaient en effet entrer sur le théâtre par la grande porte de ce palais, et les personnages subalternes par les petites portes qui appartenaient à des édifices moins apparents. On avait encore pratiqué deux autres entrées qui ne marquaient aucune distinction entre les rôles, mais indiquaient seulement le lieu d'où l'acteur était censé revenir. L'une était à l'extrémité du logeum, pour ceux qui arrivaient de la ville représentée dans la décoration latérale ; l'autre, à l'extrémité opposée, dans l'orchestre, pour ceux qui revenaient d'un voyage. Ils montaient alors l'escalier qui conduisait de l'orchestre au logeum. Les personnages principaux pouvaient donc être quelquefois obligés de se servir de ces entrées sur le devant. Cette disposition nous explique comment les acteurs placés au milieu de la scène étaient souvent censés, dans les drames anciens, voir arriver un nouveau personnage longtemps avant qu'il s'approchât d'eux.

Sous les gradins de l'amphithéâtre était encore un escalier qu'on appelait l'escalier de Caron, parce qu'il était destiné aux ombres des morts. Les acteurs chargés de ces sortes de rôles arrivaient par là jusque dans l'orchestre, et se rendaient ensuite sur le théâtre, sans être vus des spectateurs. Le bord avancé du logeum devait quelquefois représenter le rivage de la mer. En général, les Grecs cherchaient à tirer parti, pour la représentation de leurs drames, des objets naturels qui se trouvaient hors des limites de la scène, et ils leur faisaient même jouer un rôle quand cela était possible ; ainsi je ne doute pas que, dans les *Euménides*, les spectateurs, ne s'entendissent apostropher deux fois, sous le nom du peuple assemblé : une fois quand la pythie engage les Grecs à interroger l'oracle, et l'autre lorsque Pallas leur fait imposer silence par le héraut, au moment où le jugement doit être prononcé. Les invocations au ciel étaient sans doute adressées au ciel même, et lorsque Électre s'écrie, en entrant pour la première fois sur la scène :

O lumière sacrée ! et toi air, répandu avec égalité au-dessus de toute la terre !

peut-être se tournait-elle véritablement vers le soleil. Ces moyens sont quelquefois d'un effet prodigieux. Les critiques modernes blâmeraient sans doute le mélange des objets imités avec les objets réels, sous prétexte qu'il nuit à l'illusion ; mais ils se tromperaient fort sur la nature de l'illusion que les arts doivent chercher à produire. Si l'on voulait qu'un tableau trompât réellement, c'est à dire que les yeux le prissent en effet pour la réalité qu'il représente, il faudrait qu'on n'en vît pas les bornes ; le cadre qui l'entoure le fait à l'instant reconnaître pour un tableau ; or il est impossible qu'il n'y eût pas dans les ornements de l'avant-scène un encadrement d'architecture analogue au cadre dont nous venons de parler. Il vaut donc mieux renoncer à une illusion imparfaite et sortir sans déguisement de l'enceinte des décorations, lorsqu'on y trouve d'ailleurs de l'avantage. Le principe général des Grecs, à cet égard, était d'exiger qu'on ne présentât à leurs yeux que des objets réels ou parfaitement imités ; et, lorsque ce n'était pas possible, ils se contentaient de simples indications symboliques.

Les machines destinées à tenir les dieux suspendus dans les airs, ou à enlever les hommes de la terre, étaient cachées derrière les murs des deux côtés de la scène : Eschyle déjà en faisait un grand usage. On voyait dans *Prométhée*, non seulement le vieil Océan parcourir les airs, monté sur un griffon, mais tout le chœur des océanides, composé au moins de quinze nymphes, traverser le ciel dans un char ailé. La terre pouvait aussi engloutir les acteurs ; on imitait les foudres, les tonnerres, l'écroulement ou l'incendie des maisons, et l'on cherchait de plusieurs manières à frapper les sens.

Il était facile de rehausser par un échafaudage le

mur du fond du théâtre, lorsqu'on avait besoin de représenter un édifice élevé ou une tour de laquelle on découvrît au loin le pays. Quant à l'intérieur d'un appartement, il pouvait être aperçu des spectateurs au moyen de l'encyclème. C'était une machine couverte, de forme demi circulaire, faite pour imiter l'intérieur d'une chambre. On la faisait avancer derrière la grande entrée du milieu de la scène qu'on laissait alors ouverte. L'encyclème était surtout employée pour les grands coups de théâtre, comme nous le voyons dans plusieurs pièces anciennes.

L'usage d'un rideau, pour fermer le devant de la scène, était connu des anciens. Il paraît, d'après une description d'Ovide, que la toile en était fixée au bas du théâtre d'où on la faisait remonter. Les auteurs grecs en font aussi mention, et le nom latin de ce rideau, *auleum*, est même emprunté du grec. Je ne crois cependant pas qu'on s'en soit servi de tout temps, sur le théâtre d'Athènes. Il est évident, d'après les pièces d'Eschyle et de Sophocle, que la scène était vide au commencement et à la fin du spectacle, car il n'y est question d'aucun préparatif qu'il fût nécessaire de cacher. Dans la plupart des pièces d'Euripide au contraire, et peut-être même dans *OEdipe Roi*, la scène, dès le commencement, est pour ainsi dire peuplée de groupes nombreux, qui sans doute ne s'étaient pas formés sous les yeux des spectateurs. Il est aisé de comprendre qu'il n'y avait que le proscenium qui pût être fermé par un rideau; la grande étendue du logeum aurait rendu cette disposition impraticable et superflue.

Le chœur avait son entrée particulière au fond

de l'orchestre; c'était à l'orchestre qu'il se tenait pour l'ordinaire et qu'il exécutait ses danses solennelles, accompagnées de chant. Sur le devant et vis-à-vis du milieu de la scène, était placé le thymèle; c'est ainsi qu'on appelait une élévation en forme d'autel, avec des degrés, dont le sommet arrivait à la hauteur du théâtre. Le chœur se réunissait sur ces degrés lorsqu'il ne chantait pas, et qu'il regardait l'action en paraissant s'y intéresser. Le coryphée se tenait alors sur la partie la plus élevée du thymèle pour découvrir ce qui se passait dans toute l'étendue de la scène, et pour prendre la parole lorsqu'il le fallait. Le chœur entonnait, il est vrai, ses chants en commun, mais lorsqu'il se mêlait au dialogue, un seul acteur portait la parole pour tous les autres, et il s'établissait une suite de réponses alternatives entre lui et les personnages de la pièce. Le thymèle était placé exactement au milieu de l'édifice, toutes les dimensions du théâtre étaient prises relativement à ce point, et c'est autour de ce centre commun qu'était tracé le demi-cercle de l'amphithéâtre. Le chœur, qu'on regardait comme le représentant idéal des spectateurs, n'avait pas été placé sans motif dans l'endroit où aboutissaient tous les rayons qui partaient de leurs différents siéges.

Quant à ce qui regarde l'art du comédien, il était, chez les anciens, d'un genre absolument idéal et rhythmique. C'est aussi sous ce double point de vue que nous devons l'envisager. Le jeu des acteurs était idéal, en ce qu'il tendait constamment vers le plus haut degré de dignité et de grâce; il était rhythmique, en ce que les mouvements de la figure et les inflexions de la voix, étaient plus solennellement mesurés sur le théâtre que dans la vie réelle. De même que, dans les arts qui représentent les formes, les Grecs partaient d'abord d'une idée tout à fait universelle, lui donnaient ensuite des caractères différents mais toujours généraux, et ne la revêtaient que peu à peu du charme animé de la vie, en sorte que la représentation de l'individu était toujours le dernier degré auquel ils arrivaient; de même aussi, dans l'imitation théâtrale, on les voyait partir des idées universelles de la grandeur héroïque, de la dignité surnaturelle et de la beauté idéale, passer de là à la peinture des caractères et finir par celle des passions. Ils sacrifiaient toujours, s'il était nécessaire, la qualité inférieure à celle qu'ils regardaient comme plus élevée, et ils auraient moins regretté la perte d'une nuance de vivacité dans la représentation, que celle d'une nuance de beauté; leurs idées étaient à cet égard bien différentes des nôtres : non seulement elles expliquent l'usage des masques dont nous nous étonnons si fort, mais elles prouvent que cet usage devait être indispensable à leurs yeux. Loin de croire y perdre quelque chose, c'eût été l'obligation de faire paraître Apollon ou Hercule sous les traits, souvent ignobles, et toujours beaucoup trop individuels d'un comédien, qu'ils eussent regardée comme une nécessité fâcheuse, ou même comme une véritable profanation. L'acteur le plus exercé dans le jeu de la physionomie réussit-il jamais à changer le caractère de ses traits? Et ce caractère, en donnant sa teinte particulière à toutes les passions, n'a-t-il pas sur leur imitation même une influence désavantageuse? On n'a pas besoin de recourir à une supposition toute gratuite (1), et d'imaginer que les acteurs changeaient de masque entre les différentes scènes, afin de paraître avec un visage alternativement triste ou gai. Cette explication serait encore insuffisante, car la physionomie ne doit pas garder la même expression pendant toute une scène. Il faudrait donc finir par adopter une idée encore plus ridicule, croire que les masques étaient composés de deux moitiés différentes, et que les acteurs montraient, suivant l'occasion, de la tristesse ou de la joie aux spectateurs, en se tournant tantôt d'un côté, et tantôt de l'autre (2). Il n'est pas nécessaire de refuter une pareille absurdité. Bien des moyens restaient encore aux comédiens pour exprimer les passions; ils avaient les gestes, les attitudes, les inflexions de la voix, les regards même; on oublie sans cesse, lorsqu'on insiste sur la perte du jeu de la physionomie, que le grand éloignement l'aurait dérobée aux yeux des spectateurs.

(1) Je dis supposition, quoique Barthélemy, dans *Anacharsis*, regarde la chose comme avérée, mais il n'en allègue pas de preuves, et je ne puis en trouver aucune.

(2) Voltaire est en effet allé jusque-là, dans le traité sur la tragédie des anciens et des modernes, qu'il a mis en tête de sa pièce de *Sémiramis*. Il cherche à confondre les admirateurs de la tragédie antique, et il se plaît en conséquence à grossir la foule des prétendues inconvenances du théâtre grec. Voici entre autres une de celles qu'il allègue : « Aucune nation, dit-il (excepté les Grecs), ne fait paraître ses acteurs sur des espèces d'échasses, le visage couvert d'un masque, qui exprime la douleur d'un côté, et la joie de l'autre. » A la suite de la recherche la plus scrupuleuse, sur les témoignages qui avaient pu lui servir à fonder cette incroyable assertion, je n'ai trouvé qu'un passage dans *Quintilien*, liv. XI, chap. III, et une allusion encore beaucoup

La question n'est pas de savoir si l'usage des masques est un obstacle au plus haut degré de perfectionnement dans l'art du comédien, ce qui pourrait bien arriver en effet. Cicéron parle, il est vrai, de l'expression, de la grâce et de la finesse du jeu de Roscius dans les mêmes termes dont se servirait un amateur moderne pour exalter le mérite d'un Garrick ou d'un Talma. Cependant je ne veux pas m'appuyer sur l'exemple de cet acteur fameux, parce qu'il paraît, d'après un autre passage du même auteur, qu'il cédait au désir de ses concitoyens en jouant souvent sans masque. Je doute fort qu'on ait jamais vu d'exemple pareil sur le théâtre grec. Cicéron nous apprend encore que les acteurs de son temps se soumettaient à des exercices tellement pénibles pour acquérir une voix parfaitement pure et flexible (il ne s'agit point ici de la voix du chant), que l'on ne pourrait rien exiger de semblable de nos comédiens modernes, pas même des comédiens français, qui font des études bien plus régulières que les nôtres.

plus vague de Platonius. Ces deux passages se rapportent à la nouvelle comédie grecque et indiquent seulement que, dans certains rôles, les masques avaient des sourcils inégaux : je reviendrai sur cette circonstance lorsqu'il sera question de la nouvelle comédie grecque ; mais Voltaire demeure toujours sans excuse, puisqu'en faisant mention du cothurne, il met hors de doute que son intention ne soit de parler de la tragédie. Il serait d'ailleurs difficile que son erreur eût une source aussi savante. C'est en général une peine perdue avec Voltaire, que de vouloir suivre la trace de ses inexactitudes ; toute cette description de la tragédie grecque, et celle du cothurne en particulier, est digne du même antiquaire qui s'est vanté (dans un traité sur la tragédie, joint à la pièce de *Brutus*) d'avoir fait paraître sur la scène le sénat romain en manteaux rouges.

L'art des gestes expressifs était cultivé séparément chez les Grecs, dans les danses pantomimes où il avait été porté à un point de perfection dont nous n'avons peut-être pas d'idée.

L'essentiel dans la tragédie grecque était l'unité d'impression ; tous les arts accessoires étaient soumis à l'effet général, et l'ensemble devait être animé d'un même esprit. En conséquence de ce principe, ce n'était pas seulement la composition de la pièce qui dépendait du poète, il décidait encore de l'accompagnement musical, des décorations de la scène, et de toute la représentation théâtrale. L'acteur n'était qu'un instrument passif, son mérite consistait dans l'exactitude avec laquelle il remplissait son rôle, et non dans l'étalage de ses talents particuliers.

Comme l'usage de l'écriture n'était pas alors répandu aussi généralement qu'il l'est de nos jours, l'auteur, presque toujours musicien et comédien lui-même, se trouvait obligé de répéter plusieurs fois à haute voix aux acteurs les rôles qu'ils devaient remplir, et d'exercer pareillement le chœur ; c'est ce qui s'appelait enseigner une pièce.

On peut aisément convenir que l'art de la déclamation est devenu plus difficile, depuis qu'on impose à l'acteur l'obligation de changer son individualité, sans lui permettre de la cacher ; mais la difficulté vaincue n'est jamais, dans les arts, un mérite auquel il doive être permis de sacrifier le seul qui nous intéresse, la beauté et la noblesse de l'imitation. De même que les traits des acteurs prenaient, au moyen des masques, un caractère plus prononcé, et que leur voix était renforcée par un mécanisme particulier, de même leur taille était élevée au dessus de la mesure ordinaire par l'usage du cothurne : c'est le nom qu'on donnait à un assemblage de feuillets nombreux, interposés sous les sandales, et tel qu'on peut le voir encore dans les anciennes figures de Melpomène. C'est par de semblables motifs que les hommes remplissaient tous les rôles sur les anciens théâtres. On ne trouvait pas que les femmes eussent assez de force dans la voix, ni de hardiesse dans le maintien, pour donner aux héroïnes de tragédie toute l'énergie qu'on exigeait d'elles.

On ne peut concevoir une trop haute idée du bel effet des masques (1), ni de l'ensemble à la fois

(1) On en peut juger par les imitations en marbre qui nous sont parvenues ; elles sont également belles et variées. Il est certain qu'il y avait une grande diversité dans les masques, même pour la tragédie, et cela se conçoit aisément pour la comédie. C'est ce que prouve la quantité de termes de l'art qu'offre la langue grecque, pour exprimer toutes les nuances différentes de l'âge et du caractère dans les masques. Voyez l'*Onomasticon* de Julius Pollux. Ce dont on ne peut juger d'après le marbre, c'est de l'extrême ténuité qu'on avait su donner à la matière qui les formait, c'est encore de la beauté de leur coloris, et de la manière exacte dont ils s'ajustaient à la tête. Le grand nombre d'artistes habiles dans Athènes, l'abondance et la perfection des ouvrages qui tenaient aux arts du dessin, ne nous laissent pas douter que le travail de ces masques ne fût admirable.

Quand on a vu à Rome les masques de cire dans le style noble, dont l'usage s'est introduit depuis peu pendant le carnaval, on peut concevoir l'effet de ceux des anciens : ces masques de cire embrassent souvent toute la tête, ils ont, ainsi que nous le voyons dans les anciennes imitations en marbre, des ouvertures assez grandes pour laisser apercevoir les yeux ; enfin ils sont si parfaitement bien faits, qu'ils imitent la vie, au mouvement près, et peuvent véritablement tromper à une certaine distance.

majestueux et plein de grâce qu'offrait la réunion des figures tragiques. Pour se les représenter dignement il faut avoir présent à l'esprit le grand style de la sculpture antique. Les plus belles statues grecques, douées de mouvement et de vie, nous offriraient une image frappante du spectacle des anciens. Mais si la sculpture se plaisait à représenter les formes du corps dans leur beauté naturelle, l'imitation théâtrale devait suivre un principe opposé, et les envelopper autant qu'il était possible. La décence publique et la difficulté de trouver dans la réalité rien qui pût répondre à la noblesse des visages imités, l'exigeaient également. Les vêtements permettaient l'emploi de divers moyens ingénieux, pour renforcer à propos la grosseur des figures et rétablir les proportions exactes que l'usage des masques et celui du cothurne avaient pu altérer.

La grande largeur du théâtre et son peu de profondeur donnaient à la réunion des figures qui s'y développaient sur une même ligne, l'ordonnance simple et distincte du bas relief. Nous préférons voir sur notre scène ainsi que dans nos tableaux, les groupes pittoresques, dont les figures rapprochées se recouvrent en partie, et paraissent fuir dans le lointain. Les anciens, au contraire, faisaient si peu de cas du raccourci qu'ils l'évitaient même dans la peinture. Les gestes accompagnaient le rhythme et la déclamation, et on cherchait à leur donner le plus haut degré de noblesse et de grâce. Pour que le jeu du théâtre s'accordât avec l'esprit de la composition poétique, il devait y régner du calme; tout devait s'y présenter en grandes masses, et offrir aux regards une suite de moments arrêtés, semblables à ceux que saisit la sculpture. Ainsi les acteurs se fixaient, sans doute, pendant quelques instants dans de certaines poses remarquables. Il ne faut cependant pas s'imaginer que les Grecs se fussent contentés d'une peinture des passions dénuée de chaleur et de vie; ils attachaient tant de prix au développement énergique des mouvements de l'âme, qu'on trouve souvent dans leurs tragédies, des lignes entières consacrées à diverses expressions inarticulées de la douleur, qui n'ont aucun analogue dans nos langues modernes.

On lit dans plusieurs ouvrages que la manière de déclamer des anciens devait rendre leur dialogue dramatique assez semblable à notre récitatif actuel. Cette opinion ne peut se fonder que sur le grand nombre d'intonations sonores et musicales qu'offre la langue grecque, ainsi que la plupart des idiomes méridionaux. Je ne crois pas que la déclamation de la tragédie présente aucun autre rapport avec le récitatif; elle était soumise à un rhythme beaucoup plus décidé, et n'avait point d'aussi savantes modulations.

Il en est de même de la comparaison si souvent renouvelée, entre l'opéra et la tragédie ancienne : on n'en peut pas imaginer de moins juste et qui montre moins de connaissance de l'esprit de l'antiquité (1). La danse et la musique des Grecs n'avaient presque rien de commun avec les arts auxquels nous donnons aujourd'hui les mêmes noms. Que dirait-on à pré-

(1) Barthélemy lui-même fait cette fausse comparaison dans une note du chap. LXX d'*Anacharsis*.

sent d'un genre de musique tout à fait simple, qui ne ferait que marquer la mesure des vers? La poésie dominait absolument dans la tragédie grecque; tout le reste ne servait qu'à la faire valoir et lui cédait le pas. Dans l'opéra, au contraire, la poésie n'est qu'un accessoire, un moyen de lier le tout; elle disparaît, pour ainsi dire, dans son entourage. Le plus grand mérite d'un drame d'opéra est d'offrir une esquisse poétique, dont les autres arts viendront remplir et colorier les contours. Cette anarchie des plaisirs, cette lutte brillante, où la musique, la danse et la peinture prodiguent à l'envi leurs prestiges les plus séducteurs, est l'essence de l'opéra. C'est le trouble de mille sensations confuses qui en fait le charme et la magie. Si l'on voulait le rapprocher de la sévérité du goût antique, ne fût-ce que par un seul point, par la simplicité du costume, tout l'enchantement serait détruit, la bigarrure du reste ne pourrait plus se supporter. Les habits éclatants et bizarres, la dorure, les illuminations, le fracas de toute espèce sied bien à l'opéra; c'est ce qui fait passer tant d'invraisemblances, c'est ce qui permet aux héros désespérés de partir après une roulade, ou en prolongeant une cadence; ce ne sont pas des hommes véritables, mais une espèce singulière de créatures chantantes qui peuplent cette terre de féerie; aussi n'y perdons-nous pas grand'chose quand on nous donne un opéra dans une langue étrangère; nous faisons peu d'attention aux paroles, et d'ailleurs elles se confondent avec le bruit de la musique. Ce qui nous importe, c'est que la langue soit sonore et harmonieuse, qu'elle offre beaucoup de voyelles ouvertes et de finales accentuées pour le récitatif. On aurait tort assurément de vouloir ramener l'opéra à la sévérité de la tragédie grecque, mais c'est aussi un très grand tort que de vouloir les comparer.

Le chant du chœur, accompagné d'une seule flûte, et composé en général d'intonations détachées, d'après le genre syllabique de l'ancienne musique grecque, ne recouvrait pas du tout les paroles. Nos vieilles chansons nationales dans toute leur simplicité, les anciens chants qui retentissent encore sous les voûtes de nos églises, peuvent nous donner quelque idée de l'espèce de charme solennel qui y était attaché. Nous devons croire que la musique ne voilait en aucune manière la poésie, puisque les chœurs et les morceaux lyriques en général étaient la partie la plus ornée de la pièce. Ce sont des vers très difficiles à comprendre pour nous, et qui devaient l'être même pour les contemporains; c'est là que se trouvent les transitions les plus subites, les expressions les plus inattendues, les images et les allusions les plus hardies. Comment les poètes auraient-ils prodigué un art aussi exquis, s'il eût été perdu à la représentation? l'étalage d'ornements sans but n'était pas du tout dans le genre des Grecs.

Il régnait sans doute, dans la versification de leurs tragédies, une parfaite régularité et une élégance achevée, mais non une symétrie raide et monotone; outre la variété infinie des strophes lyriques, sans cesse diversifiées par le poète, les Grecs avaient encore plusieurs mètres particuliers : celui qu'on nommait anapeste, pour indiquer le passage du dialogue au genre lyrique, et deux pour le dialogue même, dont l'un de beaucoup le plus usité, le trimètre iambique, servait à l'expression des sentiments contenus, et l'autre, le tétramètre trochaïque, à celle de l'abandon passionné. Il faudrait entrer trop avant dans les profondeurs de l'art de la versification grecque pour donner une idée plus exacte de la nature et de la signification de ces mètres différents. Je n'ai même fait ces observations qu'afin de répondre à ceux qui ne cessent de parler de la simplicité des anciennes tragédies. Cette simplicité existait, du moins chez les deux plus anciens poètes, dans l'ordonnance générale du plan, mais la plus riche variété de coloris poétique était déployée dans l'exécution. Il est aisé de comprendre qu'on exigeait des acteurs une exactitude scrupuleuse dans la déclamation des vers, puisque la délicatesse de l'oreille grecque était blessée d'une faute de quantité, relative à une seule syllabe, même dans la prose d'un orateur.

Nous allons nous occuper maintenant de l'essence même de la tragédie grecque. On convient en général que la composition, ou plutôt la manière de présenter le sujet, était tout idéale. Il ne faut pas inférer de là que l'on n'y montrât que des êtres moralement accomplis. Dans un pareil état de perfection, le choc des passions sur lequel se fonde l'intérêt dramatique ne pourrait jamais exister. On prêtait aux héros tragiques des faiblesses, des fautes, souvent même des crimes; mais il y avait, dans l'ensemble de leurs sentiments et de leurs pensées, quelque chose de plus élevé que la réalité. On donnait à chaque personnage autant de dignité et de grandeur que la part qu'il prenait à l'action pouvait le permettre. Il y a plus, le propre de la composition idéale est de transporter la fiction dans une sphère supérieure à la nôtre. La poésie dramatique doit nous présenter le modèle de l'homme presque dégagé de la terre, elle doit le délivrer de cette chaîne pesante qui l'assujettit ici bas comme un serf attaché à la glèbe. Mais comment y réussira-t-elle? Ne créera-t-elle qu'une image légère, qui flottera dans le vague des airs? Lui ôtera-t-elle tout ce qui donne à la matière de la solidité et de la consistance? C'est ce qui n'arrive que trop souvent lorsqu'on se livre dans les arts à la recherche exclusive de l'idéal. On ne produit que des ombres fugitives, que des fantômes vaporeux, qui, privés des éléments réels de la nature et de la vie, ne peuvent produire sur nous aucune impression durable. Il avait été accordé aux Grecs de réunir l'idéal et le réel, ou (en laissant de côté les dénominations scolastiques) d'associer une grandeur naturelle à toute la vérité de la nature. Loin de s'égarer dans des imitations indécises et vacillantes, ils plaçaient la statue de l'homme sur la base éternelle et inébranlable de la liberté morale. Semblable à son modèle, et composée d'éléments terrestres ainsi que lui, elle était raffermie par son propre poids, et sa masse imposante et majestueuse ajoutait à sa solidité.

La liberté morale et la fatalité sont les idées dominantes de la tragédie ancienne. Elles sont les pôles opposés de ce monde idéal, et c'est par leur contraste mutuel qu'elles se manifestent à nos yeux. La libre volonté de l'âme, attestée par un sentiment invincible, est la gloire de l'homme et son privilége exclusif. Plus les anciens lui attribuaient d'énergie, plus la puissance terrible contre laquelle elle vient si souvent se briser, prenait à leurs yeux de grandeur. Tant que l'événement était indécis, tant que l'homme luttait encore, il croyait n'être aux prises qu'avec la force extérieure et matérielle; force accidentelle, variable, sur laquelle son courage a remporté bien des victoires, et ce n'était qu'après avoir succombé qu'il reconnaissait dans son ennemi l'irrésistible destinée. En effet, ce qui a donné l'idée du destin, ce n'est point le présent, dont l'homme se croit toujours capable de disposer, mais ce sont les événements écoulés, c'est cette chaîne indestructible, que la volonté humaine a si peu formée, c'est le passé irrévocable, transporté par l'imagination dans l'avenir. Les anciens voyaient le destin comme une divinité sombre et implacable, habitant une sphère inaccessible et bien au dessus de celle des dieux, car les dieux du paganisme, simples représentants des forces de la nature, quoique infiniment supérieurs à l'homme, étaient placés sur le même niveau que lui à l'égard de cette puissance suprême. C'est ce qui détermine la manière tout à fait différente dont ils apparaissent dans Homère et dans les tragiques grecs. Chez l'un, les dieux ne se montrent qu'accidentellement, et ne peuvent donner au poëme épique aucune beauté plus relevée que le charme du merveilleux. Dans les tragédies, au contraire, ils se présentent le plus souvent comme les ministres du destin, ou les organes intermédiaires de ses arrêts, et si quelquefois ils manifestent leur nature divine par leur libre volonté, ils sont alors, ainsi que l'homme, obligés de combattre contre le sort.

La peinture ennoblie de l'homme et celle de sa lutte avec la destinée, est donc ce qui constitue la tragédie, dans le sens qu'y attachaient les anciens. Nous sommes accoutumés à donner le nom de tragiques à tous les événements terribles ou malheureux, et il est certain que les catastrophes sanglantes sont celles que la tragédie se plaît surtout à dépeindre. Cependant un dénoûment funeste n'y est point une condition nécessaire. Plusieurs tragédies anciennes, telles que *les Euménides*, *Philoctète*, et sous de certains rapports *OEdipe à Colonne*, sans faire mention d'un grand nombre de pièces d'Euripide, finissent d'une manière heureuse.

Pourquoi donc la tragédie choisit-elle de préférence les objets propres à inspirer l'effroi, et combat-elle ainsi nos goûts et nos désirs les plus naturels? Cette question, souvent proposée, et à laquelle nous avons déjà touché en passant, n'a jamais été complétement résolue. On a dit que notre plaisir, à ces spectacles terribles, dérivait de la comparaison de notre état tranquille avec le trouble et les orages des passions. Mais si nous prenons un vif intérêt aux héros d'une pièce, nous devons oublier notre propre situation; pour peu que nous y pensions encore, c'est que notre émotion a été bien légère et que la tragédie a manqué son objet. On a encore avancé que nous remarquions avec satisfaction le bon effet moral produit sur nous-mêmes par la vue de cette justice théâtrale, qui finit par récompenser les bons et punir les méchants; mais ceux qui s'apercevraient que des exemples aussi effrayants leur sont salutaires, feraient de tristes découvertes dans leur propre cœur, et ils devraient éprouver l'humiliation qui décourage l'âme, plutôt que le sentiment de dignité qui la relève. D'ailleurs, cette exacte rétribution n'est point indispensable au dénoûment d'une bonne tragédie. Un poëte doit oser finir par la peinture de la douleur des justes et du succès des méchants, lorsqu'il a su nous inspirer les pensées qui font trouver dans la conscience, et dans la perspective d'un autre avenir, le rétablissement de l'équilibre. Vaut-il donc mieux dire, avec Aristote, que la tragédie a pour but d'épurer les passions en inspirant la terreur et la pitié ? Mais, d'abord, les commentateurs n'ont jamais pu s'accorder sur le sens de cette proposition, et ils ont eu recours aux explications les plus forcées. On peut lire ce que dit Lessing sur ce sujet dans sa *Dramaturgie*. Il met en avant une interprétation nouvelle et croit qu'Aristote a voulu soumettre la poésie à l'exactitude du calcul ; mais les démonstrations mathématiques ne donnent lieu à aucun débat, et ce genre d'évidence ne peut guère s'appliquer à la théorie des beaux-arts. En supposant toutefois que la tragédie pût opérer en nous une pareille guérison morale, toujours le ferait-elle au moyen de sentiments douloureux, tels que la terreur et la pitié, et il resterait à expliquer comment son action sur nous pourrait, au moment même, être accompagnée de plaisir. D'autres se sont contentés d'avancer, que ce qui nous attire aux représentations tragiques est le besoin d'éprouver de violentes secousses morales qui nous arrachent à l'insipidité de notre vie journalière : ce besoin existe, il est vrai, et je l'ai déjà reconnu; il a été l'origine des combats de bêtes féroces et de gladiateurs qu'on a vus chez les Romains; mais nous, bien moins endurcis, nous, enclins à des émotions plus douces, désirerons-nous voir descendre les demi-dieux et les héros dans l'arène sanglante, simplement pour ébranler nos organes par le spectacle de leurs douleurs?

Non, ce n'est pas dans la vue de la souffrance que gît le secret du plaisir de la tragédie; ce n'est pas même là ce qui explique l'avide curiosité avec laquelle on a pu regarder les effroyables combats du cirque. On y voyait déployer des facultés, telles que l'adresse, la force et le courage, qui s'allient de près aux qualités morales de l'homme, et commandent l'admiration. Je me plais à faire dériver de deux sources également pures cette satisfaction cachée qui se mêle à notre pitié pour les douleurs déchirantes que dépeint une belle tragédie. C'est le sentiment de la dignité de la nature humaine qui se réveille à la vue de ces modèles héroïques, ou c'est l'espoir de saisir, au travers de l'apparente irrégularité de la marche des événements, la trace mystérieuse d'un ordre de choses plus élevé qui peut-être s'y dévoile. Ces deux sources de plaisir viennent souvent à se réunir.

Si donc la poésie tragique ne recule pas devant les images les plus terribles, la raison s'en trouve dans son but même, c'est à dire, dans le contraste qu'elle est destinée à nous présenter. Comme une force invisible et immatérielle ne peut se manifester et donner sa mesure, que par la résistance qu'elle oppose à une puissance extérieure, appréciable à nos sens, la liberté morale ne se fait connaître que par ses victoires sur l'instinct physique. Tant qu'elle ne reçoit pas d'en haut l'appel au combat, elle repose inactive dans le sein de l'homme, et lui laisse remplir en paix la vocation de sa nature matérielle. C'est donc dans l'état de guerre que se montre la moralité, et si le but de la tragédie est jamais de nous instruire, sa leçon n'est autre que celle-ci : l'âme ne peut attester ses droits à la nature divine, qu'en méprisant ses liens terrestres, en souffrant toutes les douleurs et en surmontant tous les obstacles, dès qu'il s'agit de soutenir ses plus augustes priviléges.

Je renvoie mes lecteurs, pour tout ce qui tient à cette question, à l'excellent traité de Kant sur le sublime. On doit seulement regretter que ce philosophe n'ait pas fait une application plus directe de ses idées aux tragédies anciennes, qu'il paraît avoir peu connues.

Ce qui distingue encore essentiellement la tragédie antique de la nôtre, c'est le chœur. Il faut envisager le chœur comme la personnification des pensées morales qu'inspire l'action, comme l'organe des sentiments du poète qui parle lui-même au nom de l'humanité tout entière. C'est là l'idée générale que nous devons nous en former, du moins en ne nous écartant pas du point de vue poétique, le seul qui nous intéresse en ce moment. Cette idée d'ailleurs n'est point en contradiction avec la destination plus particulière qu'on donnait quelquefois au chœur : ainsi, par exemple, il avait été introduit dans les fêtes de Bacchus à l'occasion d'une circonstance locale, et il prenait toujours chez les Grecs un caractère national très prononcé. Nous avons déjà vu que les Athéniens, par une suite de leur esprit démocratique, pensaient que toute action importante doit avoir une sorte de publicité. Lors même qu'ils transportaient leurs fictions dans les siècles héroïques, où le régime monarchique avait été en vigueur, ils ramenaient les héros au système républicain, en les mettant en communication sur la scène avec les plus anciens du peuple, ou avec d'autres personnages de la même classe. Il faut convenir que rien n'était moins conforme aux mœurs des temps héroïques, telles qu'Homère nous apprend à les connaître, mais la poésie dramatique, se fiant à la puissance de ses moyens, traitait alors les usages plus anciens, comme la mythologie, avec le sentiment de sa propre liberté.

C'est ainsi que les poëtes grecs introduisaient le chœur sur la scène, et qu'ils le liaient à leurs fictions, de manière à violer le moins possible la vraisemblance. On voulait que dans chaque pièce, quelque rôle particulier qu'il y jouât d'ailleurs, il fût avant tout le représentant de l'esprit national, et ensuite le défenseur des intérêts de l'humanité; le chœur était, en un mot, le spectateur idéal; il modérait les impressions excessivement violentes ou douloureuses d'une action quelquefois trop voisine de la réalité, et en offrant au spectateur véritable le reflet de ses propres émotions, il les lui renvoyait adoucies par le charme d'une expression lyrique et harmonieuse, qui le transportait dans la région plus calme de la contemplation.

Les critiques modernes n'ont jamais trop su que faire du chœur. Il faut d'autant moins s'en étonner, qu'Aristote déjà ne nous donne pas à ce sujet d'explication satisfaisante; Horace nous dépeint bien mieux le chœur, lorsqu'il en fait la voix universelle, qui proclame les saintes lois de la moralité, qui exprime la sympathie pour les gens de bien, qui les instruit et les conseille, qui doit vanter la justice, la modération, la frugalité, et chercher à ramener parmi les hommes toutes les vertus de l'âge d'or. Quelques auteurs de nos jours, sans songer que le chœur n'était pas placé sur le théâtre, lui ont assigné l'office d'empêcher que la scène ne restât vide; d'autrefois ils ont simplement blâmé les anciens poètes d'avoir chargé leurs pièces de cet accompagnement incommode et superflu, et se sont récriés sur l'inconvenance de traiter de tant de choses secrètes en présence d'un si grand nombre de témoins. On a encore prétendu que la présence continuelle du chœur servait principalement à motiver l'unité de lieu, observée dans les pièces grecques, puisque le poète n'aurait pu changer le lieu de la scène sans commencer par chasser tous ces personnages : raisonnement qui implique un cercle vicieux. Enfin on a mis en avant que le chœur avait été conservé, pour ainsi dire par hasard, depuis la première origine de la tragédie; et comme il était aisé de remarquer que, dans Euripide, le plus moderne des poètes grecs, il ne joue point un rôle nécessaire à l'ensemble de la pièce, qu'il n'y est même qu'un ornement épisodique, l'on s'est cru en droit de conclure que les Grecs n'avaient qu'un pas de plus à faire dans l'art dramatique pour s'en débarrasser entièrement. Nous pourrions écarter toutes ces explications superficielles en alléguant un fait historique assez accrédité. On a dit que Sophocle avait écrit, en prose, au sujet du chœur, pour réfuter les principes avancés par quelques autres poètes de son temps. Cette opinion seule prouve qu'on ne croyait pas ce grand tragique capable de s'en tenir aveuglément à des usages reçus, mais qu'on reconnaissait en lui cet esprit philosophique, qui se rend compte de ses motifs.

Des poètes modernes, et même des poètes du premier rang, ont souvent cherché, depuis la renaissance de l'étude de l'antiquité, à introduire le chœur dans leurs pièces, mais sans avoir une idée précise et surtout une idée active de sa destination. Comme il ne peut s'accommoder de notre danse et de notre musique, et que d'ailleurs il n'y a dans nos théâtres aucune place qui lui convienne, la tentative de le naturaliser chez nous ne réussira jamais que difficilement.

En général, la tragédie grecque, dans sa forme originelle, sera toujours une production exotique pour nos climats. Elle ne pourra obtenir quelque apparence de succès que sur les théâtres consacrés aux exercices préparatoires et aux savants essais des poètes, sous les yeux d'un petit nombre d'amateurs. Le sujet fondamental de l'ancienne tragédie, la véritable mythologie grecque, paraîtrait aussi bizarre à la plupart des spectateurs, que la forme même des pièces et la manière dont elles étaient représentées. Vouloir faire entrer dans ce monde étranger une matière tout autre, telle que l'histoire, ne serait qu'une tentative inutile, où les désavantages les plus évidents ne laisseraient aucun espoir de compensation.

Je nomme la mythologie le sujet, ou la matière principale de la tragédie grecque. Il a existé, à la vérité, deux tragédies historiques, composées par des auteurs grecs, l'une *la Prise de Milet* de Phrynicus, et l'autre que nous possédons encore, *les Perses* d'Eschyle. Mais ces deux exceptions, au milieu d'une multitude d'exemples contraires, servent à confirmer la règle, et cela d'autant plus qu'elles appartiennent à une époque où l'art tragique n'était point encore parvenu à sa pleine maturité. On sait que les Athéniens condamnèrent Phrynicus à l'amende, pour le punir de les avoir trop douloureusement affectés par la peinture de malheurs contemporains que peut-être ils auraient pu détourner. Ce jugement est dur et inique, sans doute; mais il montre cependant un sentiment juste des convenances et des bornes de l'art dramatique. L'idée que la calamité dont on nous présente la peinture est réelle et rapprochée de nous, trouble et agite notre âme, et il ne nous est plus possible d'avoir ce calme contemplatif qui seul permet de recevoir la pure impression de la poésie tragique.

Les fables héroïques, au contraire, se montrent dans l'éloignement, et sous le jour brillant, mais incertain, du merveilleux. A l'époque la plus florissante de la tragédie grecque, le surnaturel avait déjà l'avantage d'être, pour ainsi dire en même temps, l'objet du doute et l'objet de la foi; de la foi, en ce qu'il s'appuyait sur un grand ensemble d'opinions reçues; du doute, en ce qu'on ne peut jamais se transporter dans l'ordre des prodiges, avec un intérêt aussi immédiat que celui que nous offre l'image rapprochée de notre vie habituelle. La mythologie grecque était un tissu de traditions locales et de souvenirs nationaux, également révérés comme servant de suite à la religion et de commencement à l'histoire, et conservés vivants dans la pensée du peuple par les fêtes publiques et les monuments. Une foule de poètes épiques ou mythologiques avaient déjà manié ces sujets et les avaient d'avance préparés pour la scène, en sorte que les auteurs tragiques n'eurent, si l'on peut s'exprimer ainsi, qu'à enter leur poésie sur de la poésie. Toutes les conditions les plus éminemment favorables à la dignité, à la grandeur des fictions, à la facilité de tenir à distance les petites idées accessoires, avaient donc été accordées aux poètes, et les plus rares talents se réunirent aux circonstances les plus heureuses. Une légende fabuleuse avait tout ennobli dans ces races issues des dieux, composées de héros, et déjà depuis longtemps enlevées aux regards des hommes. Les êtres prodigieux dont elle consacrait la mémoire paraissaient doués d'une force surnaturelle; mais loin de faire preuve d'une sagesse et d'une vertu sans mélange, ils se présentaient avec des passions violentes et indomptées, C'était un temps d'effervescence et de férocité; la culture sociale n'avait encore rien défriché, et les jets vigoureux de productions nuisibles ou bienfaisantes annonçaient la force créatrice d'une nature jeune et féconde. Elle pouvait mettre au jour des monstres cruels et sauvages, mais sans annoncer jamais cette pente à la corruption qui se développe dans les siècles où ont vieilli les lois, et qui nous remplit de dégoût et d'horreur. Les crimes de la fable sont, pour ainsi dire, au dessus de la juridiction humaine, et soumis uniquement au tribunal du ciel.

On a prétendu que les Grecs, en qualité de républicains zélés, prenaient un plaisir particulier à voir représenter les catastrophes sanglantes qui avaient amené la chute de leurs anciens rois, et l'on voudrait nous faire envisager leur tragédie comme une satire de la constitution monarchique. Une pareille intention n'eût été, chez les poètes, qu'une vue politique, tout à fait incompatible avec le genre d'intérêt qu'ils cherchaient évidemment à exciter, et l'effet de leurs pièces eût toujours été contraire à leur but. D'ailleurs, la plupart de ces antiques races de rois, qui, par un long enchaînement de crimes et de vengeances mutuelles, ont fourni à la tragédie les sujets de ses tableaux les plus terribles, telles que la race des Pélopides à Mycène et des Labdacides à Thèbes, n'étaient point d'origine athénienne, et c'est surtout aux Athéniens que ces représentations théâtrales étaient destinées. Nous ne voyons pas que les poètes aient jamais cherché à rendre odieux sur la scène les anciens rois de leur patrie; ils présentaient, au contraire, à la vénération publique Thésée, le chef des héros de leur contrée, comme un modèle de justice et de modération, comme le protecteur des opprimés, et même comme le fondateur de la liberté générale; c'était une de leurs flatteries favorites à l'adresse du peuple, que de montrer combien Athènes, dès les temps fabuleux, l'emportait, d'un commun aveu, par l'équité, l'humanité et l'influence au dehors, sur toutes les autres villes grecques.

La grande révolution qui changea les royaumes indépendants des premiers siècles de la Grèce en une confédération de petits États libres, avait ouvert un abîme entre les temps héroïques et les siècles plus civilisés, et la généalogie de quelques familles encore subsistantes franchissait seule cet intervalle. L'éloignement qui en résultait donnait une grandeur idéale à la stature des héros tragiques; car les choses humaines ne se laissent point considérer de près sans perdre leur effet sur l'imagination. On ne pouvait appliquer à l'époque encore sauvage où vivaient ces êtres extraordinaires, la règle bornée des mœurs bourgeoises et domestiques, et l'imagination était forcée de remonter vers l'état primitif de la société. Avant qu'il y eût des constitutions, avant que les idées qui les fondent se fussent développées, les dominateurs d'un monde non encore ordonné suivaient les lois qu'ils s'imposaient à eux-mêmes, et une volonté énergique avait un espace immense pour s'exercer : aussi voyait-on dans ces royaumes héréditaires des exemples plus frappants des brusques vicissitudes du sort, que dans les temps d'égalité politique qui leur ont succédé; à cet égard encore, le rang élevé des héros de la fable était, sinon essentiel, du moins singulièrement favorable à la poésie tragique. Ce n'est pas, comme l'ont souvent prétendu les modernes, que le sort de ces hommes qui exercent leur influence sur tout un peuple, soit seul assez important pour nous intéresser; ni que l'élévation des sentiments doive revêtir les attributs d'une dignité extérieure, pour imposer le respect. Les tragiques grecs ne nous peignent jamais le renversement des races royales dans ses rapports avec l'état des peuples; ils nous montrent toujours l'homme dans le roi, et loin de nous présenter la pourpre dont il est revêtu, comme une distinction qui le sépare de ses semblables, ils nous laissent voir, à travers ce voile éclatant, toutes les blessures d'un cœur déchiré. Ce n'est pas la pompe du trône, mais l'ensemble des mœurs des héros qu'exige la tragédie. On peut en juger par les ouvrages des auteurs de nos jours, qui ont placé la scène de leurs pièces dans les palais des rois européens. Ils n'ont pas pu emprunter les traits de la réalité, puisque rien n'est moins propre aux tableaux de la tragédie qu'une cour moderne et la vie qu'on y mène. Lors donc qu'ils ne peignent pas au hasard les mœurs arbitraires d'une royauté idéale, ils tombent dans la gêne de l'étiquette, gêne encore plus fatale au talent d'émouvoir et de caractériser, que la contrainte imposée par le cercle rétréci des relations bourgeoises.

La mythologie ne paraît offrir qu'un petit nombre de sujets aussi favorables à la tragédie que la funeste histoire des Atrides. En parcourant les noms des pièces de théâtre anciennes qui ne nous sont jamais parvenues, on a de la peine à comprendre comment la plupart des fables mythologiques, telles que nous les connaissons, ont pu remplir les conditions qu'exige une composition tragique. Il est vrai que les variantes, entre les traditions des mêmes faits, offraient un grand choix aux poëtes, et qu'au milieu de cette vacillation d'idées, il leur était tellement facile de changer encore, à leur gré, les circonstances des événements, qu'aucun d'eux ne se croyait seulement obligé d'adopter dans ses divers ouvrages les mêmes suppositions; mais il faut surtout expliquer cette prodigieuse fécondité de la mythologie, par la loi générale que nous voyons régner chez les Grecs, dans toute l'histoire des arts. Chaque genre principal devait assimiler à sa propre essence les divers éléments qui lui étaient offerts; ainsi l'épopée développait les fables héroïques avec la facilité brillante et le calme qui la caractérisent, et la tragédie leur donnait l'énergie, la gravité, la marche rapide et serrée qui lui sont nécessaires. Les sujets mythologiques étaient, pour ainsi dire, refondus par les divers poëtes, et ce qui, dans cette immense variété, ne paraissait pas digne de la poésie tragique, servait à former de petites pièces de théâtre, d'un genre à la fois idéal et badin, nommées des drames satyriques.

Je chercherai à rendre plus sensible l'ensemble de ces idées sur la tragédie grecque, par une comparaison tirée de la sculpture, comparaison où l'on verra peut-être quelque chose de plus qu'un simple jeu de l'imagination. L'ancienne épopée semble, dans la poésie, donner l'idée du bas-relief, et la tragédie celle du groupe isolé. La fiction d'Homère est une production de la mythologie, et ne s'en est jamais entièrement distinguée, de même que les figures du bas-relief ne se détachent point complétement du fond qui les soutient. Ces figures ne ressortent que d'une manière imparfaite et leur rondeur véritable est à peine indiquée, ainsi que dans l'épopée tout est présenté à distance et reculé dans le passé. Dans le bas-relief les figures se montrent surtout de profil, comme dans le poème d'Homère, les héros sont caractérisés par les traits les plus simples. Dans l'un ainsi que dans l'autre les objets se suivent sans se grouper, et paraissent s'avancer successivement. On a souvent observé que l'*Iliade* ne forme pas un tout nettement circonscrit, mais qu'elle laisse entrevoir à l'imagination les scènes qui ont dû suivre ou précéder celles qu'elle a décrites. De même le bas-relief n'a point de limites précises et pourrait se continuer dans les deux sens opposés; aussi les anciens le consacraient-ils surtout à des imitations qui peuvent s'étendre indéfiniment, telles que les représentations de danses, de combats, de sacrifices, et l'employaient-ils sur les surfaces tournantes, comme sur les vases, sur les frises de rotonde, où la courbure nous dérobe les deux extrémités, et qui, lorsque nous en faisons le tour, nous laissent apparaître un nouvel objet, à mesure qu'un autre se dérobe à nos regards. On croit éprouver un effet semblable en avançant dans la lecture des chants d'Homère, notre esprit se fixe sur ce qui lui est présenté dans l'instant même, et laisse s'évanouir successivement tous les objets plus éloignés.

Dans le groupe détaché et dans la tragédie, au contraire, la sculpture et la poésie nous offrent un tout complet et renfermé dans ses propres bornes. Pour le séparer de la nature réelle, chacune place son ouvrage sur une base élevée, et pour ainsi dire sur un terrain idéal; elle le préserve ainsi de tout rapprochement accidentel, et fixe nos regards sur les figures qui seules doivent les arrêter. Dans le groupe isolé les formes, complétement arrondies, sont exprimées au moyen du travail le plus exquis, et cependant la sculpture a dédaigné l'illusion des couleurs, elle veut nous annoncer, par la matière pure et inaltérable dont elle se sert, qu'elle ne nous présente pas l'image d'une vie passagère, mais celle d'une création éternelle et incorruptible.

La beauté est le but de la sculpture, et le repos étant la situation la plus avantageuse à la beauté, convient aux figures isolées; l'action, au contraire, forme le lien du groupe et sert à l'expliquer. Le groupe donc, qui présente à nos yeux la beauté et le mouvement, doit réunir l'un et l'autre au plus haut degré. C'est ce qui a lieu lorsque l'artiste trouve le moyen de tempérer l'expression des violentes douleurs du corps ou de l'âme, par celle du courage, de la dignité, ou de la grâce, de manière que la vérité la plus touchante dans le sentiment n'altère point la noble régularité des traits. Le mot de Winckelmann à cet égard est fort ingénieux. « L'expression, dit-il, « fut employée pour suppléer en quelque sorte à la « beauté; car chez les anciens la beauté était la juste « balance de l'expression (1). »

C'est là ce qui fait que les groupes de la Niobé et du Laocoon sont des chefs-d'œuvre inimitables, l'un dans le style grave et sublime, l'autre dans le style noble et gracieux. La comparaison avec la tragédie

---

(1) *Histoire de l'art chez les anciens* par Winckelmann, traduite de l'allemand; liv. IV, chap. III, page 416.

(Balance, ici, veut apparemment dire mesure.) (*Note du trad.*)

ancienne se présente ici d'autant plus naturellement, que nous savons qu'Eschyle et Sophocle ont chacun composé une tragédie sur la fable de Niobé, et que la fable de Laocoon a fourni une autre tragédie à Sophocle. On voit dans le Laocoon les violents efforts de la douleur corporelle et ceux de l'âme qui veut lui résister, maintenus dans un merveilleux équilibre. Les enfants, objets de notre tendre pitié plutôt que de notre admiration, en implorant le secours de leur père, ramènent vers lui nos regards, tandis que Laocoon lui-même, les yeux élevés vers le ciel, semble chercher les dieux et les invoquer inutilement. Semblables à cette inexorable destinée qui enveloppe si souvent les mortels dans les mêmes disgrâces, d'affreux serpents enchaînent ces trois infortunés de leurs tortueux replis. Nous voyons la lutte la plus terrible comme la plus inutile, et toutefois l'expression de la dignité morale n'échappe point à nos yeux. La souplesse des contours, la régularité des proportions, la noblesse des figures, se font encore admirer de nous, et une imitation si propre à inspirer l'horreur, paraît nous être présentée avec une sorte de ménagement, car une atmosphère de beauté et de grâce semble répandue sur l'ensemble de cette étonnante production.

L'effroi et la pitié se réunissent de même dans l'impression que nous fait éprouver le groupe de la Niobé. La terreur, ainsi que les flèches invisibles, descend de ce ciel irrité, que les regards plaintifs et la bouche entr'ouverte d'une mère infortunée paraissent vouloir accuser. La plus jeune des filles de Niobé, dans cet âge innocent où l'on ne craint encore que pour soi-même, saisie d'une mortelle terreur, se réfugie dans le sein de sa mère; jamais l'instinct conservateur de la vie n'a été exprimé avec autant de délicatesse, et jamais on n'a vu un plus bel emblème du dévoûment sublime que la figure de Niobé. Comme elle s'incline pour recevoir sur elle seule les flèches meurtrières! quelle fierté courroucée, et pourtant quel amour maternel dans ses traits admirables! On croit voir commencer sa terrible métamorphose, et, d'après le sens profond de la fable, les coups redoublés du ciel semblent déjà la changer en pierre. Quel artiste que celui qui non seulement a fait passer dans le marbre la vie et le sentiment le plus exalté, mais a su y faire admirer les approches de l'endurcissement et de la mort! Quel chef-d'œuvre que celui qui nous offre, dans un prodige de difficulté vaincue, un prodige de beauté, de céleste noblesse et de touchante sensibilité!

On sent à travers les émotions violentes que la vue de ces groupes inimitables excite en notre sein quelque chose qui nous invite au recueillement de la contemplation, et c'est ainsi que la tragédie ancienne, en nous présentant l'image la plus animée et quelquefois la plus déchirante de la vie humaine, trouve le moyen de ramener nos pensées sur le mystère à jamais impénétrable de notre destinée.

QUATRIÈME LEÇON

Progrès de l'art tragique chez les Grecs. — Les différents styles qui en déterminent les époques marquantes. — Eschyle. — Liaison entre les parties d'une trilogie d'Eschyle. — Des ouvrages de ce poète. — Vie et caractère de Sophocle. — Appréciation de ses diverses tragédies.

Il ne nous est parvenu qu'une bien faible partie des trésors immenses que possédaient les Grecs dans le genre tragique, trésors sans cesse accumulés par l'émulation qu'excitait le prix décerné dans les fêtes publiques des Athéniens. De tant de poètes rivaux, il n'en est que trois, Eschyle, Sophocle et Euripide, dont les ouvrages nous soient restés, et encore ces ouvrages sont-ils en bien petit nombre, eu égard à la prodigieuse fécondité du génie de leurs auteurs; il est vrai que ces mêmes tragédies furent choisies par les juges d'Alexandrie, pour servir de base à l'étude de l'ancienne littérature grecque; mais c'était peut-être moins en raison de leur mérite exclusif, que parce qu'elles offrent des exemples bien caractérisés des différents genres de style tragique. Nous ne possédons que sept pièces de théâtre d'Eschyle et autant de Sophocle; mais on peut juger, d'après le témoignage des anciens, qu'il se trouve heureusement dans ce nombre quelques-unes de leurs tragédies les plus célèbres. La quantité de pièces d'Euripide qui nous restent est bien plus considérable, il serait même à désirer qu'on pût en échanger plusieurs contre d'autres ouvrages perdus pour nous, et, par exemple, contre les drames satiriques d'Achaeus, d'Eschyle et de Sophocle, contre quelques pièces très anciennes de Phrynicus qu'il serait curieux de comparer avec celles d'Eschyle, ou contre les tragédies plus modernes d'Agathon, poète un peu postérieur à Euripide, et que Platon nous dépeint comme un jeune homme aimable, mais efféminé.

Nous laissons à ceux qui font une étude particulière de l'antiquité, le soin de démêler ce qu'il peut y avoir de vrai dans l'histoire si connue de Thespis et de son char, de ses courses vagabondes, du visage barbouillé de lie des premiers comédiens improvisateurs, du défi dont un bouc était le prix, et d'où l'on dit qu'est dérivé le nom de la tragédie. Eschyle le premier s'avança à pas de géant dans la carrière, tira l'art dramatique de ces commencements grossiers, et l'éleva tout d'un coup à cette forme noble et régulière que nous lui voyons dans ses ouvrages. Nous en venons donc directement à ce poète.

Le style, je prends ce mot dans le sens des arts du dessin et non dans celui qui s'applique seulement à la manière d'écrire, le style, dis-je, des tragédies d'Eschyle est grand, sévère et quelquefois dur. L'heureuse justesse des proportions et la grâce harmonieuse distinguent le style de Sophocle. Celui d'Euripide est mou, voluptueux, vague et même diffus dans son abondante facilité. L'éclat des détails y nuit à l'effet de l'ensemble.

D'après l'analogie que le développement libre et régulier des beaux arts, chez les Grecs, avait généralement établie entre leurs progrès, on peut comparer les principales époques de la tragédie avec celle de la sculpture. Eschyle correspond à Phidias, Sophocle à Polyclète, et Euripide à Lysippe. Phidias créa des images sublimes des dieux ; mais pour ajouter à leur éclat il leur prêta une magnificence étrangère et pour représenter leur puissance surnaturelle il les revêtit de ces formes accentuées, qui réveillent l'idée de violents efforts plutôt que celle d'un repos majestueux. Polyclète porta si loin la parfaite exactitude dans les proportions, qu'une de ses statues fut appelée le modèle de la beauté. Lysippe fit preuve d'un talent brillant pour les imitations animées ; mais déjà de son temps la sculpture avait dévié de sa destination primitive, et cherchait à exprimer le charme du mouvement et la vie, plus que le calme pur et solennel des figures idéales.

On doit considérer Eschyle comme le créateur de la tragédie ; elle sortit armée de toutes pièces de son cerveau, comme Pallas de celui de Jupiter. Il lui donna de nobles compléments, la plaça sur un théâtre digne d'elle, et conçut l'idée du pompeux appareil qui lui convient. Non seulement il instruisit le chœur dans la musique et dans la danse, mais il ne dédaigna pas de monter lui-même sur la scène. Il donna plus de développement au dialogue, et assigna des bornes à la partie lyrique, qui cependant occupe encore une trop grande place dans ses tragédies.

Les caractères y sont dessinés par un petit nombre de traits hardis et vigoureux, les plans sont d'une simplicité remarquable. Il n'entendait pas l'art de diviser une action par une distribution riche et variée ni de soumettre une intrigue et son dénoûment à une marche régulière; de là vient qu'il y a dans ses pièces des moments de repos que les chants excessivement prolongés du chœur rendent peut-être encore plus sensibles; mais en revanche toutes les fictions d'Eschyle annoncent l'élévation et la profondeur de son âme; ce ne sont pas les émotions douces, c'est la terreur qui domine chez lui; il découvre la tête de Méduse aux spectateurs saisis d'effroi. La manière dont il présente le destin est véritablement terrible, on voit cette divinité inflexible planer au dessus des mortels avec une sombre majesté. La tragédie d'Eschyle semble marcher sur un cothurne d'airain. Des formes gigantesques apparaissent partout aux regards. Il a l'air de se contraindre lorsqu'il ne peint que des hommes; il se plaît à nous montrer des dieux, et surtout des titans, ces divinités plus anciennes, qui désignent les forces ténébreuses de la nature encore en désordre, et qui, dès longtemps plongées dans le Tartare, sont retenues enchaînées au dessous d'un monde lumineux et bien ordonné. Le langage qu'il prête à ces êtres fantastiques est grand et surnaturel comme eux; de là résultent de brusques transitions, un entassement d'épithètes, souvent dans la partie lyrique des figures enchevêtrées, et par conséquent une grande obscurité. Il paraît se rapprocher de Dante et Shakespeare par l'originalité bizarre de l'ensemble de ses images, et l'on retrouve chez ces deux poètes ces beautés sévères et ces grâces un peu sauvages, que les anciens admiraient dans Eschyle.

Il florissait à l'époque même où la liberté, désormais triomphante, déployait sa plus grande énergie, et il paraît pénétré de la fierté qu'elle inspire. Il fut témoin oculaire des événements si grands et si glorieux pour sa patrie, où la puissance prodigieuse des Perses avait été abaissée et presque anéantie sous les règnes de Darius et de Xerxès. Il combattit lui-même, avec beaucoup de valeur, à Marathon et à Salamine ; et il célèbre dans sa tragédie des *Perses*, à travers un voile léger, la victoire à laquelle il avait contribué, lorsqu'il dépeint l'affront que reçut la majesté des Perses par le retour honteux et précipité du malheureux Xerxès dans son royaume. Il décrit avec les couleurs les plus vives le combat de Salamine ; un enthousiasme guerrier anime cette pièce et celle des *Sept Chefs devant Thèbes*. L'inclination personnelle du poète pour la vie des héros s'y montre partout. Le sophiste Gorgias a dit avec vérité qu'en donnant ce grand spectacle, Eschyle avait été inspiré par Mars et non par Bacchus. Il faut se souvenir que ce n'était point Apollon, mais Bacchus, que les poètes tragiques regardaient comme leur divinité tutélaire, et qu'on ne voyait pas uniquement en lui le dieu du vin et de la joie, mais celui de l'inspiration la plus élevée.

Il est très remarquable que nous ayons parmi les pièces d'Eschyle qui nous restent, une trilogie complète, c'est à dire, une réunion de trois pièces destinées à être jouées de suite. L'histoire nous apprend à cet égard que, dans l'origine, les poètes ne disputaient pas le prix avec une seule pièce, mais avec trois, dont les sujets pouvaient ne pas se lier ensemble, et que le tout était représenté dans le même jour, ainsi qu'un quatrième drame dans le genre satirique, qu'ils avaient coutume d'y joindre.

Par rapport à l'art tragique, nous devons saisir l'idée de la trilogie sous un aspect un peu différent. Quoique une tragédie ne puisse pas se prolonger indéfiniment, comme les poèmes d'Homère (auxquels les rapsodes ont souvent ajouté), et qu'elle doive former un tout bien terminé, il arrive cependant que plusieurs tragédies, dont les actions sont évidemment déterminées par les mêmes décrets du sort, paraissent en se réunissant décrire une espèce de grand orbite où ces décrets achèvent de s'accomplir. Le choix du nombre trois s'explique encore ici très facilement, puisqu'il présente deux objets en contraste, et le point de vue qui les concilie. Cette réunion de plusieurs tragédies avait l'avantage de laisser dans l'âme, par la contemplation de ce grand ensemble, une impression générale complète, et beaucoup plus satisfaisante que celle qu'aurait produite chacune des pièces prise isolément. D'ailleurs ces trois tragédies pouvaient, à volonté, représenter des actions qui se succédaient immédiatement, ou qui étaient séparées par de longs intervalles de temps.

Les trois pièces d'Eschyle, qui nous serviront à donner une idée plus claire de ce que nous entendons par trilogie, sont *Agamemnon*, *les Choéphores* que nous appelons ordinairement *Électre*, et *les Euménides* ou *les Furies*. Le sujet de la première de ces pièces est le meurtre d'Agamemnon à son retour de Troie; dans la seconde, Oreste venge son père en donnant la mort à sa mère (*facto pius et sceleratus eodem*), action fondée sur les plus puissants motifs, mais qui n'en révolte pas moins tous les sentiments de la nature et de la moralité. Oreste a beau être appelé, en qualité de souverain, à exécuter la justice dans sa propre famille, on ne lui pardonne pas de s'introduire, sous un déguisement, dans le palais de l'usurpateur de son trône, et d'agir comme un vil assassin. Si le souvenir de son père paraît devoir l'absoudre à ses propres yeux, Clytemnestre, toute criminelle qu'elle est, n'en est pas moins sa mère, et la voix du sang s'élève au dedans de lui pour l'accuser. C'est ce combat intérieur que la tragédie des *Euménides* nous représente comme l'objet d'un différend entre les dieux. Les uns accusent Oreste, les autres le justifient, mais enfin la sagesse divine, sous la forme de Minerve, concilie tous les avis, ramène la paix, et met un terme à cette longue suite de vengeances et de crimes qui ont désolé la maison des Atrides.

Il s'écoule, entre la première et la seconde de ces pièces, un grand espace de temps, pendant lequel Oreste parvient à l'âge d'homme; la seconde et la troisième se suivent au contraire immédiatement. Oreste, aussitôt qu'il a tué sa mère, s'enfuit à Delphes, et c'est là qu'il se trouve au commencement de la pièce des *Euménides*. Chacune des deux premières tragédies fait donc évidemment allusion à celle qui la suit; à la fin d'*Agamemnon*, on entend Cassandre et le chœur prédire à l'orgueilleuse Clytemnestre et à son complice Égisthe, qu'ils recevront de la main d'Oreste le salaire de leurs crimes; de même dans *les Choéphores*, Oreste, après l'accomplissement de son forfait, ne peut trouver aucun repos; les furies, vengeresses du parricide, commencent à le poursuivre, et il annonce le dessein qu'il a formé, d'aller chercher un refuge dans le temple de Delphes.

La liaison est donc évidente, et l'on pourrait regarder ces trois pièces, qui étaient en effet représentées de suite, comme trois grands actes d'un même drame. J'insiste là-dessus, pour me mettre d'avance en mesure de justifier Shakespeare et d'autres auteurs modernes, auxquels on a tort d'opposer l'exemple des anciens, puisque les poètes grecs ont aussi embrassé sous le même point de vue un grand cercle de destinées.

Eschyle a voulu nous peindre dans sa tragédie d'*Agamemnon*, comment il était possible de tomber tout d'un coup du faîte du bonheur et de la gloire dans l'abîme de l'infortune. Au moment où Troie vient d'être renversée, après le succès d'une entreprise digne d'être célébrée par le plus grand poète du monde, et qui doit continuer à retentir d'âge en âge, un roi, un héros, le chef suprême de l'armée des Grecs, Agamemnon, aussitôt qu'il met le pied sur le seuil de son palais, est immolé par son épouse infidèle au milieu des joyeux préparatifs d'un festin. Son trône est usurpé par un vil suborneur, et ses enfants, abandonnés, sont livrés à l'exil ou à l'esclavage.

D'après l'intention qu'avait le poète, de rendre

encore plus frappante cette terrible vicissitude du sort, il devait d'abord célébrer la prise de Troie. C'est ce qu'il fait, dans la première moitié de la pièce, d'une manière extraordinaire si l'on veut, mais certainement énergique et propre à saisir l'imagination. Il est important pour Clytemnestre de n'être pas surprise par le retour inopiné de son époux; elle a donc fait préparer de Troie à Mycène une suite de fanaux, dont les feux subitement allumés doivent lui annoncer ce grand événement. La tragédie commence par le discours d'un garde, qui prie les dieux de le délivrer de ses veilles pénibles; il se plaint de consumer sa vie, exposé à la froide rosée, d'avoir vu dix fois se renouveler la révolution des astres, dans l'attente toujours inutile du signal qui doit le délivrer, et il exhale sa plainte solitaire sur la corruption qui s'est introduite dans le palais de son maître. Au même instant brille la flamme désirée, et il court annoncer cette nouvelle à la reine. On voit alors paraître un chœur de vieillards; ils célèbrent dans leurs chants la guerre de Troie, sous le rapport mystérieux de la fatalité; ils remontent à son origine, aux anciennes prédictions des oracles, au sacrifice d'Iphigénie qui a été le prix du départ; Clytemnestre explique au chœur les motifs de son sacrifice d'actions de grâces : alors s'avance le héraut Talthybius qui a tout vu de ses propres yeux; il peint le spectacle épouvantable de l'assaut, du pillage, de l'incendie de la ville, l'ivresse des vainqueurs et le triomphe du chef suprême Agamemnon. Ce n'est qu'avec répugnance, et comme en craignant d'interrompre son hymne de réjouissance, qu'il révèle les malheurs des Grecs, leur dispersion, les naufrages multipliés qui annoncent déjà le courroux des dieux. On voit ici à quel point le poète s'est peu occupé de l'unité de temps, ou plutôt, comment il a usé de ses priviléges et de sa puissance, en faisant voler vers son but terrible, les heures trop lentes dans leur cours. Bientôt paraît Agamemnon, monté sur un char, à la tête d'une marche triomphale, et peu après un autre char, rempli d'un riche butin, sur lequel est assise Cassandre, que les lois de la guerre ont rendue la prisonnière et l'esclave du chef de l'armée. Clytemnestre salue son époux avec une joie et un respect hypocrites; elle fait étendre de précieux tapis de pourpre brodés d'or par ses femmes esclaves, afin que les pieds du vainqueur ne touchent pas la terre. Agamemnon refuse d'abord, avec une sage modération, cet honneur réservé aux dieux seuls, enfin il se rend aux sollicitations de Clytemnestre, et entre avec elle dans le palais. Le chœur exprime d'une manière lugubre les sombres pressentiments qu'il commence à concevoir. Bientôt Clytemnestre revient sur la scène pour attirer, par un discours affectueux, la malheureuse Cassandre dans le piége qu'elle lui tend : celle-ci reste immobile et muette; mais à peine la reine est-elle partie, que saisie d'une prophétique fureur, elle éclate en plaintes d'abord confuses, qui bientôt, prenant le caractère le plus énergique, dévoilent au chœur des vieillards le passé et l'avenir. Elle a devant les yeux toutes les horreurs commises dans cette maison funeste; l'épouvantable festin de Thyeste, qui a fait reculer le soleil; les ombres des enfants déchirés lui apparaissent sur le faîte de l'édifice; elle voit même préparer le meurtre de son maître, et quoique toute frissonnante à l'aspect du sang, frappée d'égarement, elle court au devant d'une mort inévitable et se précipite dans le palais. On entend derrière la scène les gémissements d'Agamemnon mourant, le palais s'ouvre, Clytemnestre paraît auprès du corps inanimé de son époux et de son roi. Dans son audace criminelle, non seulement elle avoue son forfait, mais elle s'en glorifie comme d'une juste vengeance, comme d'une rétribution légitime pour la mort de sa fille Iphigénie, sacrifiée à l'ambition d'Agamemnon. Le poëte ne fait indiquer à Clytemnestre que vaguement, et en les repoussant dans le lointain, des motifs moins relevés, tels que sa jalousie pour Cassandre et ses relations coupables avec l'indigne Égisthe : ce qu'il a jugé nécessaire pour sauver la dignité de l'action. Il ne fallait cependant pas qu'il représentât l'épouse d'Agamemnon comme une femme faible et séduite, il devait lui donner les traits accentués de ce siècle héroïque, si fécond en catastrophes sanglantes, où les passions exerçaient tout leur empire, où les proportions de la nature humaine paraissaient plus grandes que de nos jours. Qu'y a-t-il de plus révoltant, et qui montre une corruption plus profonde, que d'admettre des crimes odieux au sein de la plus lâche faiblesse? Si le poëte est condamné à nous peindre des actions atroces, il ne faut en aucune manière qu'il cherche à les pallier ou à en adoucir l'horreur. En ranimant le souvenir du sacrifice d'Iphigénie, Eschyle a fait usage de la seule ressource que lui offrit son sujet, pour tempérer le sentiment trop douloureux que laisserait le meurtre d'Agamemnon ; dès lors ce roi n'est plus innocent, un premier forfait retombe sur sa tête, et, suivant d'antiques opinions religieuses, la malédiction divine pèse encore sur sa maison. Égisthe, l'auteur de sa ruine, est le fils de ce même Thyeste, sur qui le père d'Agamemnon a exercé une si monstrueuse vengeance, et cet enchaînement funeste, ouvrage d'une destinée rémunératrice, est sans cesse rendu présent à la pensée par les sombres chants du chœur et par les prophéties de Cassandre.

Je ne m'occuperai point dans ce moment des *Choéphores*, pièce qui se lie immédiatement à celle d'Agamemnon ; je me réserve d'en parler lorsque j'établirai un point de comparaison entre les trois tragiques grecs, d'après la manière dont ils ont traité le même sujet.

Celui des *Euménides* est, comme je l'ai dit, la défense et l'absolution d'Oreste, c'est un procès criminel, mais dans lequel ce sont des dieux qui accusent, qui justifient et qui président au débat. Le poète, en donnant à cette cause toute l'importance et toute la gravité qu'exigeait la majesté des dieux, mettait ainsi sous les yeux des Grecs ce qu'ils connaissaient de plus digne de respect. La scène s'ouvre devant le fameux temple de Delphes, qui occupe le fond du théâtre. On voit la vieille pythie s'avancer en costume sacerdotal, et invoquer tous les dieux qui avaient présidé et présidaient encore à l'oracle. Elle s'adresse ensuite au peuple assemblé, c'est à dire aux spectateurs, et entre dans le temple pour se placer sur le trépied ; mais aussitôt elle revient saisie d'épouvante et raconte ce qu'elle a vu : un homme souillé de sang, dans l'attitude d'un suppliant, et, tout autour, des femmes endormies avec des chevelures de serpents. Après ce discours elle quitte la scène, et rentre dans le temple. Apollon s'avance avec Oreste en habit de voyageur, tenant dans ses mains le glaive et la branche de laurier. Le dieu lui promet sa protection future, et lui ordonne de se réfugier à Athènes, en le recommandant à Mercure (qu'on suppose présent quoique invisible), comme à la divinité tutélaire des voyageurs, et surtout de ceux qui cherchent à dissimuler leur marche. Oreste sort par l'issue des étrangers. Apollon entre dans le temple qui reste ouvert, et au fond duquel on aperçoit les furies endormies sur des siéges. Alors paraît l'ombre de Clytemnestre qui monte l'escalier de Caron, et se rend de l'orchestre sur le théâtre. Il ne faut pas se la figurer comme un fantôme livide et décharné; elle était semblable aux êtres vivants, plus pâle seulement, le sein couvert de blessures, et enveloppée de draperies d'une apparence légère et aérienne; elle réveille les furies par ses cris mêlés de reproches, et disparaît, probablement en s'enfonçant sous terre. Les divinités infernales sortent de leur assoupissement; voyant qu'Oreste leur a échappé, elles se livrent à un égarement sauvage, et dansent en tumulte sur le théâtre. Apollon sort du temple à ce bruit, les accable de son courroux, et les chasse, comme des êtres profanateurs, des lieux qui lui sont consacrés. On doit se représenter le dédain sublime et l'attitude menaçante de l'Apollon du Vatican, armé de son arc et de son carquois, mais revêtu de la tunique et de la chlamyde.

La scène change, et comme les Grecs, en ce cas, ne se donnaient point de peines inutiles, peut-être le fond du théâtre restait-il le même et, dans cette hypothèse, il était censé représenter le temple de Minerve (l'Aréopage) sur la colline de Mars. Les décorations latérales étaient remplacées par d'autres qui offraient la peinture d'Athènes et du pays qui l'entoure. Oreste arrive de nouveau par l'entrée des étrangers, il embrasse la statue de Pallas, placée devant le temple, en implorant son secours. Le chœur des furies le suit de près. Le poète lui-même nous apprend qu'elles étaient couvertes de vêtements noirs avec des ceintures de pourpre et des serpents dans les cheveux. Leurs masques, sur lesquels, d'après les principes de la sculpture antique, l'âge n'était que légèrement indiqué, ressemblaient aux têtes de Méduse, belles et terribles à la fois. Le chœur arrivait sur le théâtre bientôt après Oreste, mais pendant le reste de la pièce il se tenait au bas de l'orchestre. Jusque-là les furies s'étaient montrées pareilles à des bêtes féroces enragées de ce qu'on leur enlève leur proie ; à présent elles donnent, par leurs chants d'une dignité tranquille, quelque chose de solennel à l'office redoutable qu'elles exercent parmi les mortels. Elles réclament la tête d'Oreste qui leur est due, et la dévouent par des paroles magiques et mystérieuses à des tourments éternels. Ces chants sont interrompus par l'arrivée de Pallas, la vierge guerrière ; appelée par les prières de son protégé, elle accourt sur son char à quatre chevaux. Elle demande ce qu'on lui veut, et écoute avec un calme majestueux et la supplication d'Oreste et celle des furies ses antagonistes. Après avoir pesé avec sagesse leurs raisons mutuelles, elle accepte la fonction d'arbitre suprême qui lui est offerte par les deux parties. Les juges convoqués prennent leurs places sur les degrés du temple. Le héraut embouche la trompette et impose silence au peuple comme pour la séance d'un tribunal véritable. Apollon s'avance, et quoique les furies refusent son intervention, il commence l'apologie de son client : alors les raisons pour et contre l'action d'Oreste se débattent dans un dialogue vif et entrecoupé. Les juges jettent leurs petites pierres dans l'urne, Pallas en ajoute une blanche, tout est dans la plus vive attente. Oreste en proie à des angoisses mortelles s'écrie :

O Phébus Apollon, quelle sera l'issue de cette cause?

Et les furies à leur tour,

O nuit obscure, mère de notre race, vois-tu comme on nous traite ici ?

Les pierres sont comptées, le nombre des noires et des blanches se trouve égal, en conséquence l'accusé, d'après le décision de Pallas, est déclaré absous. Il éclate en vives actions de grâces, tandis que les furies se révoltent contre l'audace insolente des nouveaux dieux, qui se croient tout permis contre l'ancienne race des titans. Pallas supporte leur courroux avec indifférence, elle leur parle avec bonté, même avec une sorte de respect, et ces êtres, ailleurs si indomptables, ne peuvent résister à sa douce éloquence. Les furies s'engagent à regarder comme sacrée la terre où règne Pallas. La déesse à son tour promet de leur accorder un sanctuaire sur le territoire d'Athènes, où elles seront appelées *Euménides*, c'est à dire, bienveillantes. Tout finit par une marche solennelle et des chants de bénédictions; des troupes de femmes, d'enfants et de vieillards, avec des draperies de pourpre et des flambeaux allumés, accompagnent les furies, devenues des divinités tutélaires d'Athènes, jusqu'aux lieux qui leur sont consacrés.

Jetons maintenant un coup d'œil sur la trilogie tout entière. Dans *Agamemnon*, on voit la volonté humaine, déployant sa plus grande puissance, entreprendre et exécuter l'action. Le personnage principal est une femme coupable, et la pièce finit par l'impression révoltante du triomphe de la tyrannie et du crime. J'ai déjà montré la relation de la catastrophe avec la fatalité qui l'a préparée.

L'action dans *les Choéphores* est en partie ordonnée par Apollon, et tient sous ce rapport à une disposition précédente du destin; elle est en partie provoquée par des impulsions naturelles, la soif de la vengeance qui tourmente le fils d'Agamemnon, et son amour fraternel pour la malheureuse Électre. Ce n'est qu'après avoir immolé sa mère, qu'Oreste sent également s'élever dans son cœur un combat entre des sentiment sacrés, et le spectacle de cette lutte terrible et sans issue ne peut laisser aucune impression satisfaisante en l'âme des spectateurs.

Dans la tragédie des *Euménides*, le génie d'Eschyle s'élève dès le commencement à la plus grande hauteur. Tout l'intérêt des événements qui ont précédé, s'y trouve rassemblé comme dans un foyer unique. Oreste n'y est plus qu'un instrument aveugle du destin, la liberté d'action a passé tout entière dans la sphère des dieux, et Pallas y est proprement le personnage principal. Lorsque le conflit entre les devoirs les plus sacrés se présente dans la vie, il offre une difficulté insoluble pour l'homme, et cette difficulté, sous la forme d'une cause, est ici portée par le poète devant le tribunal des dieux. Ceci me conduit au sens profond que renferme l'ensemble. L'ancienne mythologie est généralement symbolique, mais non allégorique, ce qui est très différent. L'allégorie est une pure fiction, un être imaginaire y personnifie une idée abstraite. Dans le symbole, au contraire, cette même idée est représentée par un objet réel, déjà existant dans l'univers, mais tellement propre à devenir l'image sensible d'une notion intellectuelle, qu'il la rappelle naturellement à notre esprit.

Les titans désignent surtout les forces primitives de la nature et de l'âme, encore enveloppées de leur mystérieuse obscurité. Les nouveaux dieux sont l'emblème des lois physiques et morales dont nous avons acquis une connaissance distincte. Ceux-là sont alliés de plus près au chaos, ceux-ci appartiennent à un monde déjà organisé.

Les furies représentent la puissance redoutable de la conscience, sous l'aspect de ses terreurs et de ses sombres pressentiments, ce sont les remords de l'imagination qui ne cèdent point à la raison. En vain Oreste se retrace-t-il à lui-même les puissants motifs de son action, le cri du sang ne cesse point de le poursuivre. Apollon est le dieu de la jeunesse, celui de la généreuse effervescence, de l'indignation passionnée, des actions audacieuses; c'est lui qui a dû ordonner la vengeance. Pallas est la sagesse réfléchie, la justice, la modération, et c'est elle seule qui peut terminer le différend.

Le sommeil des furies dans le temple est déjà symbolique. Le sanctuaire d'une divinité, l'asile sacré de la religion, peut seul faire trouver au malheureux qui s'y réfugie, le soulagement de ses remords. A peine Oreste ose-t-il en sortir, qu'il voit apparaître le fantôme de sa mère, et les divinités infernales se réveillent autour de lui. Le discours de l'ombre de Clytemnestre est rempli de figures symboliques; ce sont des images du même genre que les attributs des furies, la couleur noire, les torches pâles et vacillantes, les serpents qui sucent le sang; l'égalité des motifs qui justifient et condamnent l'action est désignée par l'égalité des suffrages; enfin la fiction tout entière est un symbole. Apollon, le dieu du jour, l'emblème des connaissances claires et lumineuses de notre âme, a en horreur les êtres qui en désignent les mouvements terribles et involontaires; ce sont cependant ces mêmes furies qui prennent sous leur sauvegarde les liens sacrés de la nature, ce sont elles qui poursuivent celui qui a osé braver la voix du sang. Il y a donc en nous des sentiments, tels que ceux de fils et de père, que les motifs raisonnés les plus clairs en apparence doivent ménager avec respect; et des points auxquels on ne peut toucher sans exciter les furies; c'est peut-être ce que veut dire l'asile qu'on finit par accorder à ces divinités. Le territoire d'Athènes est le séjour des lumières et de la raison, il représente la partie éclairée de notre âme; le sanctuaire des euménides est cette partie sombre et mystérieuse de nous-mêmes, qu'on peut appeler si l'on veut ou superstitieuse ou sacrée, mais que le raisonnement ne doit jamais chercher à envahir.

Nous avons d'autant moins à nous étonner du sens profond renfermé dans les poésies d'Eschyle, que ce poète, suivant Cicéron, était de l'école pythagoricienne.

Eschyle s'était aussi proposé quelques buts politiques, et surtout celui de célébrer la gloire d'Athènes. On peut voir comme il repousse dans l'ombre, Delphes, le centre du culte religieux de la Grèce. Oreste ne peut y trouver un refuge que contre la première atteinte de la persécution, et c'est à la terre de la justice et de la modération, que son entière délivrance est réservée. Eschyle voulait encore, et c'était son but principal puisqu'il y voyait le salut d'Athènes, présenter sous un jour favorable l'établissement de l'Aréopage (1), de ce tribunal incorruptible, et toutefois plein de douceur, où Pallas était censée jeter une boule blanche en faveur de l'accusé. Idée ingé-

---

(1) Je ne puis trouver dans aucun auteur ancien que cette intention ait jamais été expressément attribuée à Eschyle; cependant elle est impossible à méconnaître, surtout dans le discours de Pallas, à commencer par le 680e vers, ce qui s'accorde avec le témoignage de l'histoire. Nous savons que l'année même où cette pièce fut représentée, la 1re de la 80e *Olympiade*, un certain Éphialtes fut assassiné pendant la nuit, parce qu'il avait voulu soulever le peuple contre l'Aréopage,

nieuse du poète qui veut honorer l'humanité des juges. Il nous montre dans cette tragédie comment, d'une longue suite de malheurs et de crimes, on peut voir sortir une institution qui soit un bienfait pour tout un peuple.

On demandera si ces buts étrangers à une pièce n'altèrent pas la pure impression qu'elle doit produire. Sans doute ils pourraient y nuire, si, dans des occasions pareilles, on suivait l'exemple d'Euripide et de plusieurs autres auteurs. Chez Eschyle, ces motifs accessoires sont toujours subordonnés à la poésie. Il sait rattacher les objets réels à de grandes et nobles images, et les placer ainsi dans une région supérieure.

Nous possédons dans l'*Orestie*, car c'est ainsi qu'on appelait les trois tragédies prises ensemble, un des poëmes les plus vraiment sublimes auquel se soit jamais élevée l'imagination des hommes, et c'est évidemment aussi ce que le génie d'Eschyle a produit de plus mûr et de plus parfait. Il ne fit du moins

---

gardien sévère de l'ancienne constitution, qui mettait un frein à la licence démocratique.

Eschyle remporta le premier prix des jeux scéniques, et cependant on sait qu'il abandonna Athènes bientôt après, et qu'il passa en Sicile les dernières années de sa vie. Il est possible que les juges des jeux olympiques lui aient rendu justice, et que cependant le parti populaire ait encore conservé contre lui assez d'animosité pour qu'il se soit cru obligé de quitter sa patrie, sans qu'aucun arrêt formel de bannissement ait été prononcé. Je ne puis voir qu'une fable dans ce qu'on débite sur les convulsions mortelles des enfants et l'avortement des femmes à l'aspect effroyable des furies : on n'aurait pas couronné un poète qui eût profané la fête en donnant lieu à de pareils accidents.

paraître ces trois pièces sur la scène athénienne, que lorsqu'il eut atteint sa soixantième année, et ce fut là dernière fois qu'il y disputa le prix. Chacune des tragédies de ce poëte est cependant remarquable, soit parce qu'elle développe quelqu'une des qualités particulières de son esprit, soit parce qu'elle montre le degré auquel l'art dramatique était alors parvenu.

Les Suppliantes me paraissent être un de ses premiers ouvrages; il est vraisemblable que cette pièce faisait partie d'une trilogie dont elle occupait le milieu. On peut retrouver dans le catalogue des pièces d'Eschyle, le nom des deux tragédies auxquelles elle se liait, *les Égyptiens* et *les Danaïdes*; la première peint la fuite des Danaïdes, lorsqu'elles abandonnèrent l'Égypte pour éviter un mariage odieux et sacrilége avec leurs cousins; la seconde les présente implorant et obtenant un asile à Argos; la troisième a pour sujet le meurtre des époux qu'elles avaient acceptés malgré elles.

Dans *les Suppliantes*, le chœur ne prend pas simplement part à l'action, comme dans *les Euménides*, il en est le personnage principal, celui vers lequel se dirige tout l'intérêt; une tragédie disposée de la sorte ne peut pas intéresser l'esprit par la peinture des caractères, ni toucher le cœur par celle des passions. Le chœur (composé au moins de cinquante jeunes filles) n'a qu'une âme et qu'une voix. Le poëte a dû se contenter de lui attribuer les traits généraux, d'abord de l'humanité, puis du sexe et de l'âge, et enfin de la nation. Toutefois, si Eschyle a désiré lui donner ce dernier caractère, il n'y a pas véritablement réussi. Les Danaïdes parlent beaucoup de leur race étrangère, sans en laisser apercevoir la trace dans le genre particulier de leurs discours. Au vague de la peinture, se joint encore celui de l'intérêt qu'on y prend; ces pensées, ces résolutions, ces actions, qui ressemblent aux mouvements d'une armée en bon ordre, ne paraissent jamais venir du fond de l'âme; nous nous transportons vivement dans la situation et les sentiments d'un être qui nous est intimément connu, mais on ne peut s'identifier avec une masse uniforme de copies répétées. On serait tenté de n'envisager la pièce des *Suppliantes*, ainsi que celle qui la précédait, que comme de simples scènes isolées, faites pour servir d'introduction à la catastrophe véritablement tragique qu'offrait la dernière pièce de la trilogie, *les Danaïdes*. Cependant, il est très douteux que dans cette dernière pièce même, Eschyle ait voulu réunir tout l'intérêt sur Hypermnestre, la seule d'entre toutes ses sœurs qui ressente de la pitié et de l'amour. Il eût fallu détruire l'effet des autres tragédies et présenter *les Danaïdes* sous un aspect trop odieux; les Grecs, à cette époque de l'art, n'exigeaient pas dans chaque pièce isolée un grand développement d'action, mais ils voulaient que le poète se montrât fidèle à l'esprit de l'ensemble formé par leur réunion : il est donc vraisemblable que la dernière tragédie offrait, ainsi que les autres, dans les chants majestueux du chœur, l'expression des plaintes, des aspirations, des peines et des prières communes, qui devait dominer peut-être dans ces fêtes publiques, consacrées à solenniser les sentiments et les douleurs de l'humanité.

De même, dans la tragédie des *Sept Chefs devant*

Thèbes, les deux personnages dont les discours remplissent la plus grande partie de la pièce, le roi et le messager, parlent plutôt en vertu de leur emploi que d'après leurs sentiments particuliers. C'est un sujet épique revêtu de la pompe de la tragédie, que la peinture de cette ville en danger et des sept chefs, semblables aux géants armés contre le ciel, qui portent sur leurs boucliers l'emblème de leur audace, et ont juré, avec les plus horribles serments, la ruine de Thèbes. Cette préparation, qui excite un intérêt graduellement augmenté, est digne du moment terrible qu'elle est destinée à amener. Étéocle, immobile et renfermé en lui-même, a jusqu'alors prêté une oreille attentive aux paroles du messager, et s'est contenté d'opposer un guerrier thébain à chacun des six ennemis qui menacent une des portes de la ville; mais aussitôt qu'il apprend que son frère, que Polynice, est le septième de ces chefs, il veut le combattre lui-même, et, malgré toutes les prières du chœur, saisi par les furies qu'a évoquées la malédiction paternelle, il se sent entraîné vers ces lieux funestes où l'attendent le fratricide et la mort.

La guerre même n'est point un objet propre à la tragédie; aussi le poète, après en avoir dépeint les préparatifs menaçants, nous conduit-il rapidement à la conclusion. La ville est sauvée; les deux frères, qui se disputaient le trône, sont tombés par les mains l'un de l'autre, victimes de leur propre fureur, et les chants funèbres du chœur et des filles thébaines, qui se partagent pour leur rendre les derniers devoirs, terminent la pièce. Nous devons observer que Sophocle commence sa tragédie d'*Antigone*, par la résolution que prend cette princesse de braver une défense inhumaine, et de ne pas laisser le corps de son frère Polynice sans sépulture, tandis que cette même résolution est ici entrelacée avec la fin de la tragédie. On peut conclure de là que cette pièce d'Eschyle, ainsi que celle des *Choéphores*, en annonçait immédiatement une autre.

On a prétendu qu'Eschyle n'avait composé sa tragédie des *Perses* que pour satisfaire la curiosité d'Hiéron, roi de Syracuse, qui désirait voir l'image de la guerre fameuse que les Grecs venaient de soutenir. Je voudrais pouvoir admettre cette version de l'histoire, mais il en existe une autre, d'après laquelle il semblerait que cette pièce eût déjà paru sur le théâtre d'Athènes. Quoi qu'il en soit, elle est fort inférieure aux autres tragédies d'Eschyle, soit relativement au choix du sujet, contraire à la règle générale dont nous avons parlé, soit par la composition même. A peine l'attente est-elle excitée par le songe d'Atossa, que toute la catastrophe arrive avec le premier messager, et il n'est plus possible que l'action avance d'un pas. Mais si ce n'est pas un drame véritable, c'est du moins un bel hymne à la liberté, déguisé sous la forme des lamentations du chœur, qui déplore la chute de la puissance des Perses. Le poëte montre beaucoup de sagesse dans cette pièce et dans celle des *Sept Chefs devant Thèbes*, lorsqu'il ne nous peint pas l'issue du combat comme fortuite, ainsi que le fait presque toujours Homère, mais qu'il nous montre l'événement, déterminé d'avance par la sagesse réfléchie d'un côté, et par un aveuglement orgueilleux de l'autre. Rien en effet ne doit être accordé au hasard dans une tragédie.

Prométhé enchaînée occupait aussi le milieu entre deux autres pièces, *Prométhée apportant le feu du ciel* et *Prométhée délivré*. Je ne sais toutefois si nous pouvons admettre que la première de ces pièces ait fait partie d'une trilogie, puisque c'était évidemment un drame satirique. Nous possédons un fragment considérable du *Prométhée délivré*, dans la traduction latine d'Attius.

Prométhée enchaîné est la représentation de la douleur inébranlable, et même de la douleur immortelle d'un dieu. Cette tragédie où la scène est placée sur un rocher désert, battu des flots du vaste océan, nous montre cependant tout l'univers, l'olympe et la terre, comme à peine raffermis sur le bord de l'abîme effroyable au fond duquel ont été précipités les titans. L'idée d'une divinité qui se sacrifie elle-même, a été mystérieusement présentée aux hommes dans plusieurs religions, et semble un pressentiment confus du christianisme. Ici elle offre un contraste effrayant avec notre consolante révélation; Prométhée ne se soumet pas volontairement à la douleur, mais il expie sa rébellion contre la suprême puissance, rébellion qui n'a consisté que dans le dessein généreux de perfectionner la race humaine. Il est lui-même le symbole de l'homme sur la terre; comme lui doué d'une prévoyance funeste, comme lui enchaîné à son étroite existence et sans allié dans l'univers, il ne peut opposer aux forces inexorables de la nature, qu'une volonté ferme et le sentiment de sa haute vocation. Les autres fictions des poëtes grecs sont des morceaux tragiques isolés, celle-ci est la tragédie elle-même, dans toute son âpreté primitive, qui, révélant son génie le plus intime, nous terrasse et nous anéantit.

Cette pièce offre peu d'action extérieure. La souffrance et la volonté se voient dès le commencement dans Prométhée, la souffrance et la volonté s'y retrouvent jusqu'à la fin. Il faut cependant admirer l'art avec lequel le poète a su mettre du mouvement et de la variété dans la peinture d'un sort irrévocable, et proportionner la grandeur de Prométhée à celle du monde surnaturel dans lequel il le place. Il peint d'abord le silence du titan, pendant que deux divinités terribles, la Force et la Violence, obligent Vulcain, ému d'une commisération inutile, à l'enchaîner cruellement; puis il nous fait entendre la plainte solitaire de Prométhée et ensuite les épanchements de sa douleur, lorsque les nymphes océanides, par leur pitié tendre et craintive, l'engagent à ouvrir son âme, à dévoiler les causes de son malheur, et même à leur révéler l'avenir, ce qu'il ne fait cependant qu'avec une sage réserve. Eschyle nous montre alors le vieux Océan, dieu de race titanique et parent de Prométhée, qui vient le visiter dans son infortune, et qui, paraissant vouloir s'employer avec zèle en sa faveur, l'invite néanmoins à se soumettre à Jupiter, sur quoi le fier titan le renvoie avec indignation.

Une autre victime de la même tyrannie, la malheureuse nymphe Io, entraînée de lieu en lieu par un égarement funeste, est alors mise en scène par le poète. Prométhée lui prédit ses courses à venir et une destinée finale qui se lie avec la sienne propre, puisque du sang d'Io, après plusieurs générations successives, doit naître son libérateur. Il soutient jusqu'au bout son caractère indomptable, lorsque Mercure, se présentant comme le messager des dieux usurpateurs, lui demande avec des prières mêlées de menaces, par quel moyen Jupiter peut affermir son trône contre les atteintes du sort. Prométhée refuse de révéler son secret, et à l'instant même, au milieu des éclairs, de la foudre, de la tempête et du tremblement de terre, il est précipité au fond du gouffre de l'enfer avec le rocher auquel il était attaché. Jamais le triomphe au sein de l'oppression n'a été célébré avec plus de majesté et de gloire, et l'on a de la peine à comprendre comment le poëte, dans son *Prométhée délivré*, a pu se soutenir à cette hauteur.

En général, les pièces du théâtre d'Eschyle nous prouvent, ainsi que plusieurs autres exemples, que dans les arts comme dans la nature, les productions gigantesques ont toujours précédé celles qui offrent des proportions plus régulières, et qu'on voit peu à peu les œuvres des hommes descendre par toutes les gradations possibles, en passant d'abord par l'élégance et ensuite par la recherche maniérée, pour finir par tomber dans l'insipidité. Ces tragédies nous montrent encore que c'est à sa première apparition que la poésie se rapproche davantage de la nature d'un culte religieux, tel du moins que les hommes en conçoivent l'idée à cette époque de la civilisation.

Un mot d'Eschyle, qui nous a été conservé, prouve qu'il cherchait à maintenir la poésie à ce degré où elle s'allie aux choses du ciel, et qu'il évitait à dessein de la rabaisser au niveau des arts laborieusement perfectionnés par les hommes. Ses frères l'exhortaient à composer un nouveau pæan. « L'hymne « antique de Tynnichus, » leur répondit-il, « est « excellent, et je craindrais bien qu'il n'en fût du « mien comme des nouvelles statues comparées aux « anciennes; car celles-ci, avec toute leur simplicité, « sont tenues pour divines, tandis que les nouvelles, « travaillées avec tant de soin, sont admirées, il est « vrai, mais il y en a bien peu qui produisent l'impression d'une divinité. » L'audace naturelle au génie d'Eschyle le faisait toucher aux bornes de toutes choses, et elle l'entraîna aussi trop avant dans ses rapports avec le culte des dieux. Il fut accusé d'avoir trahi, dans une de ses pièces, les mystères d'Éleusis, et son frère Amynias, en découvrant les blessures qu'Eschyle avait reçues à Salamine, put seul obtenir qu'il fût renvoyé absous. Peut-être ce grand génie pensait-il que l'enthousiasme poétique initie aux mystères sacrés, et ne les révèle qu'aux mortels dignes de les connaître.

Le style tragique de ce poète est sans contredit encore imparfait, et rappelle trop souvent le genre épique ou le lyrique. Inégal, haché, rude quelquefois, les couleurs n'en sont pas fondues, et l'ensemble manque de continuité. On pouvait bien voir paraître, après Eschyle, des tragédies plus artistement composées; mais dans sa grandeur plus qu'humaine, il devait toujours rester sans rival, puisque Sophocle, son émule plus jeune et plus heureux, n'a pu lui-même l'égaler.

Ce dernier auteur annonçait déjà de profondes pensées sur son art, lorsqu'il disait de son prédécesseur : « Eschyle fait ce qui est bien, mais sans le savoir; » mots fort simples, qui cependant nous font comprendre la nature de ces premiers génies créateurs, inconnus à eux-mêmes.

L'année de la naissance de Sophocle se trouve placée à une distance égale de celle de ses deux rivaux, et quoique les historiens ne s'accordent pas exactement sur ce point, on voit qu'il fut pendant la plus grande partie de sa vie contemporain de tous deux. Il survécut à Euripide, qui cependant atteignit un âge avancé, et l'on sait qu'il avait souvent dans sa jeunesse disputé avec Eschyle le prix des jeux olympiques. Il semblait que la providence eût voulu, par l'exemple d'un seul homme, montrer à la race humaine tout entière, combien sa vocation terrestre était susceptible de dignité et de bonheur. Elle orna Sophocle de tous les dons célestes, et y ajouta encore toutes les bénédictions de la vie. Issu d'une famille riche et considérée, citoyen libre du pays le plus éclairé de la Grèce, il fut doué de la beauté physique et de la beauté de l'âme, et déploya cette double puissance jusqu'au terme le plus reculé de la carrière de l'homme. La gymnastique, propre à développer la force, la musique, destinée à communiquer l'harmonie, cultivèrent ses heureuses dispositions. Les plus heureuses prémices de la jeunesse, les fruits les plus exquis de l'âge avancé, les hautes jouissances du génie, celles de la sérénité de l'âme, l'amour, le respect de ses concitoyens, une brillante renommée parmi les étrangers, la constante protection du ciel, tels sont les traits qui caractérisent l'histoire de ce poëte sage et religieux. Il semblait que les dieux eussent désiré le rendre immortel sur la terre, tant ils lui avaient permis d'y prolonger son séjour, et, ne pouvant le soustraire à la destinée commune, ils paraissaient du moins défaire doucement la trame de sa vie en lui faisant échanger une immortalité contre une autre, en lui donnant, à la place de son existence passagère, la gloire impérissable de son nom.

Adorateur zélé de tous les dieux, c'était à Bacchus, le distributeur des joies vives et le législateur de la race humaine, qu'il s'était particulièrement consacré en faisant représenter aux fêtes de ce dieu ses premières tragédies. Dès l'âge de seize ans, il fut choisi, à cause de sa beauté, pour conduire, après le combat de Salamine, le chœur des jeunes gens qui devaient chanter l'hymne du pæan et danser, suivant l'usage des Grecs, autour du trophée érigé en l'honneur de la victoire; ainsi le plus beau développement de la fleur de sa jeunesse s'unit à l'époque la plus glorieuse de l'histoire d'Athènes. Il obtint un commandement dans l'armée sous Périclès et Thucydide, et après avoir été citoyen et guerrier, plus près de la vieillesse, il exerça encore le sacerdoce.

Ce fut à l'âge de vingt-cinq ans qu'il fit représenter ses premières tragédies. Il remporta vingt fois le premier prix, plus souvent encore le second : jamais il n'obtint le troisième. Ses succès allèrent toujours en augmentant jusqu'au delà de sa quatre-vingt-dixième année, et peut-être quelques-uns de ses meilleurs ouvrages appartiennent-ils à cette époque tardive de sa vie. On prétend que l'amour excessif qu'il témoignait à un de ses petits enfants, le fit accuser par un fils aîné, issu d'un premier mariage, d'être retombé dans l'enfance et de ne pouvoir plus gouverner son bien ; qu'alors, pour toute justification, il avait lu à haute voix l'*OEdipe à Colonne* qu'il venait de composer, ou selon d'autres, le chœur magnifique de cette pièce où il célèbre Colonne, son lieu natal ; enfin que les juges, ravis d'admiration, ayant aussitôt levé la séance, on l'avait reconduit en triomphe dans sa maison. S'il est vrai qu'il ait écrit dans un âge aussi avancé cette seconde pièce d'*OEdipe*, dont l'auteur et le héros, également éloignés de l'ardente impétuosité de la jeunesse, offrent tous les deux les signes d'une douce maturité, nous pouvons y contempler l'image de la vieillesse la plus aimable et la plus digne de respect. Quoique les divers récits de la mort de Sophocle paraissent fabuleux, ils s'accordent tous à nous faire entendre qu'au moment où il rendit l'âme, il était encore occupé de son art ou de quelque chose qui s'y rapportait, et que, semblable à un vieux cygne d'Apollon, il exhala sa vie dans ses chants.

C'est ainsi qu'il faut considérer l'histoire de ce général lacédémonien qui, ayant entouré d'un rempart le tombeau des aïeux de Sophocle, fut forcé par deux apparitions successives de Bacchus, d'accorder la sépulture à Sophocle même et d'envoyer à cet effet un héraut à Athènes. Cette tradition fabuleuse me paraît, comme tout ce qui tend au même but, mettre sous un jour brillant la vénération presque sacrée qu'avait inspirée ce poète. Je l'ai nommé religieux dans le sens qu'il attachait lui-même à ce mot; mais quoique la grandeur, la grâce et la simplicité antiques respirent dans ses écrits, il est, de tous les poëtes grecs, celui dont les sentiments se rapprochent le plus de l'esprit de la religion chrétienne.

Un seul don de la nature lui avait été refusé : une voix forte et sonore pour le chant. Il pouvait tout au plus diriger les autres voix, et indiquer aux acteurs les intonations musicales; aussi l'ancien usage qui voulait que les poëtes jouassent dans leurs propres pièces, fut-il aboli pour lui. Il ne se fit entendre qu'une seule fois sur la scène, dans le rôle (ce qui est très remarquable) du chanteur aveugle Thamyris, rôle où il chantait en s'accompagnant de la cithare.

Comme Eschyle avait tiré la tragédie de sa rudesse première en lui donnant une forme nouvelle et grandiose, l'heureuse audace de ses tentatives fut sans doute d'une grande utilité à Sophocle, et l'histoire de l'art dramatique doit établir entre eux les mêmes rapports qu'entre l'artiste qui ébauche un grand plan et celui qui l'exécute et le perfectionne. Il est aisé d'apercevoir que les drames de Sophocle sont composés avec un art bien plus consommé. Les justes limites du chœur relativement au dialogue, la perfection des rhythmes divers et la pure diction attique, l'intervention d'un plus grand nombre de personnages, la fable mieux ourdie et plus complétement développée, une plus riche variété d'incidents, une manière plus ferme et plus calme de régler la marche du temps, de relever les moments décisifs, de fondre le tout ensemble, sont des avantages, pour ainsi dire, extérieurs, qui distinguent les ouvrages de Sophocle. Mais ce en quoi il surpasse véritablement Eschyle, et semble mériter la faveur du sort qui lui donna un tel maître, c'est l'heureuse harmonie de son âme, cette perfection intérieure qui portait vers le beau toutes ses inclinations, et dont l'impulsion involontaire était cependant accompagnée de la connaissance claire, lumineuse, de l'effet qu'il devait produire. La hardiesse du génie d'Eschyle ne pouvait pas être surpassée, et cependant il me semble que si Sophocle paraît moins audacieux, c'est qu'il était plus maître de lui-même. Il fait preuve dans ses ouvrages d'une énergie plus profonde, peut-être même d'une vigueur plus austère et plus continue, comme si, connaissant exactement les bornes de son art, il se sentait d'autant plus libre d'user de ses forces légitimes, dans le cercle des limites qu'il s'est imposées.

Tandis qu'Eschyle se plaît à remonter aux titans, enfants du chaos, Sophocle, au contraire, semble craindre même de faire paraître les dieux. Il s'attache surtout à former l'image de l'homme et, comme l'a reconnu toute l'antiquité, il se propose un modèle idéal, non plus moral et plus exempt de fautes, mais plus beau et plus noble que la réalité; il sait renfermer dans la sphère des choses humaines, les pensées les plus profondes comme les plus élevées. Selon toute apparence il eut aussi plus de modération que son prédécesseur, quant aux ornements accessoires du spectacle, et il paraît y avoir recherché un genre de beauté choisie, plutôt qu'une pompe gigantesque.

Lorsqu'on est parvenu à se pénétrer intimement des beautés de Sophocle, on a fait passer dans son âme le sentiment des arts de la Grèce. Les anciens ont donné à ce poète le nom de l'abeille attique, parce qu'ils regardaient la douceur et le charme naturel comme les traits qui le caractérisaient. Les modernes sont loin de souscrire à ce jugement, et leur sensibilité excessive leur fait souvent trouver beaucoup d'âpreté et de rudesse dans les tragédies de Sophocle, soit à l'égard de l'expression des douleurs physiques, soit relativement à la peinture des mœurs et à l'ordonnance générale.

On peut juger de l'étendue des pertes que nous avons faites, d'après le nombre de pièces qu'avait composées Sophocle; il se monte, suivant quelques auteurs, à cent trente, (dont cependant dix-sept passaient pour supposées, aux yeux d'Aristophane le grammairien), et d'après le compte le plus modéré à quatre-vingt. Toutefois le hasard nous a bien servi, puisque parmi les sept tragédies qui nous restent, se trouvent quelques-uns de ses chefs-d'œuvre les plus admirés des anciens, tels qu'*Antigone*, *Électre* et les deux *OEdipe*. Le texte de ces pièces ne nous paraît même avoir été altéré, ni par le temps, ni par les hommes. La plupart des critiques modernes donnent une préférence injuste à deux tragédies de Sophocle en particulier, *OEdipe Roi* et *Philoctète*. On admire dans la première le nœud artistement composé de l'intrigue où un enchaînement de causes inévitables amène une catastrophe terrible, attendue dès le commencement avec un genre de curiosité inquiète que les tragédies grecques excitent très rarement. Ce qu'on vante surtout dans *Philoctète* c'est la vérité des caractères, la beauté du contraste entre les trois héros, et la structure parfaitement simple de cette pièce, où un si petit nombre de personnages agissent par des motifs si naturels, et inspirent un intérêt si puissant. Le mérite de ces deux tragédies est incontestable, mais tous les ouvrages de Sophocle brillent aussi par des avantages particuliers. *Antigone* montre le courage d'un héros réuni aux plus pures vertus des femmes; le sentiment de l'honneur offensé déploie dans *Ajax* sa violence la plus terrible; *Électre* se distingue par l'énergie et le pathétique; la plus douce émotion règne dans *OEdipe à Colonne*, et un charme inexprimable est répandu sur l'ensemble de la composition. Je ne prétends pas évaluer ici le mérite comparatif de toutes ces pièces, et cependant j'avoue que je sens une prédilection involontaire pour cette dernière, peut-être parce que c'est celle qui nous peint le mieux Sophocle : elle était composée en l'honneur d'Athènes, lieu de sa naissance, et sans doute il l'avait perfectionnée avec un plaisir particulier.

Antigone et *Ajax* ont été en général peu compris. On ne voit pas pourquoi ces pièces continuent encore longtemps après ce que nous nommons la catastrophe. Je pourrai dans la suite revenir sur ce sujet.

De toutes les fables fondées sur la fatalité que contient la mythologie, celle d'OEdipe est peut-être la plus ingénieuse. Il en est d'autres cependant qui, sans se composer d'événements aussi compliqués, me paraissent renfermer un sens bien plus élevé. Telle est, par exemple, celle de Niobé, où la peinture de l'orgueil humain et de la punition qui lui est réservée par les dieux, est donnée dans de grandes proportions, mais avec un extrême simplicité. Ce qui laisse à l'histoire d'Œdipe un moins grand caractère est peut-être l'intrigue même qui en forme le tissu. L'intrigue, dans le sens dramatique, est la réunion des combinaisons inattendues que présentent les choses humaines, lorsque les desseins prémédités et les effets du hasard viennent à se traverser. C'est bien là, en effet, ce qu'on voit dans Œdipe, puisque les précautions imaginées par ses parents ou par lui-même, pour le soustraire aux crimes dont il est menacé sont précisément ce qui l'expose à les commettre. Mais le sens le plus profond et le plus terrible que renferme cette fable tient à une circonstance peu remarquée. Cet Œdipe qui a deviné l'énigme proposée par le sphinx sur le sort de l'humanité tout entière, est le même infortuné pour lequel sa propre destinée demeure une énigme inexplicable, jusqu'à ce qu'elle se dévoile à la fin de la manière la plus effroyable, quand tout est perdu sans retour. Frappante image de la sagesse humaine qui se perd dans les généralités, sans que le mortel auquel elle semble accordée sache jamais en faire usage!

Le caractère despotique et soupçonneux qu'Œdipe offre, dans la première des pièces de ce nom, réconcilie jusqu'à un certain point avec la catastrophe, et empêche que le sentiment ne soit trop décidément révolté d'une destinée aussi cruelle. Il fallait donc que le caractère principal fût à quelques égards sacrifié, mais Œdipe se relève, d'un autre côté, par ses soins paternels pour son peuple, par le zèle héroïque et sincère avec lequel il accélère sa perte en faisant rechercher l'auteur du meurtre de Laïus. Il devait déployer d'abord tout l'orgueil impérieux de la royauté, et paraître tel qu'il se montre à Créon et à Tirésias, pour qu'on sentît mieux le contraste de sa première situation avec la misère qui lui succède. La violence et le soupçon se font déjà remarquer dans les actions de sa jeunesse. On voit l'une dans son démêlé sanglant avec Laïus, et l'autre dans les inquiétudes qu'il éprouve lorsqu'il est accusé de n'être pas le fils de Polybe, malgré tout ce qu'on fait pour le rassurer. Il semble avoir hérité ce caractère des deux auteurs de sa naissance, mais il est loin de ressembler à Jocaste dans la légèreté sacrilége qui la porte à se moquer de ce que l'oracle ne s'est pas vérifié, au moment où elle va trouver une punition cruelle dans cet accomplissement. Il faut au contraire honorer dans Œdipe cette innocence pieuse et craintive, qui le fait fuir à l'idée des crimes auxquels il semble destiné, et qui rend son désespoir si affreux dès qu'il se voit coupable. Son aveuglement est d'autant plus terrible qu'il est plus près de la révélation. On ne peut s'empêcher de frémir lorsqu'il demande à Jocaste quel était le port et la physionomie de Laïus, et qu'elle répond : « Ses « cheveux étaient blanchis par l'âge, mais d'ailleurs « sa figure avait assez de rapport avec la vôtre. » C'est encore un trait d'inconséquence bien conforme au caractère de Jocaste que de ne pas pressentir ce qu'indique cette ressemblance ; ainsi plus on analyse cette pièce, plus on trouve que chaque détail est motivé et d'accord avec l'ensemble.

Comme on parle beaucoup de la régularité des tragédies de Sophocle, et qu'on vante, en particulier dans *Œdipe Roi*, l'exacte observation de la vraisemblance, je dois faire remarquer que cette même pièce prouve à quel point les principes suivis par les anciens poètes étaient, à cet égard, différents de ceux des critiques modernes. Il est assurément très invraisemblable qu'Œdipe ne se soit jamais informé auparavant des circonstances du meurtre de Laïus, que les cicatrices de ses pieds, ainsi que le nom qu'il portait, n'aient inspiré aucun soupçon à Jocaste. Mais ce n'était pas à une raison prosaïque et calculatrice que les anciens soumettaient le dessein d'un ouvrage d'art, et une invraisemblance que l'analyse seule découvrait, et qu'elle découvrait avant l'action représentée plutôt que dans la pièce même, ne leur paraissait pas mériter ce nom.

La différence du caractère d'Eschyle et de Sophocle ne se montre nulle part d'une manière aussi frappante que dans *Œdipe à Colonne* et dans *les Euménides*, puisque ces deux pièces ont été composées en vue du même but. L'un et l'autre de ces poètes devaient célébrer la gloire d'Athènes, et faire honorer leur patrie comme le séjour sacré de la justice et de la douce humanité, où les crimes déjà expiés obtenaient enfin le pardon des dieux, heureux augure d'un bonheur durable pour cette terre favorisée. Eschyle, admirateur zélé des lois de son pays, annonça ce beau privilége sous une forme judiciaire, et le pieux Sophocle, sous une forme religieuse. *Œdipe à Colonne* est la consécration des derniers moments d'Œdipe, et c'est surtout la célébration des mystères augustes de la mort. Le poëte y montre que les dieux avaient reconnu l'innocence d'un infortuné, courbé sous le poids de ses crimes involontaires, l'innocence de cet Œdipe destiné à donner un exemple si terrible à la race humaine, et qu'ils avaient effacé la honte de sa vie par la gloire de son tombeau. Sophocle, dont la vie entière était un culte rendu aux dieux, aimait à décorer les derniers moments de l'existence de toute la pompe d'une fête solennelle, et il résulte de là une émotion douce et profonde, bien différente de celle qu'on éprouve à la simple idée de la mort. Il y a encore une signification mystérieuse dans l'image de ce bois consacré aux furies, où le malheureux Œdipe trouve à la fin le repos. Puisque son âme n'a point pris de part à ses crimes, puisque jamais il n'a étouffé le cri de sa conscience, les remords ne le poursuivent point ; il meurt tranquille, après avoir commis des actions dont le nom seul épouvante, comme s'il s'endormait dans ces lieux sombres et redoutés qui remplissent d'effroi le cœur des coupables.

Eschyle a dépeint tout ce qui distinguait les Athéniens, la culture morale, l'esprit réfléchi, la modération, la justice, la douceur et la générosité, sous les traits majestueux de Pallas. Sophocle, qui aimait à faire percer les attributs divins à travers les formes humaines, a représenté ces mêmes qualités dans Thésée, d'un pinceau plus délicat. C'est à l'étude de ce caractère que je renverrai ceux qui désirent comparer l'héroïsme des Grecs avec celui des peuples barbares. Eschyle voulait dans sa tragédie des *Euménides*, célébrer les bénédictions dont Athènes avait été comblée, montrer que les infortunés y trouvaient un refuge, que les furies elles-mêmes y perdaient leur férocité ; il devait commencer par glacer le sang et faire dresser les cheveux des spectateurs, il devait présenter les déesses ténébreuses de la vengeance au moment où elles exhalent toute leur rage, pour que leur départ paisible parût ensuite plus merveilleux, et que la race humaine semblât délivrée de leur empire. Dans Sophocle, au contraire, les furies ne s'offrent point aux regards, leur idée n'est rappelée que dans le lointain, leur nom, qui n'est point prononcé, est seulement désigné par des épithètes ménagées; mais cette obscurité, en rapport avec les filles de la Nuit, ce vague éloignement dans lequel leur puissance est cependant pressentie, favorise une horreur secrète où les sens n'ont point de part. Cette forêt même des euménides, revêtue, par le pinceau du poète, de la douce verdure du printemps de la Grèce, augmente le charme mélancolique de cette fiction, et si je voulais dépeindre la poésie de Sophocle sous un emblème tiré d'elle-même, je dirais que c'est une forêt consacrée aux sombres déesses de la destinée, mais où la vigne, l'olivier et le laurier verdissent, et où les chants du rossignol ne cessent point de retentir.

Deux pièces de Sophocle se rapportent, conformément aux mœurs des Grecs, aux devoirs sacrés qu'on doit rendre aux morts, et à l'importance de la sépulture. La pièce d'*Antigone* roule tout entière sur ces idées, et ce sont elles seules qui donnent à celle d'*Ajax* une conclusion satisfaisante.

L'idéal de la femme et présenté dans Antigone sous un aspect très sévère. Ce rôle seul suffirait pour mettre fin à toutes ces peintures doucereuses des sentiments des Grecs qu'on a tracées depuis peu en Allemagne. Le silence d'Antigone et le discours par lequel elle excite le tyran à exécuter un décret barbare, montrent le courage inébranlable d'un héros, son indignation, lorsque sa sœur refuse de partager sa résolution courageuse, et la manière dont elle la repousse quand Ismène repentante demande au moins de mourir avec elle, sont des traits approchant de la dureté. Cependant le poëte a trouvé le secret de faire dévoiler à Antigone, dans un seul vers, toute l'âme d'une femme sensible, lorsque Créon lui dit que Polynice était devenu l'ennemi de sa patrie, et qu'elle lui répond :

Je m'unis à l'amour, et non point à la haine.

Elle ne retient même l'expression de ses sentiments que dans la crainte de rendre douteuse la fermeté de sa résolution ; dès l'instant où sa mort est irrévocablement décidée, on la voit s'abandonner aux plus tendres épanchements de la douleur. Elle pleure sa jeunesse, toutes les joies inconnues de la vie, et même, comme la fille de Jephté, celles d'un hymen heureux. Toutefois elle ne trahit par aucune parole son penchant secret pour Hémon, elle n'exprime nulle part que sa pensée se reporte vers lui (1). Après son héroïque décision, l'aveu d'une inclination particulière qui lui aurait fait désirer un lien de plus avec la terre, n'eût été que de la faiblesse ; mais loin qu'elle dût mourir sans regrets, la sainteté de son âme pure ne lui permettait pas de quitter la vie sans déplorer

---

(1) Barthélemy assure le contraire, mais la phrase à laquelle il se réfère appartient au rôle d'Ismène, d'après les meilleurs manuscrits et la liaison même des idées.

la perte des dons universels que les dieux ont répandus sur l'existence.

Au premier coup d'œil, le chœur paraît montrer bien peu de courage dans *Antigone*, puisqu'il obéit toujours sans résistance aux ordres de Créon, et qu'il n'essaie pas même de fléchir ce tyran par des prières. Mais pour que le courage héroïque d'Antigone parût dans tout son lustre, il fallait qu'elle se présentât seule et qu'elle ne trouvât, hors d'elle-même, aucun secours ni aucun appui. La profonde soumission du chœur semblait donner aux ordres souverains la force irrésistible de la nécessité, et les derniers chants qu'il adresse à Antigone devaient avoir une teinte sinistre pour qu'elle épuisât la coupe des douleurs humaines. La situation est bien différente dans *Électre*; si le chœur ne cesse d'y montrer de l'intérêt pour les deux principaux personnages et de les encourager, c'est parce que des sentiments moraux, en apparence aussi puissants que ceux qui les excitent à l'action, auraient pu les en détourner, au lieu que ce combat intérieur n'existe point chez Antigone, qui n'aurait pu être arrêtée que par l'effroi des dangers extérieurs. Après le dévoûment et la mort de cette pieuse victime, il ne reste qu'à la venger par la punition de son orgueilleux oppresseur. Il ne fallait pas moins que la destruction de la famille entière de Créon et le désespoir de ce tyran, pour payer un sang aussi précieux : c'est ce qui explique comment l'épouse de Créon paraît une seule fois, vers la fin de la pièce, pour entendre le récit de tous ces malheurs et s'immoler de ses propres mains. Les Grecs eussent été trop révoltés de la mort affreuse d'Antigone, et ils n'auraient pu même regarder la pièce comme terminée, sans une expiation.

Il en est de même dans *Ajax*. Ce héros, par sa mort volontaire, efface la honte dont il s'est couvert dans l'égarement indigne de lui où les dieux l'ont plongé en punition de son orgueil. Le malheureux cependant ne devait pas être poursuivi au delà du trépas, et lorsque les Grecs veulent encore insulter à son corps inanimé en lui refusant la sépulture, Ulysse s'oppose à une pareille indignité. Ce même Ulysse, qu'Ajax regardait comme son ennemi mortel, et à qui, dans l'effroyable scène du commencement, Pallas avait donné la fureur d'Ajax pour exemple du néant de la race humaine, paraît ici comme la sagesse et la modération personnifiées, qualités qui auraient préservé un héros de son funeste sort.

La mythologie ancienne, ou du moins les fables que la tragédie s'est appropriées, nous offrent des exemples fréquents de suicide, mais il n'a lieu, pour l'ordinaire, que dans le délire, dans un état d'exaltation passionnée, ou après une atteinte subite du malheur qui ne permet pas de retour sur soi-même. Des suicides tels que ceux de Jocaste, d'Hémon, d'Euridice et de Déjanire ne sont, dans les tableaux tragiques de Sophocle, que des accessoires ajoutés pour augmenter l'effet général. La seule mort volontaire d'Ajax est une résolution réfléchie, une action libre, et méritait par conséquent d'être l'objet principal d'une tragédie. Ce n'est pas, comme dans nos temps dégénérés, la dernière crise d'une maladie de l'âme qui s'est insensiblement augmentée ; c'est encore moins ce dégoût raisonné de la vie, fondé sur la conviction de son peu de valeur, et qui, d'après les principes de la philosophie épicurienne ou stoïque, a porté tant de Romains des derniers siècles de l'empire à rejeter l'existence. Ajax ne se montre point infidèle à son héroïsme barbare par un lâche découragement; sa frénésie est passée ainsi que le premier accès de désespoir qui en a été la suite; revenu complétement à lui-même, il a mesuré la profondeur de l'abîme où l'a plongé le courroux des dieux; il contemple sa position perdue sans ressource, son honneur blessé par le refus des armes d'Achille, les effets de son impuissante rage, funestes seulement à de vils animaux; il se voit lui-même, cet Ajax qui a couru la carrière des héros, devenu la risée de ses ennemis, la fable de l'armée et la honte de son vieux père, si jamais il revenait vers lui, et il se décide, dans cette situation désespérée, à suivre sa devise, *Vivre ou mourir avec gloire*. L'artifice, peut-être le premier de sa vie, qu'il emploie pour éloigner ses compagnons et pouvoir exécuter en paix sa funeste résolution, cet artifice même est la preuve d'une âme forte. Il laisse son jeune fils, la consolation future des parents qu'il ne reverra plus, sous la garde de Teucer, et ne meurt pas sans avoir pourvu à tous les intérêts de ses proches. Ses dernières paroles expriment, avec une sorte de rudesse, ce même sentiment d'admiration pour l'éclatante lumière du jour, qu'Antigone développe d'une manière si tendre et si touchante. La dureté courageuse d'Ajax, tout en dédaignant la pitié l'excite avec d'autant plus de force. Quel emblème du réveil de la raison après un funeste délire, que cette tente qui s'ouvre et laisse voir le héros, assis sur la terre, au milieu des troupeaux égorgés, et faisant retentir le ciel des accents de sa misère !

Tandis qu'Ajax, accablé d'une honte ineffaçable, prend tout à coup la résolution de se délivrer de la vie, Philoctète en supporte le fardeau pénible avec une longue et courageuse patience. Si l'un est honoré par son désespoir, l'autre l'est par sa fermeté. Lorsque l'instinct conservateur de soi-même ne se trouve en contradiction avec aucun principe de moralité, il doit oser se montrer dans toute sa force. C'est l'arme défensive qu'a donnée la nature à tous les êtres vivants; et l'énergie avec laquelle ils repoussent les attaques des ennemis de leur existence est une preuve de sa valeur. Sans doute Philoctète n'aurait pas mieux su qu'Ajax porter le joug humiliant de cette même société humaine qui l'a rejeté, mais il se trouve seul en face de la nature, et sans être effrayé de son aspect, d'abord si terrible, il se jette dans le sein de la mère commune, qui reçoit les malheureux avec amour. Relégué dans une île déserte, tourmenté par la douleur d'une blessure incurable, sans secours, sans consolation, il soutient son existence solitaire en abattant avec ses flèches les oiseaux de la forêt. Le rocher fournit à ses maux des plantes salutaires, la source lui procure une fraîche boisson, la caverne l'ombre et le repos, et le rayon du midi ou le branchage allumé, de la chaleur pendant l'hiver. Les accès de ses souffrances s'apaisent même quelquefois, et il peut se livrer à un sommeil réparateur. Ce ne sont pas les douleurs, ce ne sont pas les regrets qui rendent insensible au prix de la vie, c'est l'ennui de l'abondance, c'est le dégoût de la satiété. Dépouillée de tous ses vains accessoires, réduite à elle seule, l'existence aura toujours un charme puissant qui, au travers de toutes ses peines, se fera encore sentir à notre cœur. Le malheureux! pendant dix années il a supporté ses maux, et il respire encore! et il tient encore à la vie et à l'espérance! Quel naturel, quelle vérité profonde dans cette peinture! Mais ce qui nous touche le plus, c'est de voir que Philoctète, après avoir été repoussé de la société par un acte d'injustice, y est à peine rentré qu'il est exposé aux atteintes d'un autre vice plus horrible encore, la fausseté. L'inquiétude de le voir privé de son arc, sa seule ressource, serait même trop pénible pour le spectateur, si l'on ne pressentait pas, dès le commencement, que le cœur droit et sincère de Néoptolème ne lui permettra pas de pousser jusqu'au bout le rôle d'imposture qu'on lui a fait jouer contre son gré. Dans sa juste indignation, Philoctète détourne avec horreur ses regards des hommes qui le trompent, et les ramène vers ces compagnons muets de sa vie infortunée, vers ces êtres inanimés, que le besoin invincible d'exhaler ses plaintes a rendus les confidents de sa douleur. Il invoque l'île et sa montagne enflammée, il les prend à témoin de la nouvelle injustice qu'il éprouve, il croit que son arc bien-aimé souffre de lui être arraché! Enfin lorsqu'il abandonne la solitaire Lemnos, il adresse ses adieux mélancoliques à la caverne hospitalière, à la source vive, au rocher battu des vagues, dont la cime dépouillée l'a vu si souvent jeter en vain ses regards vers la mer. Telle est la pente naturelle de l'âme, destinée à toujours aimer.

Lessing et Herder ont tour à tour attaqué et défendu le sentiment de Winkelmann sur la souffrance physique de Philoctète, et sur la manière dont elle est exprimée. Leurs remarques à ce sujet sont belles et frappantes, mais je ne puis m'empêcher de me ranger à l'avis de Winckelmann et de son défenseur Herder, qui soutiennent que Philoctète, ainsi que Laocoon, montre la fermeté d'un héros dont l'âme ne succombe pas à la douleur.

Les *Trachiniennes* me paraissent tellement au dessous des autres pièces de Sophocle, que je voudrais trouver quelque témoignage qui me permît d'avancer qu'on a par erreur attribué à ce poète une tragédie composée de son temps, dans son école, peut-être même par son fils Jophon qu'il avait élevé pour lui succéder. On peut trouver, d'ailleurs, soit dans l'ordonnance générale, soit dans le style de cette pièce, bien des raisons de douter de son authenticité. Plusieurs critiques ont déjà remarqué que le monologue non motivé de Déjanire, au commencement, n'a pas le caractère des prologues de Sophocle ; si les principes qui dominent dans ses pièces sont observés dans celle-ci, ce n'est que d'une manière bien superficielle, et on n'y retrouve point la profondeur de ses sentiments. Cependant, puisque aucun auteur ancien ne met en doute qu'elle soit authentique, et puisque Cicéron cite la plainte d'Hercule comme un morceau tiré des œuvres de Sophocle, il faut se contenter de dire que ce grand poète a été cette fois bien au dessous de lui-même.

Au reste, c'est une question de nature à occuper les critiques les plus exercés, que d'examiner jusqu'à quel point un artiste doit avoir contribué à un ouvrage, pour qu'on puisse le faire passer sous son nom. Les pièces d'Euripide donnent souvent l'occasion de proposer cette difficulté, et l'on sait même que ce poète se faisait beaucoup aider par un subalterne habile nommé Céphisophon. Il y a eu, dans l'art dramatique ainsi que dans la peinture, des époques singulièrement heureuses, où les circonstances extérieures et les rares talents de quelques grands hommes excitaient un tel zèle, qu'il se formait des écoles nombreuses inspirées par le même esprit. Alors les ouvrages des écoliers avec quelques touches du maître, et ceux du maître avec tous leurs accessoires exécutés par les écoliers, passaient pour être de la même main. Cette réunion d'efforts pour une seule gloire, cette sphère active où un génie central met tout en mouvement, est un des phénomènes les plus intéressants qu'offre l'histoire des arts.

CINQUIÈME LEÇON

Euripide. — Ses qualités et ses défauts. — Il a été cause de la décadence de l'art tragique. — Comparaison entre *les Choéphores* d'Eschyle, l'*Électre* de Sophocle et l'*Électre* d'Euripide.

Quand on considère Euripide en lui-même, sans le comparer avec ses prédécesseurs, quand on rassemble ses meilleures pièces et les morceaux admirables répandus dans quelques autres, on peut faire de lui l'éloge le plus pompeux ; mais si, au contraire, on le contemple dans l'ensemble de l'histoire de l'art, si l'on examine, sous le rapport de la moralité, l'effet général de ses tragédies et la tendance des efforts du poëte, on ne peut s'empêcher de le juger avec sévérité, et de le censurer de diverses manières. Il est peu d'écrivains dont on puisse dire, avec vérité, autant de bien et autant de mal. C'est un esprit extraordinairement ingénieux, d'une adresse merveilleuse dans tous les exercices intellectuels ; mais parmi une foule de qualités aimables et brillantes, on ne trouve en lui, ni cette profondeur sérieuse d'une âme élevée, ni cette sagesse harmonieuse et ordonnatrice que nous admirons dans Eschyle et dans Sophocle. Il cherche toujours à plaire sans être difficile sur les moyens. De là vient qu'il est sans cesse inégal à lui-même; il a des passages d'une beauté ravissante, et d'autres fois il tombe dans de vraies trivialités ; mais avec tous ses défauts, il possède la souplesse la plus heureuse et un certain charme séduisant qui ne l'abandonne point.

J'ai cru nécessaire de faire connaître d'avance le jugement que je porte sur Euripide, dans la crainte qu'on ne m'accusât d'être en contradiction avec moi-même, si l'on se souvient d'un petit écrit que j'ai publié en français, et où j'ai cherché à développer les avantages que la *Phèdre* d'Euripide avait à mes yeux sur l'imitation de Racine. Mais je ne m'attachais alors qu'à un objet particulier et à un des meilleurs ouvrages du poète grec; ici je pars d'un point de vue général et de l'idée de la perfection absolue. Je dois donc justifier mon admiration pour la tragédie des anciens, et prouver qu'elle n'est ni aveugle, ni exagérée, en recherchant avec sévérité les premières traces de décadence qui se sont manifestées dans l'art dramatique.

Les efforts qui tendent à faire arriver les arts à leur plus haut degré de perfection ont toujours quelque chose de pénible; tout se dirige vers l'organisation intérieure; rien n'est donné au poli des surfaces, à l'harmonie de couleurs, il n'y a encore dans l'exécution ni grâce, ni aisance. Le moment où de grands succès se préparent est pourtant celui que le philosophe observe avec le plus d'intérêt, et où les arts qui recèlent encore tous leurs développements futurs, ont pour lui la plus grande valeur. Les tableaux composés dans le temps où la peinture commençait à déchoir, plaisent davantage aux yeux des ignorants que ceux qui ont été faits avant l'époque de sa plus grande gloire. Cependant un vrai connaisseur trouvera un mérite bien plus réel dans les ouvrages de Mantegna et du Perugin, que dans ceux de Zucchi et des autres peintres qui donnaient le ton lorsque les grandes écoles du seizième siècle commencèrent à dégénérer, à tomber dans un genre insipide et superficiel. On peut se représenter le point de la perfection dans les arts comme le foyer d'un verre ardent ; à un égal éloignement des deux côtés les rayons lumineux occupent le même espace ; mais avant de se réunir ils tendent à concentrer leurs forces, tandis qu'après s'être croisés ils divergent à perte de vue.

Nous avons encore un motif particulier pour relever avec sévérité les écarts d'Euripide. C'est que notre siècle est attaqué des mêmes maladies morales que celui où ce poète acquit, si ce n'est une très haute estime, du moins une très grande faveur parmi ses contemporains. Nous voyons une foule de pièces de théâtre bien inférieures, pour la forme et le fond, à celles d'Euripide, et qui leur ressemblent seulement en ce point qu'elles amollissent les âmes par des émotions douces et tendres en apparence, mais vraiment corruptrices, et que leur tendance générale est de produire des incrédules en moralité.

Ce que je vais dire à ce sujet n'est point entièrement nouveau. Si les modernes ont le plus souvent préféré Euripide à ses deux prédécesseurs, c'est que le rapport des sentiments et de la manière de voir a pu les séduire, c'est peut-être aussi qu'ils ont été induits en erreur par une sentence d'Aristote mal interprétée. Il est aisé de prouver que les contemporains d'Euripide l'ont souvent jugé comme je le fais; ce mélange de blâme et de louange se trouve même indiqué dans *Anacharsis*, quoique l'auteur s'exprime d'une manière très adoucie, parce qu'il désire toujours présenter les ouvrages des Grecs sous le point de vue le plus favorable.

Sophocle avait bien reconnu ces défauts dans Euripide, et il les a relevés d'une manière quelquefois très mordante, quoique son caractère l'éloignât certainement de toute jalousie d'artiste. On sait qu'il regretta sincèrement son rival, et qu'il exigea que ses acteurs parussent sans couronne, dans la pièce qu'ils devaient représenter peu de temps après sa mort. Je ne crois pas qu'il soit possible d'appliquer à d'autres qu'à Euripide l'accusation que Platon lance aux poètes tragiques, en disant « qu'ils livrent les hommes « à l'empire des passions, et qu'ils les amollissent en « mettant dans la bouche des héros de leurs pièces « des plaintes immodérées. » Ce blâme serait trop évidemment injuste si on le faisait tomber sur Eschyle ou sur Sophocle.

On sait jusqu'à quel point Aristophane s'est attaché à présenter Euripide sous un aspect ridicule, mais ses railleries n'ont pas toujours été bien comprises, ni estimées à leur valeur. Aristote lui-même lui adresse divers reproches pleins de sens, et lorsqu'il le nomme le poète le plus tragique de tous, il n'entend point par là qu'Euripide ait porté l'art de la tragédie à son plus haut degré de perfection, il parle du grand effet de ses catastrophes funestes; et c'est d'autant plus évident, qu'il ajoute aussitôt : *quoiqu'il ne soit pas toujours heureux dans la conduite de ses pièces.* Enfin les anciennes scolies sur ce poète contiennent plusieurs remarques sévères, mais parfaitement justes, à l'occasion de quelques passages isolés, et il est probable qu'elles sont dues en grande partie à ces savants d'Alexandrie, profondément versés dans la théorie des beaux-arts, et parmi lesquels Aristarque a mérité, par sa grande sagacité, que son nom servît à désigner un excellent critique.

Nous ne trouvons plus dans Euripide l'essence pure et sans mélange de la tragédie, et les traits qui la caractérisent sont déjà en partie effacés. On se souvient que nous avons fait consister ces traits dans l'idée dominante du destin, dans la composition idéale et dans l'esprit du rôle qu'on donnait au chœur.

Euripide avait appris de ses devanciers à faire de l'influence de la destinée le ressort principal de ses tragédies, et il exige, selon l'usage établi, qu'on ait une grande foi aux oracles. Cependant le destin n'est plus, dans sa poésie, l'âme invisible de toute la fiction, l'idée fondamentale du système tragique. Nous avons vu que cette même idée pouvait être saisie sous un aspect plus ou moins sévère, et que, dans l'ensemble d'une trilogie, la terrible puissance du sort finissait quelquefois par se montrer sous les traits d'une providence sage et bienfaisante; mais Euripide l'a forcée à descendre de la région de l'infini, et l'inexorable destinée dégénère bien souvent chez lui en caprice du hasard. Dès lors la fatalité cesse d'atteindre le grand but de la tragédie, et de relever, par un contraste frappant, la liberté morale de l'homme. Il n'y a qu'un bien petit nombre de pièces d'Euripide où l'on voie la vertu, aux prises avec le sort, vaincre ou succomber avec gloire; les héros de ses tragédies sont exposés à la douleur; mais ce n'est point volontairement qu'ils l'endurent.

Nous avons vu que Sophocle, à l'exemple des artistes imitateurs des formes, subordonnait la passion au caractère et le caractère à l'élévation idéale; c'est absolument l'inverse chez Euripide. La pathétique est pour lui l'essentiel, il s'occupe ensuite de la peinture des caractères, et s'il reste quelque chose à faire, il cherche parfois à répandre sur sa fiction de la dignité et de la grandeur, mais, plus souvent encore, de la naïveté et de la grâce. On sait que si tous les personnages des tragédies étaient également parfaits, les obstacles nécessaires au nœud de l'intrigue ne sauraient exister; toutefois Euripide, selon Aristote, a souvent dépeint sans nécessité des caractères vicieux, et tel est, par exemple, celui de Ménélas dans *Oreste*. La croyance populaire avait consacré les grands crimes des héros de la fable; mais pourquoi Euripide leur attribue-t-il, de son plein gré, de petits traits de méchanceté et de bassesse inutiles? Il n'a point à cœur de donner à la race des demi-dieux des proportions surnaturelles; il s'occuperait plutôt à combler l'intervalle qui sépare les temps fabuleux d'une époque plus moderne. Il introduit dans le monde réel les divinités et les héros, il nous familiarise avec les grands personnages de la fable, et n'évite point de nous les laisser voir de près, dans ce genre de négligé qui nuit à toute espèce de dignité. J'ai loué Sophocle d'avoir ramené les prodiges mythologiques dans la sphère de l'humanité, mais je ne puis approuver Euripide de les avoir fait entrer dans l'étroite enceinte de l'imperfection individuelle.

C'est là ce que Sophocle lui-même voulait indiquer lorsqu'il disait : « J'ai peint les hommes tels qu'ils de-« vraient être, et Euripide les peint tels qu'ils sont. » Il ne prétendait assurément pas avoir présenté de parfaits modèles de moralité; mais il avait en vue l'élévation idéale, ou la dignité des caractères et des mœurs. Il semble en effet qu'Euripide prenne à tâche de dire sans cesse à ses auditeurs : « Voyez, ces êtres « fameux étaient des hommes, leurs faiblesses étaient « semblables aux vôtres, ils agissaient par les mêmes « motifs que vous. » C'est ainsi qu'il se plaît à dévoiler les défauts et les vices des hommes, et qu'il les leur fait même découvrir par des aveux naïfs et volontaires. Non seulement ses personnages montrent souvent des sentiments vulgaires, mais ils vont jusqu'à les étaler avec une sorte de jactance.

Dans les tragédies d'Euripide, le chœur n'est plus souvent qu'un ornement extérieur; ses chants, qui d'ailleurs ne prennent point un essor très élevé et paraissent plutôt brillants que véritablement inspirés, sont tout à fait épisodiques et sans rapport avec l'action. C'est ce qu'a relevé Aristote (1), lorsqu'il a dit : « Il faut que le chœur soit employé pour un ac-« teur et qu'il soit partie du tout, non comme chez « Euripide, mais comme chez Sophocle. »

---

(1) Poétique d'Aristote, traduite par le Batteux. (*Note du traducteur.*)

Les anciens auteurs comiques jouissaient du privilége de faire quelquefois parler le chœur, en leur propre nom, à l'assemblée : c'est ce qui s'appelait une *parabase*. Cette licence dramatique, comme je le montrerai dans la suite, pouvait être conforme à l'esprit de l'ancienne comédie grecque, mais elle n'était point admise dans la tragédie. Néanmoins Euripide, d'après le témoignage de Julius Pollux, en a souvent fait usage dans ses pièces, et s'est même tellement oublié à cet égard, que le chœur des *Danaïdes*, tout composé de femmes, emploie les désinences en usage pour le genre masculin.

C'est ainsi que ce poète a, pour ainsi dire, anéanti l'essence la plus intime de la tragédie, et que, dans la forme extérieure, il en a souvent altéré les belles proportions. Il ne sait point faire à l'harmonie générale le sacrifice de quelques morceaux brillants, et ces morceaux eux-mêmes doivent plutôt leur éclat à des ornements étrangers qu'à de véritables beautés poétiques.

Euripide adopta, dans l'accompagnement de la musique, toutes les nouveautés que Timothée avait inventées, et choisit les modes les plus assortis à la mollesse de sa poésie. Le mécanisme de ses vers a le même caractère ; ils sont construits librement et presque sans règle ; une espèce d'abandon, de faiblesse voluptueuse s'offrirait à un examen attentif, jusque dans le rhythme de ses chœurs.

Ce qu'Euripide prodigue à l'excès, ce sont les ressources de cette séduction purement extérieure, que Winckelmann appelle l'art de flatter les sens. Il emploie tout ce qui n'a point de valeur réelle pour le sentiment ou la pensée, mais qui frappe, étourdit ou agite vivement le spectateur. Il cherche l'effet à un degré et par des moyens que l'on ne doit pas permettre au poète dramatique. Il ne laisse jamais, par exemple, échapper l'occasion de causer un effroi subit et mal fondé à ses personnages. Les vieillards se lamentent sans cesse sur la caducité de l'âge : on les voyait monter, en haletant et avec des genoux mal affermis, la pente qui conduisait de l'orchestre au théâtre et qui représentait quelquefois le penchant d'une montagne. Le poète sacrific au désir d'émouvoir, non seulement la convenance, mais l'enchaînement nécessaire à l'ensemble d'une pièce. Ses peintures du malheur sont fortes et saisissantes ; toutefois c'est rarement pour les douleurs de l'âme, et surtout pour les douleurs contenues, ou courageusement supportées, qu'il veut exciter la pitié ; c'est pour la souffrance corporelle et vivement exprimée. Ses héros sont réduits à la mendicité ; ils souffrent de la faim et de la misère ; ils se montrent sur la scène couverts de haillons, et c'est ce dont Aristophane se moque avec bien de la gaîté dans sa comédie des *Acharniens*.

Euripide avait suivi les écoles des philosophes ; il était disciple d'Anaxagore, et non de Socrate, avec qui cependant il avait quelques relations. Il met, en conséquence, de la vanité à faire constamment allusion à toutes sortes de thèses de philosophie, et cela sans beaucoup d'adresse. La simple croyance religieuse du peuple lui eût paru trop vulgaire. Il cherche, autant que possible, à faire envisager les dieux sous un aspect allégorique, et à jeter ainsi du doute sur ses propres opinions. On peut distinguer deux être en lui : l'un est le poète dont les productions étaient consacrées à une solennité religieuse, et qui, se mettant sous la protection des dieux, devait les honorer lui-même ; l'autre est le sophiste à grandes prétentions, qui laisse percer une manière de penser philosophique et des objections d'esprit fort, sous le voile des traditions merveilleuses auxquelles il doit les sujets de ses tragédies. On voit aussi qu'il veut faire sa cour à ses contemporains, en transportant dans les siècles héroïques les usages populaires plus modernes, pour peu qu'ils puissent s'y prêter. Tout en ébranlant les fondements de la religion, il joue sans cesse le moraliste ; il sème partout des maximes sévères, des apophthegmes usés et dont le sens n'est pas même toujours juste. Avec cette grande parade de moralité, l'intention de ses pièces et l'effet général qu'elles produisent sont loin d'être à l'abri de tout reproche. Il existe à ce sujet une anecdote assez gaie. On prétend que dans sa tragédie de *Bellérophon*, ce héros, en faisant l'éloge de la richesse, la mettait au dessus de toutes les joies domestiques, et finissait par dire que si Aphrodite (qui portait le surnom de dorée) brillait comme l'or, elle méritait bien en effet l'amour des mortels ; qu'alors il s'était élevé un grand cri dans l'assemblée, et qu'on allait se mettre en devoir de lapider l'acteur et le poète, lorsque Euripide s'était élancé sur le devant de la scène, en criant aux spectateurs : « Attendez, attendez seulement ; il « le paiera bien à la fin. » Il se justifia de même des discours horribles et blasphématoires qu'il faisait tenir à Ixion, et promit qu'il ne laisserait pas finir la pièce sans attacher cet impie à la roue.

Un pareil recours à cette justice tragique, par laquelle on croit réparer tout le mal qu'on a fait dans le cours d'une pièce, est assurément une bien mauvaise excuse; mais cette excuse même ne peut pas toujours être alléguée en faveur d'Euripide : dans ses tragédies, les méchants échappent très souvent à tous les dangers, les mensonges et d'autres mauvaises actions sont fréquemment justifiées, surtout quand on peut les attribuer à de bons motifs. Aussi ce poète s'est-il rendu familiers les sophismes des passions, au moyen desquels on réussit à donner une belle apparence à toutes choses. On a souvent cité ce vers d'Euripide où la réserve mentale des jésuites paraît avoir été déjà exprimée :

La bouche a juré, mais l'âme ne s'est point engagée.

On pourrait dire avec raison que ce mot, sur lequel Aristophane a fait tant de plaisanteries, peut se justifier à la place où il se trouve; mais la forme sentencieuse en est toujours blâmable, puisqu'elle donne lieu à de fâcheuses applications. César répétait souvent cet autre vers du même poète :

Il vaut la peine de commettre une injustice pour parvenir à l'empire, mais d'ailleurs on doit être juste.

Celui qui citait une pareille maxime prouvait assez lui-même combien elle pouvait être dangereuse.

Les anciens ont déjà reproché à Euripide d'avoir manifesté dans ses pièces des principes très relâchés sous le rapport de l'amour. Il est révoltant au dernier point d'entendre Hécube exciter Agamemnon à punir Polymestor, en lui rappelant les plaisirs qu'il a goûtés avec Cassandre depuis que les lois de la guerre l'ont faite son esclave, et implorer la vengeance du meurtre de son fils au nom de l'avilissement de sa fille. Euripide a pris l'amour forcené de Médée et l'amour incestueux de Phèdre pour sujets de deux de ses pièces, dans un temps où cette passion, moins ennoblie que de nos jours par des sentiments délicats, n'était jamais l'objet principal de la tragédie; et c'est pour faire paraître les femmes sous un jour aussi odieux qu'il leur donne le premier un rôle important sur la scène. Au reste, on n'ignore pas qu'il les haïssait; ses pièces sont remplies d'épigrammes sur leur faiblesse, et il ne cesse de relever la supériorité des hommes, auxquels sans doute il avait plus d'intérêt de plaire, parce qu'ils composaient la majeure partie de son auditoire. On a supposé que ses relations domestiques et l'ensemble de ses mœurs avaient influé sur l'opinion qu'il s'était formée des femmes. Quoi qu'il en soit, il est aisé de reconnaître à la manière dont il les dépeint, qu'il était vivement sensible à leur attrait, et même aux charmes plus nobles qu'elles doivent souvent à l'élévation de l'âme, mais qu'il n'éprouvait pour elles aucune estime solide et réfléchie.

Nous avons vu que les Grecs accordaient aux poètes le privilége de traiter avec liberté les sujets de la mythologie. Chez Euripide cette liberté dégénère souvent en licence. Les fables d'Hyginus, qui s'écartent si fort des traditions ordinaires, sont en partie des extraits de ses pièces. Comme il bouleverse toutes les idées reçues, il est obligé d'annoncer par un prologue la manière dont il a disposé des personnages de la fable, et du sort qu'il leur destine.

Au sujet des prologues de ce poète, Lessing avance, dans sa *Dramaturgie*, une opinion fort extraordinaire. Il fallait, dit-il, qu'Euripide eût fait faire des progrès à l'art dramatique, puisqu'il pouvait se reposer sur la force des situations sans avoir besoin d'exciter la curiosité. Mais je ne vois pas pourquoi l'intérêt excité par l'incertitude de l'événement, ne serait pas au nombre des impressions que doit produire une fiction dramatique. On objecte, il est vrai, que le plaisir fondé sur la curiosité ne peut être senti qu'une fois. Mais on sait assez que lorsque l'effet de la représentation est aussi puissant qu'il doit l'être, l'esprit du spectateur se fixe sur ce qui arrive à l'instant même, au point d'en oublier l'issue, et d'éprouver de nouveau toute l'inquiétude de l'attente. C'est faire retomber l'art dans son enfance que d'introduire un personnage qui dit : « Je suis un tel : voilà ce qui est ar-« rivé, voici ce qui arrivera. » Ce début rappelle les rubans déroulés qui sortaient de la bouche des figures dans les anciens tableaux. Mais la grande simplicité du style de la peinture justifiait cet usage gothique, tandis que les raffinements du langage d'Euripide ne peuvent s'accorder qu'avec les formes moins grossières d'un art déjà perfectionné.

Les prologues ainsi que les dénoûments des tragédies de ce poète sont abondamment pourvus d'apparitions de divinités insignifiantes, souvent même inutiles, et dont toute l'élévation au dessus des mortels est due à la machine qui les fait planer sur leurs têtes.

C'est avec beaucoup d'exagération qu'Euripide a suivi la manière des tragiques plus anciens, qui disposaient leur sujet en grandes masses, et séparaient l'action et le repos par des sections bien tranchées. Avant lui, d'autres avaient déjà fait usage de ces demandes et de ces réponses par vers alternatifs, lesquels, lancés des deux côtés comme des flèches, donnent une grande vivacité au dialogue. Mais ces conversations toutes en saillies sont souvent prolongées, chez ce poète, d'une manière immodérée et tellement arbitraire qu'on pourrait souvent en retrancher la moitié. Il se jette, d'un autre côté, dans de longs discours oratoires ou pathétiques qui n'ont d'autre but que de faire briller son style. Il établit de véritables plaidoyers, où il y a un juge et des parties, où l'on met en usage toutes les ressources des avocats, leurs formules ordinaires, leurs amplifications, leurs finesses, leurs subterfuges. Il cherchait sûrement à divertir les Athéniens en leur montrant l'image des procès, leur occupation favorite. Aussi Quintilien recommande-t-il l'étude d'Euripide aux jeunes orateurs, en leur disant, ce qui est incontestable, qu'elle les instruira mieux que celles des poètes tragiques plus anciens. Cette recommandation n'est pas un éloge. L'éloquence peut, il est vrai, trouver sa place dans un drame, lorsque la situation et les sentiments des personnages les portent naturellement à parler avec suite et avec chaleur; mais si la rhétorique vient supplanter l'expression immédiate des mouvements de l'âme, c'en est fait de la poésie.

La diction d'Euripide est, en général, trop lâchée; on y trouve sans doute des images très heureuses et des tournures charmantes, mais elle n'a point la dignité et l'énergie du style d'Eschyle, ni la grâce pure de celui de Sophocle. Il recherche quelquefois, dans ses expressions, le bizarre et le merveilleux, et tombe d'autres fois dans le commun; le ton des personnages est souvent très familier, et ils laissent là leur cothurne pour marcher tout simplement sur la terre : en cela, ainsi que dans la peinture exagérée de quelques traits de caractères particuliers (tels que la conduite inconvenante de Penthée en habit de femme, et la voracité d'Hercule chez Admète), Euripide se présente comme l'avant-coureur de la nouvelle comédie. Il avait un penchant marqué pour ce genre, et on le voit s'en rapprocher lorsqu'il peint les mœurs contemporaines en feignant de représenter celles des siècles héroïques. C'est ce qui fait que Ménandre reconnaît en lui son maître, et affiche pour lui la plus grande admiration. On a un fragment d'une pièce de Philémon, où il manifeste un enthousiasme si extravagant pour Euripide, qu'on serait tenté d'y voir de la plaisanterie : « Si j'étais sûr que les morts, » fait-il dire à un de ses personnages, « eussent encore du « sentiment, ainsi que certains gens le prétendent, « j'irais me pendre aussitôt afin de voir Euripide. » Cette vénération des auteurs comiques plus modernes forme un contraste bien frappant avec les sentiments d'Aristophane, qui était son contemporain; il le poursuit sans relâche, impitoyablement, et semble avoir pris à tâche de ne laisser impunie aucune de ses fautes contre le goût ou la moralité.

Quoique Aristophane, en qualité d'auteur comique, envisage toujours les poëtes tragiques sous le rapport de la parodie, il n'attaque Sophocle nulle part, et lorsqu'il saisit le côté par lequel Eschyle peut prêter à la plaisanterie, son respect pour lui est cependant visible. Il ne cesse d'opposer la grandeur gigantesque du plus ancien poète à la minutieuse recherche de son successeur; il relève avec une raison victorieuse et un esprit intarissable la subtilité sophistique d'Euripide, ses prétentions oratoires et philosophiques, sa morale relâchée, ses moyens matériels d'émouvoir. La plupart des critiques modernes ont regardé les pièces d'Aristophane comme un amas de bouffonneries exagérées et calomnieuses; ils n'ont pas reconnu les vérités, déguisées sous le voile de la plaisanterie, et ils ont donné peu de poids au jugement de cet auteur.

Toutes ces remarques ne doivent cependant pas nous faire oublier qu'Euripide appartenait au plus beau siècle de la Grèce, qu'il était contemporain de plusieurs de ces philosophes, de ces hommes d'État, de ces artistes qui ont répandu un si prodigieux éclat sur leur patrie. S'il paraît au dessous de ses prédécesseurs, il se relève par la comparaison avec un grand nombre de modernes. Il a une force particulière dans l'expression du malheur, il excelle dans la peinture d'une âme malade, égarée, abandonnée jusqu'au délire à l'empire des passions; il est admirable quand un sujet, qui exclut tout but plus relevé, l'entraîne au pathétique, et surtout lorsque le pathétique même exige la beauté morale; presque toutes ses pièces offrent des morceaux ravissants. Enfin, je n'ai point prétendu lui disputer un talent extraordinaire, mais j'ai seulement voulu dire que, chez Euripide, les qualités de l'âme, la sévérité des principes moraux et la sainteté des sentiments religieux, ne marchaient pas d'accord avec les brillantes facultés de l'esprit.

On jugera plus facilement du mérite respectif des poètes dont nous venons de nous occuper, si l'on compare ensemble trois pièces, qu'heureusement nous possédons encore, et qu'ils ont tous les trois composées sur le même sujet : la punition de Clytemnestre par Oreste.

La scène des *Choéphores* d'Eschyle se passe devant le palais des Atrides, et le tombeau d'Agamemnon est placé sur le théâtre. Oreste s'avance avec Pylade, son ami fidèle, et ses paroles, dont par malheur les premières manquent, sont une prière à Mercure et une invocation aux mânes de son père. Il s'engage solennellement à la vengeance, et dépose une boucle de cheveux sur le tombeau. On voit alors sortir du palais une procession de femmes en habits de deuil, et comme Oreste croit reconnaître sa sœur parmi elles, il se recule avec Pylade pour tout observer en silence. Le chœur est composé de Troyennes captives qui annoncent, par leurs chants plaintifs, le motif du sacrifice dont elles sont chargées, et le songe terrible que les dieux ont envoyé à Clytemnestre. Elles expriment leurs sombres pressentiments sur l'avenir et sur la vengeance qui s'approche, et déplorent le malheur de vivre dans un esclavage aussi honteux. Électre leur demande si elles lui conseillent d'accomplir l'ordre de sa coupable mère, ou de répandre l'offrande en silence; d'après la réponse du chœur, elle adresse une prière à Mercure souterrain et à l'âme de son père ; elle les prie de jeter sur elle un regard de pitié, de sauver Oreste, et de permettre qu'il reparaisse en vengeur. Pendant qu'on verse les libations, et qu'elle déplore avec le chœur la mort d'Agamemnon, une boucle de cheveux de la même couleur que les siens, s'offre tout à coup à ses regards ; elle aperçoit des vestiges de pieds, dont la ressemblance la frappe ; l'idée que son frère s'est approché du tombeau se présente aussitôt à son esprit, et dans le moment de vive émotion que cette espérance lui donne, Oreste s'avance et se fait reconnaître. Il dissipe tous ses doutes en lui montrant un vêtement tissu par elle-même, qu'il a conservé jusqu'à ce jour. Le frère et la sœur se livrent aux transports de la plus vive joie. Oreste adresse une prière à Jupiter ; il raconte comment Apollon lui a ordonné de tirer vengeance des meurtriers de son père, par les moyens qu'eux-mêmes avaient employés, c'est à dire par la ruse, et il ajoute que le dieu l'avait menacé de la persécution des furies, destinées à venger les mânes offensés des pères, s'il osait lui désobéir. On entend alors les chants d'Électre et ceux du chœur. Ce sont des prières à l'âme du mort ainsi qu'aux divinités infernales, et l'exposé de tous les motifs de vengeance, particulièrement du plus puissant de tous, l'horrible meurtre d'Agamemnon. Oreste s'informe de la vision qui a pu engager Clytemnestre à ordonner un sacrifice, et lorsqu'il apprend qu'elle s'est vue en songe donnant le sein à un serpent qui en tirait du sang au lieu de lait, il s'écrie qu'il veut être ce serpent, et développe le projet qu'il a formé de s'introduire dans le palais déguisé en étranger pour surprendre les deux complices du crime. Après ces paroles, il s'éloigne avec Pylade pour accomplir son dessein. Le chœur déplore l'audace effrénée des humains, surtout celle des femmes dans leurs passions illégitimes, et il montre, d'après les effroyables exemples de la fable, comment la justice des dieux finit toujours par atteindre les coupables. Oreste, sous l'habit d'un étranger, revient avec Pylade et demande à être conduit dans le palais. Dans cet instant, il rencontre Clytemnestre qui en sort; il lui apprend la mort de son fils, Électre éclate en feintes lamentations, et l'étranger est invité à entrer. Après une courte prière du chœur, on voit venir la nourrice d'Oreste qui répand des larmes sur sa mort. Le chœur cherche à lui rendre quelques espérances, et lui conseille d'engager Égisthe, que la reine avait envoyé chercher, à venir seul plutôt qu'accompagné de ses gardes. Lorsque le moment du danger approche, le chœur demande à Jupiter et à Mercure de favoriser la vengeance. Égisthe arrive en parlant avec le messager que lui ont envoyé les étrangers. Il ne peut pas se persuader entièrement de l'heureuse nouvelle de la mort d'Oreste, et, pour achever de s'en convaincre, il se hâte d'entrer dans le palais. Après une courte prière du chœur, on entend des cris partant du fond du théâtre, un serviteur s'avance précipitamment et court vers la porte de l'habitation des femmes, afin d'avertir Clytemnestre; elle l'entend, s'approche, demande une hache pour se défendre, mais à l'instant où elle voit son fils s'élancer vers elle avec une épée sanglante, le courage lui manque, et elle présente à

Oreste, de la manière la plus pathétique, son sein maternel. Saisi d'émotion, il se tourne vers Pylade qui l'exhorte en peu de mots, par les motifs les plus puissants, à accomplir son projet de vengeance. Après quelques paroles rapides d'invectives et de justifications, Oreste poursuit sa mère dans le palais où il veut l'immoler auprès du corps de l'indigne Égisthe. Un chant lugubre et solennel du chœur célèbre la juste expiation qui vient de s'accomplir : tout à coup s'ouvre la grande porte au milieu du théâtre, et l'on aperçoit les corps des deux coupables étendus sur un lit. Oreste fait deployer par un serviteur l'ample vêtement dans lequel on avait enveloppé son père pour l'égorger. Le chœur reconnaît les traces du sang d'Agamemnon, et cette vue ranime ses regrets et son indignation. Oreste, dont le trouble augmente et qui sent que son esprit commence à s'égarer, profite du peu de moments qui lui restent pour justifier l'action qu'il vient de commettre. Il annonce qu'il va demander à Delphes la purification du sang qu'il a répandu et, déjà poursuivi par les furies vengeresses du parricide, il se précipite hors du théâtre. Le chœur, qui n'a point vu ces divinités, croit qu'elles ne sont présentes que dans l'imagination d'Oreste. Il finit par de tristes réflexions sur le sort des Atrides, et sur les scènes sanglantes qui, depuis l'horrible festin de Thyeste, se sont trois fois renouvelées dans leur palais.

L'action de l'*Électre* de Sophocle se passe également devant le palais des rois de Mycène, mais on ne voit point le tombeau d'Agamemnon. Au premier rayon du matin, Oreste arrive avec Pylade, et suivi du vieillard qui, après l'avoir sauvé, le jour du meurtre de son père, l'a toujours accompagné depuis et lui sert de guide dans sa ville natale. Oreste reçoit de ce vieillard quelques instructions nouvelles, et lui confie l'ordre qu'il a reçu d'Apollon, ainsi que la manière dont il songe à l'exécuter. Il adresse une prière aux dieux protecteurs de sa patrie et de la maison de ses pères. On entend les gémissements d'Électre dans l'intérieur du palais. Oreste voudrait se faire connaître à elle, mais le vieillard l'emmène pour offrir un sacrifice sur le tombeau d'Agamemnon. Électre s'avance, elle exhale ses regrets en invoquant le ciel, et son désir impatient de vengeance en s'adressant aux divinités infernales. Le chœur, composé de jeunes filles de Mycène, vient pour la consoler, ce qui amène une succession de chants et de discours alternatifs, dans lesquels Électre répond aux exhortations de ses compagnes, en s'abandonnant à l'expression de sa douleur. Elle déplore la honte de son oppression, la perte de ses espérances que les délais d'Oreste, tant de fois appelé en vain à son secours, ont fini par éteindre entièrement, et elle paraît n'écouter qu'à peine les conseils du chœur qui cherche à relever son courage. Chrysothémis, sa jeune sœur, fille préférée de Clytemnestre à cause de son naturel plus doux, arrive avec une de ces offrandes qu'on portait aux morts, pour la déposer sur le tombeau de son père. Une altercation sur la différence de leurs sentiments s'élève bientôt entre les deux sœurs. Chrysothémis annonce à Électre qu'Égisthe, qui est absent dans ce moment, a pris à son égard les résolutions les plus cruelles, à quoi celle-ci ne répond qu'en bravant le courroux du tyran. Chrysothémis apprend encore à sa sœur que Clytemnestre a vu en songe Agamemnon revenu à la vie, qu'il avait planté son sceptre dans la terre, et que ce sceptre était devenu un arbre immense dont les rameaux ombrageaient tout le pays de Mycène; elle ajoute que, dans l'effroi de ce songe, Clytemnestre lui a ordonné de porter une offrande aux mânes d'Agamemnon. Électre conseille à Chrysothémis de ne pas souiller le tombeau par ces libations sacriléges, mais d'invoquer leur père pour elle-même, pour le reste de la famille, surtout pour Oreste qui doit les venger; elle lui donne sa ceinture et une boucle de ses cheveux, comme des offrandes plus dignes d'être déposées sur le tombeau. Chrysothémis la quitte en lui promettant de se joindre à elle. Le chœur tire du songe de Clytemnestre le présage assuré que le jour de la justice approche, et il attribue tous les malheurs des descendants de Pélops au premier crime de leur aïeul. Clytemnestre arrive dans ce moment; elle adresse des reproches à sa fille, cependant avec plus de douceur qu'à l'ordinaire, peut-être par un effet de la crainte que lui a inspirée sa vision nocturne; mais lorsqu'elle veut chercher à justifier son crime, Électre ne peut contenir son indignation, et il en résulte une scène vive, mais qui pourtant ne va pas jusqu'à la violence. Clytemnestre s'approche ensuite de l'autel placé devant le palais, pour adresser sa prière à Apollon; elle demande à ce dieu de la santé, une longue vie et, à voix basse, la perte de son fils. Le vieillard, gardien d'Oreste, s'avance alors, et, se donnant pour un messager qui vient de la Phocide, il annonce avec tous les détails possibles la mort d'Oreste, arrivée dans les jeux pythiques, anachronisme susceptible de justification. Clytemnestre, qui a éprouvé dans le premier instant un léger mouvement d'émotion maternelle, peut à peine cacher sa joie insultante, et invite le messager à entrer dans le palais. La malheureuse Électre, que les paroles du vieillard ont plongée dans la douleur, se répand en plaintes touchantes, tandis que le chœur cherche en vain à la consoler. Au milieu de cette scène de désolation, la jeune Chrysothémis accourt avec un transport de joie; elle a trouvé sur le tombeau d'Agamemnon une boucle de cheveux, des libations et des guirlandes nouvelles : elle ne doute pas qu'Oreste ne soit de retour. Ces paroles ne portent aucun espoir dans l'âme d'Électre, et semblent même rendre plus amer le sentiment de son malheur; elle apprend à sa sœur qu'on vient de recevoir la certitude de la mort d'Oreste, et l'exhorte, puisqu'il ne leur reste aucune espérance, à partager son audace et à se concerter avec elle pour donner la mort au tyran. La timide Chrysothémis ne voit que de la folie dans cette proposition; elle quitte sa sœur après une dispute violente, et le chœur exprime sa pitié pour Électre abandonnée. Oreste entre alors avec Pylade, et suivi de quelques serviteurs qui portent l'urne, où il veut faire supposer que ses propres cendres sont renfermées. Électre lui demande les cendres de son frère avec les instances les plus vives, et Oreste attendri ne peut plus se contenir. Après quelques paroles préparatoires, il se fait connaître à sa sœur en lui montrant l'anneau de leur père, comme garant de sa sincérité. Les vifs transports de leur joie éclatent dans leurs chants, jusqu'à ce que le vieillard vienne les séparer, en blâmant leur imprudence. Électre reconnaît en lui ce serviteur fidèle à qui elle a confié l'enfance de son frère, et lui exprime sa reconnaissance. D'après les conseils du vieillard, Oreste et Pylade se rendent promptement dans le palais pour surprendre Clytemnestre avant le retour d'Égisthe. Électre les accompagne en adressant ses vœux à Apollon. Le chant du chœur annonce le moment de l'expiation. On entend dans le palais les cris de Clytemnestre effrayée, puis ses prières à son fils, et enfin ses gémissements lorsqu'elle reçoit le coup mortel. Électre excite du dehors son frère à la vengeance; il reparaît bientôt les mains ensanglantées, mais le chœur l'engage, en voyant de loin arriver Égisthe, à rentrer promptement dans le palais pour attaquer le tyran au moment où il franchira le seuil. Égisthe s'informe des détails de la mort d'Oreste, et s'imagine, d'après les discours ambigus d'Électre, qu'on a porté son corps dans l'intérieur des appartements. Il ordonne qu'on ouvre les portes du palais, pour que le peuple, auquel son joug était à charge, perde toute espérance de voir régner un jour le fils d'Agamemnon. Le fond de la scène qui s'ouvre aussitôt laisse voir un corps étendu sur un lit, et recouvert d'une draperie. Oreste est debout à côté, il engage Égisthe à soulever le voile; le tyran, saisi d'horreur à l'aspect imprévu du corps sanglant de Clytemnestre, comprend quel est le sort qui se prépare pour lui; il voudrait parler, mais Électre s'y oppose, et Oreste le force à rentrer dans le palais, parce qu'il veut lui ôter la vie à la place même où le traître avait massacré son père.

Le lieu de la scène, dans l'*Électre* d'Euripide, n'est pas à Mycène, mais sur les confins du territoire d'Argos, au milieu de la campagne, et devant une chaumière misérable et solitaire. On voit sortir de cette chaumière le vieux paysan qui l'habite. Il se met à raconter aux spectateurs ce qui se passe dans la maison du roi ; c'est une espèce de prologue, où le poète rappelle la tradition reçue, et y ajoute le récit des événements sur lesquels il fonde sa pièce. On apprend donc de ce paysan qu'Électre a été traitée de la manière la plus indigne, et qu'au lieu de la marier convenablement, comme on le devait, on l'a forcée à prendre un époux au dessous d'elle, et que c'est lui-même qui est cet époux. Les motifs de cette conduite envers Électre, tels qu'il les allègue, sont fort singuliers. Il assure cependant qu'il respecte beaucoup trop cette princesse pour la regarder comme sa femme, et qu'ils vivent ensemble unis par des liens fraternels. Le jour n'est point encore levé lorsqu'on voit arriver Électre. Elle porte sur sa tête, rasée à la manière des esclaves, une cruche dans laquelle elle va chercher de l'eau. Son mari la conjure de ne pas se fatiguer par un travail si nouveau pour elle ; mais Électre répond que rien ne l'empêchera de remplir les devoirs d'une maîtresse de maison économe, et tous les deux s'en vont, lui aux champs, elle à ses affaires. Oreste s'avance alors avec Pylade à qui il confie qu'il a déjà fait un sacrifice sur le tombeau de son père, mais qu'il n'ose pas se hasarder à entrer dans la ville sans avoir auparavant cherché à découvrir l'habitation de sa sœur dont il sait le mariage, parce qu'il veut apprendre d'elle la situation des choses. Il voit de loin venir Électre avec sa cruche sur sa tête, et se retire à la hâte vers le fond du théâtre. Électre entonne un chant mélancolique sur sa propre destinée et sur celle de son père. Le chœur, composé de jeunes filles de la campagne, arrive dans ce moment et l'exhorte à se trouver à la fête de Junon. Électre s'y refuse en montrant ses habits déchirés, et ne se rend pas même aux prières de ces jeunes paysannes qui s'offrent à lui prêter des parures de fête. Elle aperçoit alors Oreste et Pylade cachés dans un coin et, comme elle les prend pour des voleurs, elle veut s'enfuir dans la maison. Oreste cherche à la retenir et elle suppose en conséquence qu'il veut la tuer. Lorsqu'enfin il est parvenu à la rassurer, il lui apprend que le frère qu'elle regrette est encore en vie, et s'informe de sa position, ce qui sert à ranimer dans l'esprit du spectateur toutes les idées qui doivent l'occuper. Oreste ne se fait point connaître à Électre, mais il se charge d'exécuter les commissions qu'elle pourra lui donner pour son frère. Les jeunes filles, dont la curiosité est excitée par cette conversation, veulent apprendre ce qui se passe à Mycène; Électre leur dépeint sa propre misère, ainsi que le luxe orgueilleux et la vie joyeuse de sa mère et d'Égisthe, qui insultent aux mânes et au tombeau d'Agamemnon. Le paysan revient du travail, et trouve assez inconvenant que sa femme s'entretienne familièrement avec de jeunes étrangers; mais apprenant qu'ils lui apportent des nouvelles d'Oreste, il les invite à entrer dans sa maison. Oreste, à l'aspect de ce brave homme, fait des réflexions sur le mérite qui se cache souvent sous les habits de l'indigence et dans les conditions les plus obscures. Électre reproche à son mari d'avoir invité des hôtes, tandis qu'il sait qu'on n'a rien à leur offrir; il répond que les étrangers se contenteront de ce qu'elle saura leur préparer, et que ses minces provisions peuvent cependant fournir aux repas d'une journée. Néanmoins Électre, toujours confuse de sa pauvreté, l'envoie dans le voisinage, chez le vieux gouverneur qui a conservé les jours d'Oreste, afin de l'engager à leur apporter quelque chose qu'elle ose présenter aux étrangers. Le paysan part, en débitant des sentences sur la richesse et sur la modération. Le chœur entonne à perte d'haleine des chants sur la marche des Grecs au siége de Troie; il décrit tous les ornements du bouclier que Thétis avait donné à son fils Achille, et finit par former des vœux pour que Clytemnestre porte la peine de son crime.

Le vieux gouverneur, qui monte avec bien de la peine jusqu'à la maison, apporte à Électre un agneau, des fromages, et une outre pleine de vin. Il se met bientôt à pleurer, et ne manque pas de s'essuyer les yeux avec ses habits en lambeaux. En réponse aux questions que lui adresse Électre, il lui dit qu'on a trouvé sur le tombeau d'Agamemnon les traces d'un sacrifice récent ainsi qu'une boucle de cheveux, et qu'il présume de là qu'Oreste y a porté ces offrandes. Suit un long dialogue entre Électre et le vieillard, morceau qui n'a d'autre but que de tourner en ridicule les moyens dont Eschyle se sert pour amener la reconnaissance entre le frère et la sœur. Cependant ces moyens n'ont rien qui soit absurde, et d'ailleurs l'esprit ne s'arrête pas à ce genre d'invraisemblance; mais la chose du monde la plus contraire au véritable esprit de la poésie, la plus destructive de tout intérêt dramatique, c'est de détourner la pensée de l'objet qui l'occupe, pour la forcer à se diriger sur la manière dont il a été présenté par un autre.

Les hôtes d'Électre sortent de sa maison, et le vieillard, après avoir considéré attentivement Oreste, le reconnaît et le fait reconnaître à sa sœur par une cicatrice au sourcil que lui avait laissée une chute; car c'est là l'invention merveilleuse qu'Euripide substitue à celle d'Eschyle. Le frère et la sœur s'embrassent et se livrent à l'expression de leur joie pendant le chant du chœur; ensuite ils délibèrent longuement, avec le vieillard, sur la manière d'exécuter leur projet. Ils savent qu'Égisthe est allé à la campagne pour offrir un sacrifice aux nymphes. Oreste pense à s'y rendre de son côté afin d'être invité au repas d'usage et d'attaquer Égisthe à l'improviste. La crainte des discours populaires ayant retenu Clytemnestre à Mycène, Électre conçoit l'idée révoltante de feindre qu'elle est accouchée depuis peu et d'engager ainsi sa mère à venir la voir. Ils invoquent ensemble les dieux et l'ombre de leur père. Électre déclare qu'elle se tuera si l'entreprise est manquée, et qu'elle aura soin de tenir un glaive tout prêt à cet effet : le vieillard part dans l'intention de conduire Oreste vers Égisthe, et de se rendre ensuite auprès de Clytemnestre. Le chœur chante l'histoire fameuse du bélier d'or; il raconte comment Thyeste, aidé du secours de l'épouse infidèle d'Atrée, lui a

17.

enlevé ce bélier, comment Atrée s'est vengé de son frère en lui faisant manger ses propres enfants, et comment le soleil a reculé d'horreur à la vue de cet effroyable festin, ce qui, ajoute très philosophiquement le chœur, paraît néanmoins fort douteux: On entend du bruit et des gémissements dans le lointain; Électre croit que son frère a succombé et ne veut pas lui survivre, mais heureusement arrive un messager qui annonce la mort d'Égisthe, en mêlant des plaisanteries à son récit. Pendant les chants de triomphe du chœur, Électre prépare une guirlande pour couronner son frère, qui reparaît bientôt avec la tête de son ennemi à la main. Électre apostrophe cette tête et lui reproche ses folies et ses crimes; elle lui dit, entre autres, qu'on se trouve toujours mal de finir par épouser une personne avec qui l'on a vécu dans un commerce illégitime, et qu'il n'est pas convenable qu'un mari abandonne à sa femme le gouvernement de la maison. Tandis qu'elle parle, on voit de loin s'avancer le cortége de Clytemnestre; Oreste éprouve des combats de conscience sur le projet qu'il médite, et des doutes sur l'autorité de l'oracle; mais sa sœur l'encourage et le fait entrer dans la cabane. La reine, tout entourée d'esclaves troyennes, arrive sur un char pompeux, couvert de magnifiques tapis; Électre veut lui aider à en descendre, mais Clytemnestre ne le permet pas. Elle cherche à justifier le meurtre d'Agamemnon, en le représentant comme une juste expiation du sacrifice d'Iphigénie, et invite sa fille à lui répondre librement. C'est apparemment pour donner lieu à une discussion subtile dans dans laquelle Électre, parmi les reproches qu'elle adresse à sa mère, lui dit qu'elle a trop consulté son miroir et trop soigné sa parure pendant l'absence de son époux. Clytemnestre, à qui sa fille avoue qu'elle l'aurait déjà punie si c'eût été possible, montre une grande modération, et entre dans la cabane pour y faire un sacrifice. Électre la poursuit de paroles méprisantes, et le chœur chante la vengeance. On entend des cris dans la maison, le frère et la sœur reparaissent couverts de sang, et déjà saisis de remords et de désespoir, ils accroissent l'horreur dont ils sont pénétrés en se rappelant les discours lamentables et les gestes suppliants de leur mère. Oreste veut s'enfuir; Électre se demande qui voudra l'épouser désormais. Tout à coup les Dioscures, leurs oncles, se montrent dans les airs : ils blâment Apollon d'avoir rendu un oracle sanguinaire, et ordonnent à Oreste de se faire juger par l'aréopage pour se mettre à l'abri de la poursuite des furies. Ils arrangent ensuite un mariage entre Électre et Pylade, en les chargeant d'emmener avec eux dans la Phocide, le paysan qu'Électre avait d'abord épousé, et à la fortune duquel ils pourvoient libéralement. Après des lamentations répétées, le frère et la sœur se disent un éternel adieu, et la pièce finit.

Il est aisé d'observer qu'Eschyle a saisi son sujet sous l'aspect le plus terrible, et qu'il l'a transporté dans le domaine des noires divinités où il se plaît à placer ses fictions. Le tombeau d'Agamemnon est le point où se rencontrent les enfers et la terre, c'est de là que sort le cri de la vengeance et une ombre non encore apaisée est l'âme de la tragédie. Quelques imperfections extérieures sont faciles à remarquer, comme la suspension de la marche de la pièce et la fréquente répétition des prières adressées aux dieux ; mais ces défauts mêmes tiennent au sentiment très profond, qu'a le poëte, du genre d'impression qu'il doit produire. Car ce moment de repos, avant une action aussi terrible, ressemble à la sombre tranquillité des approches d'un orage ou d'un tremblement de terre, et les nombreuses invocations aux divinités du ciel et de l'enfer, donnent aussi l'idée d'un événement prodigieux et inouï parmi les hommes, auquel les forces et les motifs terrestres ne sont point proportionnés. Au moment de la mort de Clytemnestre et dans les paroles déchirantes que le poëte lui fait prononcer, il est allé, sans chercher à déguiser le crime, jusqu'aux dernières bornes de ce qu'on peut accorder à l'émotion. Le forfait qui doit être puni, et que le tombeau tient sans cesse présent à l'esprit, paraît se rapprocher encore davantage, lorsqu'à la fin on voit déployer le vêtement dans lequel Agamemnon a été assassiné. Il semble que l'attentat se renouvelle, pour ainsi dire, sous les yeux du spectateur, après la vengeance qui en a été tirée. La fuite d'Oreste ne doit point être attribuée à un lâche repentir, ni à la faiblesse de son âme : ce n'est que le tribut inévitable qu'il doit payer à la nature offensée.

Je ne ferai que peu de remarques générales sur l'ordonnance admirable de la pièce de Sophocle. Avec quel art et quelle noblesse il prépare cette marche solennelle des femmes vers le tombeau, marche par laquelle Eschyle commence sa tragédie ! Quelle beauté de coloris poétique, et en particulier dans le récit de la course des chars ! Comme les éclats de la sensibilité sont ménagés dans le rôle d'Électre! Elle ne fait d'abord entendre que des plaintes vaguement exprimées, puis elle se livre à l'espérance que lui inspire le songe de Clytemnestre; elle reste encore maîtresse d'elle-même quand elle apprend la nouvelle de la mort de son frère, mais sa douleur prend un caractère plus violent lorsque Chrysothémis voudrait lui faire partager sa joie, et le désespoir la saisit enfin à la vue de l'urne funéraire d'Oreste. Son caractère héroïque, au dessus de son sexe, se relève encore par le contraste qu'il présente avec celui de la timide Chrysothémis. C'est en dirigeant l'intérêt principal sur Électre, que Sophocle a su présenter son sujet sous un aspect nouveau; il offre à nos regards, dans ce frère et cette sœur, un couple digne d'admiration, lorsqu'il donne à la femme les sentiments les plus fidèles, une fermeté inébranlable, tout l'héroïsme de la patience, et à l'homme, l'ardeur généreuse d'un jeune héros. Le vieillard leur oppose la réflexion et l'expérience. Les deux poètes ont à peine fait parler Pylade, et l'on peut voir, par cet exemple, à quel point les arts anciens dédaignaient tout ornement inutile.

Mais ce qui caractérise surtout la tragédie de Sophocle, c'est cette sérénité céleste, ce souffle rafraîchissant de vie et de jeunesse qui se répand jusque sur les objets les plus terribles. Apollon, le dieu de la lumière, conduit Oreste et semble étendre son influence sur toute cette poésie. Le jour naissant qui éclaire le commencement de la pièce est déjà en harmonie avec l'esprit dont elle est animée. Le tombeau et le monde des ombres sont repoussés dans l'éloignement. Les sentiments qu'inspire, dans Eschyle, le souvenir du mort, sont excités, dans Sophocle, par Électre vivante, par Électre, douée au même point du pouvoir d'aimer et de haïr. On peut remarquer le dessein d'éviter tous les sombres pressentiments dès le premier discours d'Oreste, quand il dit qu'il méprise la superstition qui fait craindre de passer pour mort, lorsqu'il sent en lui-même toute la plénitude des forces et de la vie. Aussi n'éprouve-t-il, ni avant ni après l'action, aucun mouvement d'incertitude ou de remords. Tout ce qui tient à ce genre d'émotions est ici plus rigoureusement écarté que dans Eschyle. C'est un coup de théâtre terrible que le moment où Égisthe découvre le corps de Clytemnestre; il y a aussi quelque chose de singulièrement énergique à laisser le tyran dans l'attente de sa mort lorsque la pièce finit, et tout ce dénoûment excite peut-être encore plus d'effroi que celui d'Eschyle. La différence du génie des deux poètes se fait bien sentir dans celle des visions nocturnes qui dévoilent à Clytemnestre le sort auquel elle est destinée. Les deux images sont également justes, significatives, prophétiques; celle d'Eschyle est peut-être plus grande, mais elle remplit les sens d'horreur, tandis que la beauté majestueuse de celle de Sophocle tempère l'effroi qu'elle inspire.

La pièce d'Euripide offre l'exemple le plus bizarre d'un genre de travers d'esprit qui n'a rien de poétique. On n'en finirait pas si l'on voulait relever toutes les inconvenances et toutes les contradictions qui s'y trouvent. Pourquoi Oreste se joue-t-il si longtemps de sa sœur sans se faire connaître à elle? Pourquoi ne sait-on plus ce que devient le paysan dès que le gouverneur d'Oreste a paru? Euripide, sans doute, a d'abord voulu être neuf, ensuite il a trouvé trop peu vraisemblable de faire mourir, de la main d'Oreste, le roi et son épouse au milieu de Mycène. Mais pour éviter une légère invraisemblance, il s'est embarrassé dans des incidents beaucoup plus inexplicables. Ce qu'il peut y avoir de tragique dans sa pièce ne lui appartient pas, il l'a trouvé dans la fable et chez ses prédécesseurs; ce qu'il y a mis du sien ne convient en aucune manière à la tragédie, et il a retravaillé son sujet dans le genre des drames de famille, tels qu'on les conçoit aujourd'hui. Les effets qu'il veut produire au moyen de l'indigence d'Électre sont pitoyables, et tout cet étalage de misère finit par trahir son éternelle prétention d'émouvoir. L'action est préparée avec une sorte de légèreté étourdie, et rien n'y part d'un sentiment profond. C'est un tourment inutile pour le spectateur, que d'entendre exprimer à Égisthe les sentiments d'une hospitalité bienveillante envers Oreste, et à Clytemnestre ceux de la pitié que lui inspire sa fille. Tous les motifs de l'action sont affaiblis par le repentir timide qui la suit, repentir qui n'est point un sentiment moral, mais une simple émotion des sens. Je ne dirai rien des blasphèmes contre l'oracle, si ce n'est qu'ils anéantissent toute la pièce, et qu'on ne voit plus, dès lors, pourquoi Euripide l'a composée. Le mariage que les oncles d'Électre lui procurent à la fin, et la récompense pécuniaire qu'ils donnent à son premier époux, sont un vrai dénoûment de comédie, assurément fort au dessous de l'intervention de Castor et de Pollux.

Je dois cependant avouer, pour ne pas commettre d'injustice, que la pièce d'*Électre* est peut-être la plus mauvaise de toutes celles d'Euripide. Est-ce le désir de paraître original qui a pu l'égarer à ce point? Sans doute il était malheureux pour lui d'avoir à soutenir la comparaison avec ses devanciers; mais qui l'obligeait à lutter avec eux, et surtout à composer une *Électre?*

Je ne parlerai qu'en passant des autres pièces d'Euripide, qui sont en trop grand nombre pour que je puisse les analyser avec détail.

Il n'y en a peut-être aucune qui mérite autant d'éloges que celle d'*Alceste*, surtout pour les sentiments de moralité qui y sont exprimés avec un grand charme. Le discours d'Alceste au moment où elle se décide à mourir, celui où elle dit adieu à son époux et à ses enfants, sont des morceaux d'une beauté ravissante. On doit encore beaucoup louer le poète de la sage réserve avec laquelle il impose silence à Alceste, lorsqu'à son retour des enfers elle paraît craindre de tirer le rideau mystérieux qui dérobe aux vivants la vue du jour des morts. Il faut convenir, cependant, qu'en faisant témoigner au roi Admète et à son père un si grand amour pour la vie, il les a bien sacrifiés. Hercule même, dans le commencement, se montre ferme jusqu'à la brutalité, et c'est plus tard seulement que son rôle devient noble et digne de lui. A la fin il donne dans la gaîté, lorsqu'il ramène à Admète sa propre femme voilée, en la lui présentant comme une nouvelle épouse.

Iphigénie en Aulide était un sujet tout à fait en rapport avec les forces et les inclinations d'Euripide, puisqu'il s'agit d'exciter une émotion douce en faveur de l'innocence et de la tendre jeunesse de l'héroïne. Cependant Iphigénie est loin de pouvoir être comparée avec Antigone. Aristote a remarqué que son caractère n'était pas soutenu. « Iphigénie en pleurs « n'est, dit-il, pas du tout semblable à cette Iphigé- « nie qui se sacrifie ensuite volontairement. »

L'expression de la candeur et de la sainteté sacerdotale, réunies dans un enfant, font de la tragédie d'*Ion* une pièce charmante. Il est vrai qu'il y a, dans le cours de l'intrigue, bien des invraisemblances, des moyens forcés et des répétitions; le mensonge par lequel les dieux et les hommes se liguent pour tromper Xuthus, est un dénoûment qui ne peut pas laisser d'impression satisfaisante.

C'est à juste titre qu'on a vanté universellement les rôles de Phèdre et de Médée comme une peinture énergique du délire des passions dans l'âme d'une femme. L'*Hippolyte* d'Euripide, où l'on voit paraître Phèdre, reçoit encore un grand éclat de la générosité sublime du héros de la pièce, et l'on doit extrêmement louer le poète d'avoir su éviter de blesser la bienséance et même, jusqu'à un certain point, les principes de moralité, dans un sujet aussi délicat. Peut-être ce mérite doit-il moins être attribué à Euripide qu'au goût pur et sévère de ses contemporains, car le Scoliaste nous apprend que la pièce d'*Hippolyte* que nous possédons, est un second ouvrage de l'auteur, dans lequel il a corrigé avec soin ce qu'il pouvait y avoir de blâmable et de choquant dans le premier (1).

(1) Brunck, littérateur aussi savant qu'ingénieux, prétend que

Le début de *Médée* est admirable. Rien ne peut annoncer d'une manière plus déchirante la situation désespérée de cette femme malheureuse, que les discours de sa nourrice et du gouverneur de ses enfants, ainsi que ses propres gémissements derrière la scène. Il est vrai qu'aussitôt qu'elle paraît elle-même, le poète refroidit notre intérêt par les réflexions générales et assez communes qu'il lui fait faire. Elle perd toute sa grandeur imposante dans la scène avec Égée, où elle cherche à se ménager un asile dans Athènes, et semble presque s'assurer de nouveaux liens quand elle sera vengée de Jason. Ce n'est plus cette magicienne audacieuse qui a soumis les forces de la nature à l'empire de ses passions, et qui erre de pays en pays comme un météore dévastateur. Ce n'est plus cette Médée qui, abandonnée de l'univers entier, sait encore se suffire à elle-même. Il n'y a que le désir de flatter les Athéniens qui ait pu engager Euripide à donner une place dans sa tragédie à ce froid incident du projet de Médée. D'ailleurs, il a donné les couleurs les plus frappantes à la peinture d'une puissante enchanteresse et de la plus faible des femmes, réunies dans la même personne. Les accès de tendresse maternelle qui la saisissent au milieu des préparatifs de son forfait, produisent une impression terrible ; mais elle annonce trop tôt et avec trop de précision son affreux dessein, et on au-

---

Sénèque, dont Racine a suivi les traces, avait pris pour modèle de sa tragédie le premier *Hippolyte* d'Euripide, lequel était surnommé *le Voilé*. Il est vrai qu'il ne produit aucun témoignage à l'appui de cette assertion.

rait dû l'entrevoir seulement dans le lointain, comme une vision ténébreuse, effet d'un funeste égarement. Lorsqu'elle accomplit le crime, sa vengeance devait déjà s'être assouvie par la mort ignominieuse de Créuse et de son père, et le nouveau motif qu'elle allègue ne peut soutenir l'examen. Elle dit qu'elle veut prévenir Jason qui aurait également donné la mort à ses enfants, mais puisqu'elle les enlève dans les airs après les avoir tués, elle aurait pu tout aussi bien les emmener vivants. L'état de démence furieuse où la plongent les remords de son premier crime, peut mieux justifier le poète.

La peinture souvent répétée des malheurs publics, celle de la chute des familles et des États les plus florissants dans l'abîme de la misère, a pu valoir à Euripide le titre que lui a donné Aristote, du plus tragique des poètes. Ce sont des événements de ce genre qui remplissent la tragédie des *Troyennes*. La fin de cette pièce est d'un effet prodigieux. Les femmes, tirées au sort comme esclaves, dirigent leur marche vers les vaisseaux, en laissant derrière elles Troie qui s'écroule dans les flammes, et cette catastrophe est d'une grandeur terrible et frappante; d'ailleurs on ne peut guère concevoir une pièce où il y ait moins d'action. C'est une suite de situations et d'incidents qui proviennent tous, il est vrai, de la ruine de Troie, mais qui ne tendent point à un même but. L'accumulation de douleurs sans remède, auxquelles on ne voit opposer aucune résistance, fatigue à la longue et finit par épuiser la pitié. Plus on combat pour détourner un malheur, plus il produit d'impression lorsqu'il arrive; mais quand on s'y soumet aussi aisément, comme on se soumet ici à la mort d'Astyanax, que Talthybius n'essaie pas même de sauver, le spectateur se résigne de son côté. Dans les appels non interrompus à notre pitié, dont se compose cette pièce, le pathétique n'est point ménagé avec art, et il prend cette teinte lamentable et monotone qu'il a quelquefois dans les ouvrages d'Euripide. Les plaintes d'Andromaque sur son fils encore vivant, sont bien plus déchirantes que celles d'Hécube sur son fils mort, ce qui prouve à quel point l'expression de la crainte émeut davantage que celle d'une douleur sans espérance. Il est vrai que la vue du corps mort de l'enfant, représenté sur le bouclier d'Hector, ranime l'intérêt pour les peines d'Hécube ; en général, le poëte compte beaucoup sur l'effet des objets qu'il offre aux regards. C'est pour cela qu'il met en opposition le luxe de la parure d'Hélène avec la misère des esclaves troyennes, et qu'il fait arriver Andromaque sur un char rempli de butin. Je ne doute même pas qu'à la fin de la pièce toute la décoration ne parût en flammes. Le long et pénible interrogatoire d'Hélène refroidit d'ailleurs toute émotion par un vain débat, et ne mène à rien, car malgré l'accusation d'Hécube, Ménélas s'en tient à sa première résolution. La justification de cette beauté fameuse peut cependant amuser de la même manière que l'éloge plein de subtilités qu'en en a fait Isocrate.

Euripide ne s'est pas contenté de nous présenter Hécube, faisant, durant toute une pièce, étalage de sa douleur, il a pris encore cette reine infortunée pour l'objet principal d'une autre tragédie, qu'il a intitulée de son nom, et où elle se montre comme le malheur personnifié. Cette pièce renferme deux actions ; le sacrifice de Polyxène, et la vengeance exercée sur Polymestor à cause du meurtre de Polydore. Ces deux actions n'ont rien de commun l'une avec l'autre, si ce n'est qu'elles se rapportent toutes deux à Hécube. On trouve, dans la première partie, des beautés remarquables du genre qui réussit toujours à Euripide, des images de la tendre jeunesse, de l'innocence, du dévoûment volontaire à une mort violente et prématurée. On y voit encore le triomphe de la superstition barbare, un sacrifice humain, mais loin que le poëte ait cherché à en noircir le tableau, il a donné à la victime, comme aux autres personnages, ce calme et cette sérénité d'âme particulière aux Grecs, qui leur a fait si promptement abolir les usages sanguinaires des religions plus anciennes. Toutefois, la seconde moitié de la tragédie trouble cette douce émotion, d'une manière tout à fait pénible, par la peinture du caractère rusé et vindicatif d'Hécube, de l'avarice stupide de Polymestor, et de la misérable politique d'Agamemnon, qui n'osant pas lui-même tirer une satisfaction éclatante du roi de Thrace, le livre aux esclaves troyennes. On voit aussi avec peine la vieille Hécube, accablée par la douleur, retrouver autant de présence d'esprit pour la vengeance et de loquacité pour l'accusation, qu'elle en montre dans ses amères railleries contre Hélène et dans ses plaintes contre Polymestor.

Hercule furieux nous offre un second exemple de deux actions tout à fait séparées dans la même tragédie ; l'une représente la famille de ce héros opprimée pendant son absence et délivrée par son retour, l'autre peint le repentir d'Hercule, après l'accès de frénésie subite qui lui fait immoler sa femme et ses enfants. Ces deux actions qui se succèdent, ne se suivent point nécessairement.

Les *Phéniciennes* sont riches en événements tragiques. Le fils de Créon se précipite du haut des murailles de Thèbes pour délivrer la ville. Étéocle et Polynice se tuent réciproquement. Jocaste se donne elle-même la mort sur les cadavres de ses fils. Les Argiens qui marchaient contre Thèbes succombent dans le combat. Polynice demeure sans sépulture, et enfin Œdipe et Antigone sont envoyés en exil.

Le Scoliaste, en faisant cette énumération, remarque la manière tout à fait arbitraire dont le poète a conduit son intrigue. « Cette pièce, dit-il, paraît « belle à la représentation, par cela même qu'il s'y « trouve beaucoup d'épisodes. Antigone qui regarde « du haut des murs n'appartient point à l'action. « Polynice arrive dans la ville, sous la garantie « d'une trêve, sans qu'il en résulte rien, et la longue « complainte que chante Œdipe exilé est encore une « addition superflue. » Ce jugement est sévère, mais il frappe au but.

Celui qu'il prononce sur *Oreste* n'est pas plus tendre. « Cette pièce, dit-il, est du nombre de celles qui « font un grand effet au théâtre, mais où les carac« tères sont vicieux, car excepté celui de Pylade, ils « ne valent rien du tout. Le dénoûment, « ajoute-t-il, » « serait mieux adapté à une comédie. »

Cette dernière pièce commence véritablement d'une manière intéressante. On voit Oreste, après le meurtre de sa mère, couché sur un lit, où il est accablé par de mortelles angoisses et par les accès d'un délire continuel. Électre, assise à ses pieds, tremble, ainsi que les femmes qui composent le chœur, à l'idée de son réveil. Ce premier tableau est d'un grand effet, mais tout prend ensuite une mauvaise tournure, et la pièce finit par les coups de théâtre les plus forcés.

Il y a encore une autre pièce d'Euripide, *Iphigénie en Tauride*, qui offre la suite de la destinée d'Oreste. Elle a moins d'irrégularités et d'inutiles digressions, mais elle est, en revanche, médiocre d'un bout à l'autre, tant du côté des caractères que de celui des passions. La reconnaissance du frère et de la sœur ne produit qu'une émotion passagère. Peut-on sympathiser avec cette Iphigénie qui, après avoir été conduite elle-même comme une victime tremblante devant l'autel, dévoue ensuite son frère au même sort. La fuite d'Oreste et d'Iphigénie n'inspire pas non plus un grand intérêt, et ils s'évadent au moyen d'une ruse dont Thoas est trop facilement la dupe. C'est seulement après que le frère et la sœur se sont échappés que le tyran cherche à s'opposer à leur dessein, mais il est bientôt réduit au silence par l'apparition accoutumée d'une divinité. Euripide a tellement usé de ce genre de coups de théâtre que, sur ses dix-huit tragédies, il y en a neuf qui ont un dénoûment pareil.

On voit paraître Oreste pour la quatrième fois dans *Andromaque*. Le Scoliaste, dont les jugements sont tirés, selon toute apparence, des critiques les plus distingués de l'antiquité, donne cette tragédie pour une pièce du second rang, dans laquelle on ne peut admirer que des morceaux détachés. C'est certainement la moins bonne de celles que Racine a prises pour modèles ; aussi les compatriotes de ce poète ont-ils beau jeu quand ils veulent, à cette occasion, le mettre au dessus du tragique grec, à qui il ne doit véritablement que la première idée de cette tragédie.

Les Bacchantes représentent, de la manière la plus vive et la plus frappante, ce délire inspiré du culte de Bacchus qui saisissait les prêtresses de ce dieu et se répandait autour d'elles. L'incrédulité opiniâtre de Penthée et la punition terrible qu'il reçoit des mains de sa propre mère, forment un tableau très hardi : l'effet théâtral de cette pièce devait être extraordinaire. Il faut se figurer le chœur des bacchantes, telles qu'on les voit sur les bas-reliefs, les cheveux épars et vêtues de draperies flottantes, avec des tambourins, des cymbales et d'autres instruments de percussion, se précipitant dans l'orchestre, et y exécutant au bruit d'une musique éclatante leurs danses tumultueuses. Tous ces accessoires étaient alors fort nouveaux, car nous avons vu que la danse et la musique du chœur ne consistaient, au commencement, qu'en une marche solennelle et mesurée, au son d'une seule flûte qui accompagnait les voix. Mais c'est ici que ce luxe de moyens qui plaisait tant à Euripide, était à sa véritable place, et lorsque les critiques modernes rabaissent cette pièce, ils me paraissent très inconséquents. J'admirerais plutôt, dans cette réunion nouvelle, l'harmonie et l'unité qui sont si rares chez ce poète. Il écarte avec soin tous les épisodes étrangers ; les effets ainsi que les moyens proviennent d'une même source, tendent vers un même but, et cette pièce me paraît, après celle d'*Hippolyte*, le meilleur des ouvrages qui nous restent d'Euripide.

Les Héraclides et *les Suppliantes* sont de vraies tragédies de circonstance, qui ne pouvaient réussir qu'à titre de flatterie adressée aux Athéniens. Elles célèbrent deux faits héroïques des premiers temps d'Athènes, auxquels Isocrate et les autres orateurs, toujours prodigues d'éloges pour le peuple et toujours prêts à mêler la fable avec l'histoire, attachent une grande importance. L'un de ces faits est la protection accordée aux enfants d'Hercule, ancêtres des rois de Lacédémone, contre la persécution d'Eurysthée. L'autre est la victoire remportée par les Athéniens, lorsqu'ils vinrent, à la sollicitation d'Adraste, roi d'Argos, forcer les Thébains à donner la sépulture aux sept chefs morts devant Thèbes. La tragédie des *Suppliantes* fut représentée pendant la guerre du Péloponèse, dans le moment où les Argiens venaient de conclure un traité avec les Lacédémoniens. Cette pièce devait rappeler aux habitants d'Argos leurs anciennes obligations envers Athènes, et par conséquent leur montrer combien les dieux leur seraient peu favorables dans cette guerre. *Les Héraclides* ont été évidemment composés en vue de produire une impression semblable sur les Lacédémoniens.

Ces deux pièces paraissent jetées dans le même moule, mais *les Suppliantes* (ainsi nommées d'après les mères qui imploraient la sépulture pour leurs fils), ont beaucoup plus de mérite poétique. Il est vrai que Thésée ne s'y présente pas d'une manière avantageuse, lorsqu'il reproche si souvent, et peut-être avec injustice, à Adraste la faute qu'il a commise. La dispute de Thésée avec l'envoyé d'Argos sur la prééminence des constitutions monarchique et républicaine, pourrait à juste titre être renvoyée à l'école des rhéteurs. L'oraison funèbre des héros morts, prononcée par Adraste, s'écarte aussi du ton de la tragédie. Il me semble impossible qu'Euripide n'ait pas eu le dessein, dans cet endroit, de peindre les caractères de quelques généraux athéniens, morts récemment dans les combats. Cette justification n'est pas bonne dans le sens dramatique, mais sans un but pareil, il eût été aussi trop insipide de vanter les vertus bourgeoises d'un héros du temps d'Hercule, d'un Capanée qui bravait le ciel. On peut juger à quel point Euripide se faisait peu de scrupule de sortir de son sujet par des allusions étrangères, et par des allusions dont il était lui-même l'objet, puisqu'il a fait dire à Adraste, sans aucun motif apparent : « Il n'est pas juste que le poète souffre, tan-« dis qu'il donne du plaisir aux autres par ses « ouvrages. » Les hymnes funèbres en l'honneur des héros et les derniers chants d'Évadné sont, malgré tout, de la beauté la plus touchante.

On doit cependant observer que l'arrivée de cette Évadné est bien inattendue, car, sans qu'il ait jamais été question d'elle auparavant, elle paraît pour la première fois sur le rocher, du haut duquel elle se précipite dans le bûcher embrasé de Capanée.

Les Héraclides sont une copie effacée des *Sup-*

pliantes. La fin surtout en est misérable. On n'entend plus parler du sacrifice volontaire de Macarie, après qu'il a été accompli, et comme cette résolution lui a fort peu coûté, les autres ne s'en occupent pas beaucoup. On ne revoit point le roi d'Athènes, Démophon, non plus que le compagnon d'Hercule, et le gardien de ses enfants, Iolas, qui a été miraculeusement rajeuni. Hyllus, jeune héros et fils aîné d'Hercule, paraît à peine sur la scène, en sorte qu'à la fin il ne reste personne qu'Alcmène, qui se querelle avec Eurysthée. Il faut qu'Euripide ait pris un plaisir particulier à représenter de vieilles femmes, vindicatives et impitoyables, car c'est ainsi qu'il a deux fois fait paraître Hécube, dans ses scènes avec Hélène et Polymestor.

Le retour constant des mêmes moyens et des mêmes effets est, en général, dans les arts, la preuve certaine de l'adoption d'une manière. Le théâtre d'Euripide nous offre trois exemples de sacrifices de femmes qui se montrent fort touchantes par leur dévoûment; Iphigénie, Polyxène et Macarie : on pourrait encore joindre à ces sacrifices la mort volontaire d'Alceste et d'Évadné. Le même poète se plaît encore singulièrement à mettre en scène des femmes qui implorent un asile, et à tourmenter les spectateurs par la crainte qu'on ne les arrache au refuge sacré des autels. J'ai déjà parlé des dénoûments à machine où il prodigue l'arrivée des dieux.

La plus divertissante de toutes les tragédies est sans contredit *Hélène*, pièce à grandes aventures, pleine d'incidents merveilleux qui conviendraient évidemment à la comédie. L'idée sur laquelle se fonde l'intrigue est une invention des prêtres égyptiens, qui prétendaient qu'Hélène était restée cachée en Égypte, pendant que Pâris avait enlevé un fantôme semblable à elle, pour lequel les Grecs et les Troyens s'étaient battus pendant dix ans. La vertu d'Hélène est sauvée par ce moyen, et Ménélas, qui, pour justifier les plaisanteries d'Aristophane sur les héros d'Euripide, paraît comme un mendiant couvert de haillons, est parfaitement satisfait. Cette manière de corriger la mythologie la rend fort semblable aux *Contes des Mille et une Nuits*.

Quelques hellénistes modernes ont consacré de longs traités à prouver que la tragédie de *Rhésus*, dont le huitième livre de l'*Iliade* a fourni le sujet, n'est pas authentique. Leur opinion se fonde sur ce que cette pièce, remplie d'inconvenances et de contradictions, n'est pas digne d'Euripide. Cette conclusion est hasardée, car il serait possible de prouver que tous ces défauts dérivent, presque inévitablement, du mauvais choix du sujet, qui est un combat nocturne. D'ailleurs l'authenticité d'un ouvrage se reconnaît, en général, moins à sa valeur réelle, qu'au style et à la manière propre de l'auteur auquel on l'attribue. Le Scoliaste va plus droit au fait en peu de mots. « Quelques-uns, dit-il, ont pré-
« tendu que cette pièce était supposée et n'apparte-
« nait pas à Euripide, parce qu'elle porte plutôt
« l'empreinte du style de Sophocle. Cependant elle
« est inscrite comme authentique dans les Didasca-
« lies, et d'ailleurs, l'exactitude de la description du
« ciel étoilé fait assez reconnaître Euripide. » Je crois encore comprendre ce qu'on entend ici par le

style de Sophocle ; je ne le retrouve pas, il est vrai, dans la disposition générale, mais dans quelques passages isolés. D'après cela, si cette pièce ne doit pas être attribuée à Euripide, je croirais qu'elle a été composée par quelque imitateur éclectique, mais plutôt de l'école de Sophocle que de celle d'Euripide, et un peu plus moderne que l'un et l'autre de ces poëtes. Je me fonde, à cet égard, sur le ton familier de plusieurs scènes, où l'on aperçoit ce penchant à la tournure de drame bourgeois, qui commençait à cette époque à se manifester dans la tragédie. Plus tard, et au temps où les lettres fleurirent à Alexandrie, on tomba dans l'excès opposé, c'est à dire dans l'enflure.

Le Cyclope est un drame satirique. Nous avons déjà fait mention, en passant, de ce genre de pièces, qui se rapprochait à quelques égards du genre tragique, mais dont l'esprit était absolument différent. Le besoin de rétablir, par de la gaîté, l'équilibre de l'âme, que les émotions sérieuses de la tragédie avaient altéré, paraît lui avoir donné naissance, ainsi qu'à la plupart des petites pièces. Le drame satirique n'avait pas d'existence indépendante, et il était représenté pour l'ordinaire à la suite des tragédies. La coupe extérieure et le sujet, également tirés de la mythologie, le faisaient à quelques égards ressembler à la grande pièce ; mais il était, selon toute apparence, infiniment plus court. Ce qui l'en distinguait encore essentiellement, était un chœur composé de satyres, lesquels accompagnaient de leurs chants joyeux, de leurs sauts et de leurs danses grotesques, la représentation des aventures héroïques et cependant plaisantes, qui faisaient le sujet du drame satirique. L'*Odyssée* fournissait aux poètes un grand nombre de fables, susceptibles de prêter à la gaîté, et l'on voit que le germe de ce genre de poésie, ainsi que de bien d'autres, était déjà contenu dans Homère. La première idée de ces petits drames fut donnée par les fêtes de Bacchus, où les masques de satyres étaient un déguisement très usité. Les êtres fantastiques, compagnons fidèles du dieu de la joie, pouvaient de même être introduits sans inconvenance, quoique peut-être un peu arbitrairement, dans les pièces de théâtre mythologiques, lors même que Bacchus n'y jouait aucun rôle.

Comme l'imagination vive des Grecs leur faisait aisément supposer que la nature, dans sa liberté primitive, avait été féconde en productions merveilleuses, ils eurent l'idée d'animer les contrées sauvages, où la scène de ces drames était ordinairement placée, par la présence des divinités champêtres, dont la figure pittoresque offrait une vive image de la gaîté sensuelle. Ces êtres à moitié dieux et à moitié brutes, formaient en eux-mêmes un contraste piquant aux yeux des Grecs, et nous voyons dans *le Cyclope* un exemple de la manière dont on présentait cette réunion de deux natures opposées. Ce petit drame, que l'*Odyssée* a fourni presque en entier, ne manque pas de gaîté, mais les plaisanteries de Silène et de sa troupe paraissent un peu rudes, et l'on peut bien convenir que, pour nous, le plus grand mérite de cette pièce est d'être l'unique de son espèce. Sans doute en composant dans ce même genre, Eschyle sut attacher à ses plaisanteries un sens plus hardi et plus profond, lorsqu'il fit descendre Prométhée sur la terre, pour apporter le feu du ciel à l'homme encore lourd et grossier. Sans doute Sophocle, ainsi que le prouvent quelques fragments qui nous restent, sut y répandre une gaîté plus gracieuse et plus noble, quand il présenta sur la scène les trois déesses qui se disputaient le prix de la beauté, ou lorsqu'il montra Nausicaa venant au secours d'Ulysse après son naufrage. On peut, à cette occasion, citer un trait bien prononcé du caractère des Grecs. Quand on donnait sur le théâtre d'Athènes cette pièce de *Nausicaa*, dans laquelle, selon le récit d'Homère, la princesse, après avoir fini de laver du linge au bord de la mer, s'amuse à jouer à la paume avec ses femmes, Sophocle lui-même se mêlait à la représentation, et s'attirait de grands applaudissements par sa bonne grâce à lancer et à recevoir la paume. Ce grand poëte, ce guerrier illustre, ce citoyen honoré dans sa patrie, s'accommodait ainsi du rôle muet d'une jeune fille, afin d'ajouter un léger ornement à son ouvrage, par l'adroite agilité et la souplesse gracieuse de ses mouvements. Tant il est vrai que les Grecs prenaient les choses de la vie d'une manière facile et légère, qu'ils ne connaissaient ni la morgue de l'orgueil, ni sa raideur suffisante, et que le vif sentiment des arts, qui les distinguait, les forçait à admirer la beauté et la grâce partout où elles s'offraient à leurs regards.

L'histoire de la tragédie grecque finit pour nous avec Euripide, quoiqu'il y ait eu plusieurs poëtes tragiques après lui. Agathon, en particulier, nous est dépeint par Aristophane, comme parfumé d'essence et couronné de fleurs. *Le Banquet* de Platon nous le montre prononçant un discours, tel que ceux du sophiste Gorgias, tout rempli d'ornements recherchés et d'antithèses en jeux de mots. Il fut le premier qui prit ses sujets hors de la mythologie, et composa des tragédies avec des noms imaginaires, ce qui semble une transition à la nouvelle comédie. Une de ses pièces, intitulée *la Fleur*, n'était vraisemblablement, ni touchante, ni terrible ; mais elle offrait des tableaux agréables dans le genre de l'Idylle.

Les savants d'Alexandrie voulurent aussi composer des tragédies ; mais si nous pouvons en juger par la seule dont nous ayons connaissance, l'*Alexandra* de Lycophron, qui consiste en un long monologue prophétique, surchargé d'une mythologie obscure, nous devons croire que les productions raffinées de ces érudits pleins de subtilité, étaient extrêmement froides, peu propres au théâtre et insipides de toute manière. La force créatrice des Grecs était alors tellement épuisée, qu'ils devaient surtout s'interdire le genre dans lequel on réussit le moins quand on n'a que de l'esprit.

SIXIÈME LEÇON

La première comédie des Grecs forme un contraste parfait avec leur tragédie. — De la parodie. — L'idéal comique est l'opposé de l'idéal tragique. — Priviléges accordés aux premiers poètes comiques. — Du chœur et de la parabase. — Aristophane. — Caractère de son talent. — Idée des pièces de ce poète qui nous sont parvenues. — Jugement sur leur mérite relatif.

Nous quittons ici la tragédie pour passer à ce qu'il y a de plus opposé, la première comédie des Grecs. Toutefois, comme ce dernier genre, nonobstant des différences de toute espèce, se rapportait indirectement au premier, il y a, dans le contraste qu'ils forment ensemble, une certaine symétrie, propre à jeter un très grand jour sur la nature intime de tous les deux. Pour juger sainement de cet ancien théâtre comique, il faut d'abord tout à fait écarter l'idée de ce que les modernes nomment comédie, et que les Grecs appelèrent ensuite du même nom. L'ancienne et la nouvelle comédie grecques ne se distinguent pas seulement l'une de l'autre par des usages accidentels (comme celui de mettre sur la scène des personnages réels, ce qui était admis dans l'ancienne comédie); elles sont entièrement et essentiellement différentes. On doit bien se garder de considérer l'ancienne comédie comme le commencement encore grossier d'un art qui s'est ensuite beaucoup perfectionné (1). Quoique l'extrême licence qui s'y montre ait pu donner lieu à cette manière de voir, il n'en est pas moins vrai que la première comédie était le genre original et véritablement poétique, dont l'autre, comme je le montrerai dans la suite, ne présente qu'une modification secondaire, plus voisine de la prose et de la réalité.

C'est en considérant la première comédie grecque comme formant un contraste complet avec la tragédie, qu'il est le plus facile d'en saisir l'esprit. C'était là vraisemblablement le sens de l'assertion de Socrate, que Platon rapporte à la fin de son *Banquet*. Il raconte que tous les autres convives s'étant séparés ou ayant succombé au sommeil, Socrate était resté à causer avec Aristophane et Agathon, et que, tout en vidant avec eux une large coupe, il les avait contraints d'avouer, bien qu'avec regret, que c'était l'affaire du même homme de s'entendre à la composition des tragédies et des comédies, et que le poète tragique était, en vertu de son art, poète comique en même temps. Il contredisait par là l'opinion reçue

---

(1) C'est sous cet aspect que Barthélemy envisage l'ancienne comédie, dans un chapitre d'*Anacharsis*, qui est peut-être l'un des moins bons de son ouvrage. Voltaire (dans son Dictionnaire philosophique à l'article *athée*) juge Aristophane avec une inconcevable légèreté, et plusieurs critiques français ont en cela suivi son exemple. Au reste, on peut déjà voir, chez Plutarque, dans son parallèle d'Aristophane et de Méandre, le fondement de tous ces jugements des modernes, et y retrouver le même point de vue tout prosaïque.

qui séparait entièrement ces deux talents, ainsi que l'expérience qui ne les avait jamais montrés réunis; il fallait donc qu'il tirât ses preuves de l'essence même des idées. A l'occasion de l'imitation comique, le Socrate de Platon dit encore que l'on ne peut connaître les choses opposées que l'une par l'autre et, qu'en conséquence, il est impossible d'approfondir la nature du sérieux sans bien savoir ce que c'est que la gaîté. Si l'immortel Platon avait bien voulu nous développer ses propres pensées, ou celles de son maître, sur cette question, nous pourrions sans doute nous dispenser de la traiter.

Une des relations de la poésie comique avec la poésie tragique, est celle de la parodie avec l'objet parodié. Mais la parodie de la tragédie produit une impression bien plus forte que celle de l'épopée parce qu'elle se montre sur la scène, et que la fiction qu'elle tourne en ridicule a pris également, au moyen de la représentation théâtrale, une espèce de réalité pour nos sens. Le poème burlesque rentre dans le passé, ainsi que le sujet dont il se joue. L'imitation grotesque de la tragédie renouvelle, à l'instant même, l'objet qu'elle offre à la risée afin de le prendre sur le fait. La parodie dramatique dont nous parlons, produisait un effet d'autant plus infaillible, que les Grecs la voyaient sur le même théâtre où son modèle sérieux s'offrait à leurs regards. Ce n'étaient pas uniquement des scènes isolées, mais la forme tout entière du spectacle tragique qui était tournée en ridicule, et l'on imitait non seulement le genre de la composition poétique, mais vraisemblablement encore la musique, la danse, le jeu des comédiens et les ornements de la scène. L'auteur comique, ainsi que l'auteur tragique, suivait les traces de sculpture qui avait aussi quelquefois métamorphosé les figures idéales des dieux, en caricatures faciles à reconnaître (1). Plus les Grecs étaient entourés de nobles objets, plus ils s'étaient familiarisés avec le grand style de la sculpture, à l'occasion des fêtes publiques, du culte des dieux, des processions solennelles et des représentations tragiques, plus cette parodie générale de tous les arts qu'offrait l'ancienne comédie avait un effet irrésistible et produisait de gaîté.

Mais l'idée que nous venons d'en donner est peut-être un peu superficielle. En effet la parodie suppose toujours un objet parodié, et la première comédie est une fiction aussi originale que la tragédie, aussi indépendante de toute relation extérieure; elle se tient sur le même niveau et dépasse également les bornes de la réalité, pour entrer dans la sphère de l'imagination libre et créatrice.

La tragédie est ce qu'il y a de plus sérieux dans la poésie, et la comédie ce qu'il y a de plus complétement gai. Le sérieux consiste, comme nous l'avons vu, dans la direction des forces de l'âme vers un but qui absorbe toute leur activité. La gaîté, au contraire, ne peut exister que lorsque tout but est écarté ainsi que toute entrave abolie; et comme elle ne consiste peut-être que dans le déploiement inattendu de nos facultés, plus ces facultés sont grandes, plus

---

(1) J'en citerai pour exemple le fameux vase antique où l'on voit représentés, sous la figure de masques grotesques, Jupiter et Mercure prêts à monter chez Alcmène par une échelle.

le jeu en est vif et varié, et plus le mouvement imprimé à tout notre être est rapide. C'est donc l'abandon, c'est l'essor imprévu de la pensée, et non de certaines formes du discours, qui caractérise l'enjouement. La plaisanterie amère et la moquerie caustique peuvent s'unir au sérieux, et l'on voit que leur langage a fourni quelquefois des armes à l'indignation et à la haine, ainsi que le prouve l'exemple des ïambes chez les Grecs et des satires chez les Romains.

La comédie moderne présente, il est vrai, de la gaîté dans le contraste des caractères et des situations; elle est aussi d'autant plus divertissante que l'arbitraire y règne davantage, qu'elle paraît plus libre dans sa marche, qu'il y a plus de malentendus, d'erreurs, d'efforts inutiles, de petites passions déjouées, et qu'à la fin tout se réduit à rien. Mais, au milieu de la plaisanterie qu'on y met, la forme de la composition est sérieuse, c'est à dire que tout y est régulièrement dirigé vers un but que l'on ne perd pas de vue. Dans l'ancienne comédie, au contraire, ce but n'était que la gaîté elle-même. L'ensemble de l'ouvrage était une plaisanterie générale, composée d'une foule de plaisanteries de détail, qui toutes se maintenaient à leur place indépendamment les unes des autres. La tragédie des Grecs était, pour ainsi dire, soumise à la constitution monarchique; mais telle qu'on la voyait dans les temps héroïques, sans mélange de despotisme. L'ancienne comédie au contraire était la poésie démocratique; on s'y résignait à l'anarchie, plutôt que d'enchaîner l'imagination du poète, relativement aux desseins et à la conduite qu'il prête à ses personnages, comme à l'égard des pensées isolées, des allusions du moment et des saillies imprévues.

Tout ce qui est noble et élevé dans la nature humaine ne se prête qu'à une imitation sérieuse. Le poète tragique voit son objet au dessus de lui et il en reçoit la loi. Il faut au contraire que le poète comique se dégage du sien, qu'il s'en sépare, et même qu'il le désavoue entièrement, puisqu'il doit présenter l'idéal opposé de celui de la tragédie, c'est à dire le mauvais côté, ou du moins le côté faible de la nature humaine. Mais de même que l'idéal tragique ne consiste pas dans la réunion de toutes les vertus imaginables, de même celui de la comédie ne se montre point comme l'assemblage de tous les vices et de tous les défauts possibles. On y reconnaît seulement la suprématie de la partie animale, au manque de liberté, de fermeté, aux inconséquences et aux contradictions qui sont la source de toutes les folies et de toutes les sottises humaines. L'idéal sérieux est la réunion des deux natures de l'homme, ou plutôt la transfusion harmonieuse de l'être sensuel dans l'être moral. On peut le comparer aux sublimes images des dieux que nous offre la sculpture, où le plus haut degré de beauté dans les formes n'est que l'emblème de la perfection intérieure, et où le corps est animé et pénétré d'un souffle divin au point d'en paraître comme transfiguré. L'idéal comique offre l'unité opposée, l'harmonie s'y retrouve dans l'asservissement de la nature morale à la nature matérielle, le principe animal est celui qui doit dominer : la raison et l'intelligence n'y sont présentées que comme les esclaves volontaires des sens.

De là dérive nécessairement ce qui a tant choqué dans Aristophane, les allusions fréquentes aux vils appétits corporels, la peinture animée de ces passions vulgaires qui, malgré toutes les chaînes que la morale et la convenance voudraient leur imposer, se mettent en liberté avant qu'on s'en doute. Si nous faisons attention à ce qui excite le plus infailliblement le rire, même sur nos théâtres modernes, à ce qui est une source intarissable d'effets comiques, nous verrons que ce sont les mouvements de l'instinct naturel, mis en contraste avec des prétentions plus élevées. Ainsi la poltronnerie, la vanité puérile, le bavardage, la paresse, la gourmandise, seront les objets éternels des caricatures de la scène. Les amoureux désirs des vieillards, par exemple, ont toujours été tournés en ridicule, parce qu'ils prouvent que l'âge, qui devait chez eux amortir les sens, n'en a fait qu'accroître l'empire. Un certain degré d'ivresse produit encore des effets très amusants, en ce qu'il met, pour ainsi dire, la nature humaine dans l'état de l'idéal comique.

Il ne faut pas s'imaginer que lorsque les anciens poètes ont introduit sur la scène des individus réels, en les nommant par leur propre nom, ils les aient représentés avec tous les détails de leur manière d'être, comme s'ils avaient voulu les peindre en effet, et en faire les objets exclusifs de la moquerie. Les personnages historiques ne sont jamais chez eux qu'un symbole, ils désignent une espèce, et le caractère moral des individus, de même que les traits du masque qui imitait leur visage, étaient également exagérés.

On doit cependant convenir qu'il était dans l'esprit de l'ancienne comédie de faire constamment allusion à la réalité, allusion qui allait au point que non seulement le poète s'entretenait avec le public par l'organe du chœur, mais que l'on indiquait même du doigt certains spectateurs. Cette extrême liberté tenait à l'essence intime du genre; car, de même que la tragédie se plaît dans l'unité, la comédie vit dans le chaos; elle aime la variété, la bigarrure, les contrastes, je dirais presque les contradictions; elle s'amuse à réunir ce qu'il y a de plus extraordinaire, de plus inouï, l'impossible même, avec les localités les plus connues et avec les usages les plus familiers de la vie ordinaire.

Le poète comique, ainsi que le poète tragique, transporte ses personnages dans une région idéale, mais il ne les place point dans un monde gouverné par la fatalité. Il ne soumet pas ses fictions aux lois de la destinée, ni même à celles de la nature; c'est l'imagination, c'est la volonté qui disposent de tout. Il lui est permis d'inventer une fable aussi hardie et aussi fantastique qu'il lui plaît, il peut même la rendre folle et absurde, pourvu qu'elle soit propre à mettre sous un jour éclatant les caractères bizarres et les situations ridicules de la vie humaine. Il faut sans doute qu'un ouvrage ait un but principal, pour qu'il ne manque pas d'ensemble et de consistance, et, à ce point de vue, les comédies d'Aristophane offrent aussi, dans leur genre, un système régulier; mais afin que l'inspiration comique ne se refroidisse pas, il faut que ce but soit tourné en plaisanterie, et que l'impression qu'il pourrait produire, soit affaiblie par des distractions de toute espèce, ou dissipée par de la gaîté.

A son origine, et entre les mains de son inventeur Épicharme le Dorien, la comédie grecque a surtout emprunté ses sujets à la mythologie. Elle ne paraît pas avoir entièrement renoncé à ce choix, même dans sa maturité, comme on le voit par les titres de plusieurs pièces perdues pour nous, soit d'Aristophane, soit de ses contemporains. Plus tard encore, et dans l'époque intermédiaire entre l'ancienne et la nouvelle comédie, elle revint aux traditions fabuleuses par des motifs particuliers. Cependant, comme le contraste entre la forme et le fond est dans ce genre parfaitement à sa place, et que rien ne peut trancher davantage avec une représentation entièrement badine, que l'image des occupations les plus sérieuses et les plus importantes, et en un mot de tout ce qu'on appelle affaire, il était naturel que la vie publique et le gouvernement fussent les objets favoris de l'ancienne comédie; elle était politique d'un bout à l'autre : la vie privée et domestique, au dessus de laquelle la nouvelle comédie ne s'éleva jamais, n'y était imitée qu'en passant et dans ses rapports avec la vie publique. Le chœur, qui représentait en quelque manière le peuple, y jouait par conséquent un rôle essentiel. On ne peut pas croire qu'il y ait été d'abord introduit accidentellement, et qu'on l'ait ensuite conservé par habitude. Il faut plutôt supposer qu'il servait à compléter la parodie de la forme tragique; de plus, il ajoutait à la gaîté universelle des fêtes populaires, gaîté dont la comédie offrait l'expression la plus vive, et l'épanchement le plus animé. Dans toutes les solennités nationales et religieuses des Grecs, il y avait des chants à plusieurs voix, accompagnés de danses : le chœur comique pouvait donc simplement devenir l'organe de la joie publique. C'est ainsi, par exemple, que dans la pièce des *Thesmophories*, les femmes entonnaient, au milieu des folies de toute espèce, l'hymne mélodieux qu'elles avaient réellement coutume de chanter aux fêtes des dieux. Les paroles des chœurs déployaient alors toutes les richesses de la poésie lyrique la plus belle et la plus inspirée, et prenaient un essor si élevé qu'on aurait pu les transporter, sans aucun changement, dans une tragédie. On s'écartait cependant du modèle tragique, en introduisant quelquefois dans la même comédie plusieurs chœurs différents, qui se répondaient dans leurs chants, ou qui, sans relation les uns avec les autres, paraissaient un moment pour se disperser ensuite.

Mais ce qui distinguait plus particulièrement le chœur comique était la *parabase*. On appelait ainsi un morceau étranger à la pièce, dans lequel le poète s'adressait à l'assemblée par l'entremise du chœur; tantôt il y vantait son propre mérite et se moquait de ses rivaux; tantôt, en vertu de son droit de citoyen d'Athènes, il faisait des propositions sérieuses ou badines pour le bien public. Il faut convenir que la parabase est contraire à l'essence de toute fiction dramatique, puisque la loi générale du genre est d'abord que l'auteur disparaisse pour ne laisser voir que ses personnages, et ensuite que ceux-ci agissent et parlent entre eux, sans faire aucune attention aux spectateurs. Certainement, toute impression tragique serait détruite par de semblables infractions aux règles de la scène; mais les interruptions, les incidents épisodiques, les mélanges bizarres de toute espèce sont accueillis avec plaisir par la gaîté, et cela, lors même qu'ils paraissent plus sérieux que l'objet principal de la plaisanterie. Quand l'esprit est disposé à l'enjouement, il est toujours bien aise d'échapper à la chose dont on l'occupe; toute attention suivie lui paraît une gêne et un travail.

On pourrait encore expliquer l'invention de la parabase, en disant que les poètes comiques avaient bien moins de moyens que les poètes tragiques pour remplir les entr'actes par des chants animés et intéressants; mais il vaut mieux avouer que cette espèce d'intermède était conforme à l'esprit de l'ancienne comédie, où non seulement l'objet de la fiction, mais la composition tout entière n'était qu'un pur badinage. Cette puissance illimitée de la gaîté se manifestait par l'impossibilité de prendre rien au sérieux, pas même la forme dramatique. On trouvait du plaisir à se soustraire un instant aux lois de la scène, à peu près comme dans un déguisement burlesque, on s'amuse quelquefois à lever le masque. C'est encore ainsi que de nos jours l'usage des allusions et des mines adressées au parterre ne s'est jamais tout à fait aboli dans la comédie, et que les acteurs obtiennent quelquefois par là de grands applaudissements. Je reviendrai sur ce sujet dans la suite; j'examinerai jusqu'à quel point, et dans quelles espèces de pièces comiques, ces moyens peuvent être tolérés.

Si nous voulions saisir en peu de mots le but du genre comique et celui du genre tragique, nous dirions que la tragédie, en nous faisant envisager ce qu'il y a de plus imposant dans l'homme et de plus terrible dans la destinée, nous remplit de ces émotions profondes qu'inspirent les objets sublimes, tandis que la comédie, en nous montrant les hommes comme ridicules et le sort comme capricieux, nous invite à cette gaîté vive et légère qui se joue au dessus de tout.

De tous les poëtes qui ont fait fleurir l'ancienne comédie, Aristophane est le seul que nous connaissions, et nous ne pouvons point par conséquent juger de son mérite avec cette finesse de discernement qu'on acquiert par la comparaison. Aristophane avait eu plusieurs prédécesseurs, tels que Magnes, Cratinus, Crates, etc. Toutefois nous n'avons aucun lieu de croire que ses ouvrages, ainsi que ceux des derniers auteurs tragiques, annoncent un commencement de décadence dans l'art. Il paraît, au contraire, que de son temps la comédie se perfectionnait encore chaque jour, et qu'il a été, dans ce genre, le poëte le plus accompli. Le sort de la tragédie et celui de la comédie furent en effet très différents; l'une finit par une mort naturelle, et l'autre par une mort violente. La tragédie expira lorsque ses forces parurent épuisées et qu'elle fut hors d'état de se soutenir à son antique hauteur. La comédie, au contraire, fut privée, par un acte du pouvoir suprême, de la liberté illimitée qui était la condition nécessaire de son existence. Horace nous indique cette catastrophe en peu de mots. « A « ces poëtes (Thespis et Eschyle) succéda, dit-il, « l'ancienne comédie qui obtint de grands succès, « mais la liberté y dégénéra en licence, et mérita

« d'être réprimée par une loi. La loi fut donnée, et le
« chœur se tut honteusement quand il n'eut plus le
« pouvoir de nuire. »

A la fin de la guerre du Péloponèse, lorsque, après la prise d'Athènes, l'ancienne constitution de cette république fut renversée, et que trente tyrans, établis par Lacédémone, y exercèrent le pouvoir souverain, il parut un édit qui admettait à porter leurs plaintes tous les citoyens qu'auraient attaqués les poëtes comiques, et qui défendait l'introduction de personnages réels sur la scène ainsi que toute espèce d'indication individuelle. La forme des pièces resta cependant à peu près la même, et la composition fut encore, sinon une imitation allégorique, du moins toujours une parodie; mais on avait anéanti l'essence même de cette parodie, et aussitôt que le sel de la raillerie personnelle en fut ôté, elle tomba dans l'insipidité. Ce qu'elle offrait auparavant de piquant, était de tourner la réalité en idée générale, c'est à dire de présenter l'état actuel des choses comme l'idéal de la folie, et les individus existants comme les modèles personnifiés de la plus absurde inconséquence. Quel moyen restait-il pour attaquer, même les fautes du gouvernement en masse, si l'on n'osait déplaire à aucun individu en particulier? C'est ce qui fait que je ne puis être d'accord avec Horace, lorsqu'il dit que l'abus amena la correction. L'ancienne comédie florissait à l'époque heureuse de la liberté d'Athènes; ce furent les mêmes événements et les mêmes personnes qui les opprimèrent toutes les deux. Il n'est pas vrai que les calomnies d'Aristophane aient été cause de la mort de Socrate, puisque *les Nuées* avaient paru vingt-cinq ans avant sa condamnation. Cette même aristocratie, établie par la force, qui réduisit au silence la censure badine du poète comique, punit de mort le vertueux philosophe dont les reproches étaient plus sérieux. Nous ne voyons pas que les persécutions d'Aristophane aient fait beaucoup de mal à Euripide. Le peuple d'Athènes écoutait avec admiration les tragédies de l'un et les parodies de l'autre sur le même théâtre. Les talents divers se développaient alors librement et jouissaient de leurs droits sans contrainte. Jamais aucun souverain, et le peuple d'Athènes en était un dans ce temps-là, ne s'est laissé dire d'aussi bonne grâce des vérités aussi fortes, et n'a mieux entendu la plaisanterie. Si les abus du gouvernement n'en existaient pas moins, il y avait toujours de la grandeur à permettre qu'on les dévoilât impunément. D'ailleurs Aristophane se montre toujours un citoyen plein de zèle, il dénonce sans cesse les séducteurs du peuple, les mêmes que Thucydide dépeint comme si dangereux. Il conseille constamment la paix, au milieu de cette guerre intestine qui fit éprouver un échec irréparable à la prospérité de la Grèce, et on le voit toujours recommander la simplicité et la sévérité des mœurs antiques.

Mais, dit-on, Aristophane était un farceur indécent; c'est possible, et je ne prétends point le justifier; ce que j'affirme, c'est qu'il était encore autre chose que cela. Il est triste, qu'avec des facultés aussi étonnantes, il ait pu s'abaisser jusqu'à mériter un titre pareil; peut-être avait-il véritablement des inclinations vulgaires, peut-être croyait-il nécessaire de se concilier la populace pour oser dire à la nation des vérités aussi hardies. Il se vante cependant de chercher bien moins que ses rivaux à exciter les rires de la multitude par des plaisanteries grossières, et d'avoir sous ce rapport perfectionné son art. Il faut d'ailleurs, pour ne pas être injuste envers ce poète, se placer au même point de vue que ses concitoyens. Les anciens avaient, sur des objets particuliers de morale, une manière de penser bien différente de la nôtre, et beaucoup plus libre relativement aux mœurs : c'était la conséquence naturelle d'une religion qui n'était que le culte de la nature, et qui avait consacré plusieurs usages publics contraires à l'honnêteté. On doit observer encore que la grande retraite (1) dans laquelle vivaient les femmes, avait laissé contracter aux hommes cette habitude de rudesse dans le

(1) Ici s'élève une question souvent débattue parmi les érudits ; on demande si l'usage permettait, chez les Grecs, que les femmes assistassent aux spectacles, et en particulier à la comédie. Je me crois en droit d'affirmer qu'elles assistaient à la représentation des tragédies. L'anecdote qu'on a rapportée à l'occasion des *Euménides* d'Eschyle, n'aurait jamais pu s'accréditer sans cela. Platon (*de Leg.* L. II p. 658 D.) parle de la prédilection que les femmes d'un esprit cultivé montrent pour le genre tragique ; enfin Julius Pollux, parmi les mots techniques de l'art dramatique, cite le mot de spectatrice. Quant à l'ancienne comédie, je suis porté à croire, au contraire, qu'on n'y voyait pas de femmes, mais ce qui me le persuade, c'est moins la licence qui y régnait, puisqu'elle était extrême dans les fêtes publiques, que la lecture même des pièces d'Aristophane. Parmi tant d'apostrophes aux spectateurs, où ce poète les désigne sous tous leurs divers rapports, je ne me souviens pas d'en avoir vu aucune aux spectatrices, et il eût difficilement laissé échapper cette occasion de plaisanterie. Je ne connais qu'un seul passage qui semble indiquer la présence des femmes à la comédie (Pax. v. 963-967.) Cependant la chose demeure douteuse, et je la recommande à l'examen des critiques.

langage dont elles seules peuvent les préserver. Ce sont les femmes qui, depuis l'époque de la chevalerie, ont donné le ton à la société dans l'Europe moderne. C'est à l'hommage qu'on leur rend, que nous devons d'avoir vu régner une moralité plus noble et plus pure dans la conversation, les beaux-arts et la poésie. Mais les anciens poètes comiques, forcés de prendre le monde tel qu'il était alors, avaient en effet sous les yeux une très grande corruption de mœurs.

Le témoignage le plus honorable en faveur d'Aristophane est celui du sage Platon, qui dit, dans une épigramme, que les grâces avaient choisi son âme pour y établir leur demeure. Il lisait fréquemment les ouvrages de ce poète, et l'on sait qu'il envoya *les Nuées* à Denis l'Ancien, en l'avertissant qu'il apprendrait par cette pièce (où non seulement les sophistes, mais la philosophie, et même son maître Socrate étaient attaqués) à connaître le gouvernement d'Athènes. Il n'est pas probable qu'il ait voulu dire par là, que cette pièce était une preuve de l'excès de la liberté démocratique; il reconnaissait dans son auteur une rare pénétration, et une profonde connaissance de tous les ressorts de la constitution populaire. Platon a encore caractérisé Aristophane d'une manière très nette, en lui faisant tenir dans son *Banquet* un discours qui ne se distingue assurément point par l'élévation des sentiments, mais par une invention aussi hardie qu'ingénieuse. Les comédies de ce poète nous font surtout comprendre pourquoi l'art dramatique était consacré à Bacchus. On y voit l'ivresse de la poésie, les bacchanales de la joie. La gaîté est une faculté de l'âme, qui veut aussi maintenir ses droits; plusieurs peuples lui ont dédié certaines fêtes, telles que les saturnales et le carnaval, dans l'espérance que, ayant une fois pris son essor, elle se contiendrait ensuite dans de justes bornes, et que la joyeuse folie céderait la place au sérieux. L'ancienne comédie était une mascarade du monde entier, où l'on tolérait plusieurs plaisanteries que la bienséance ordinaire n'aurait pas permises, mais où l'on mettait au jour bien des idées amusantes, spirituelles, et même instructives, qui ne se seraient jamais présentées sans cette abolition momentanée de toutes les barrières convenues.

Toutefois, quelque vulgaires et corrompues qu'aient pu être les inclinations personnelles d'Aristophane, quelque offensantes pour le goût et les mœurs qu'aient été ses bouffonneries, nous ne pouvons lui refuser, dans l'invention et l'exécution de ses pièces, les éloges qu'on donnerait à un artiste habile, soigneux, versé dans son art. Son langage, où règne la plus rare élégance et l'atticisme le plus pur, se ploie à tous les tons avec une merveilleuse flexibilité, et sait descendre à la familiarité du dialogue, de même qu'il prend l'élan rapide du chant dithyrambique le plus animé. On ne peut pas douter qu'Aristophane n'eût également réussi dans la poésie sérieuse, lorsqu'on voit l'orgueilleuse magnificence avec laquelle il en prodigue les beautés les plus exquises, pour effacer, l'instant d'après, l'impression qu'il a produite. Cette grâce choisie devient encore plus piquante par le contraste qu'elle produit avec la manière rude dont il fait parler le peuple, avec les dialectes vulgaires et même le grec mutilé des barbares qu'il emploie quelquefois. Cette même imagination libre et impétueuse à laquelle il soumet les lois de la nature et du monde moral, gouverne aussi son style. Il crée les mots les plus étonnants en imaginant des associations nouvelles, en faisant allusion à des noms individuels, ou en imitant des sons particuliers. La construction de ses vers exige autant d'habileté que la construction des vers tragiques. Il y emploie les mêmes formes, mais avec d'autres modifications, et en leur donnant une tournure légère et variée plutôt que noble et énergique. Sous une apparence de négligence, il observe les lois du rhythme avec une parfaite exactitude.

De même que je ne saurais m'empêcher d'admirer le plus riche développement de toutes les dispositions poétiques, dans les diverses métamorphoses que l'imagination brillante d'Aristophane fait subir à son art, de même encore je ne puis assez m'étonner de l'intelligence extraordinaire que supposaient ses ouvrages chez les spectateurs athéniens. On peut, jusqu'à un certain point, présumer que les citoyens d'un État indépendant et démocratique auront des notions exactes de l'histoire et de la constitution de leur pays, seront au fait des affaires, des négociations publiques, et connaîtront les hommes marquants parmi leurs contemporains ; mais ce qu'Aristophane attend encore de ses auditeurs, c'est une étonnante culture d'esprit et un goût extraordinaire pour les arts ; il fallait en particulier que les Athéniens eussent retenu, presque mot à mot, tous les chefs-d'œuvre tragiques, pour comprendre ses parodies ; et quelle promptitude inconcevable ne fallait-il pas pour saisir à la volée l'ironie la plus fine et la plus enveloppée, les saillies les plus rapides, les allusions bizarres que souvent une légère altération dans un mot suffisait pour indiquer! Et encore peut-on admettre hardiment, malgré tous les éclaircissements et tous les commentaires entassés par l'érudition, que la moitié de l'esprit d'Aristophane est perdu pour nous. La prodigieuse vivacité des têtes athéniennes peut seule nous faire concevoir comment des comédies qui, à travers mille bouffonneries, se rattachent aux rapports les plus importants de la vie humaine, ont pu être des divertissements populaires. On doit envier le poète qui osait compter à ce point sur l'intelligence de ses auditeurs; mais plus ils étaient spirituels, plus ils devenaient difficiles à satisfaire. Aristophane se plaint du goût trop dédaigneux des Athéniens, auprès desquels ses prédécesseurs les plus vantés étaient tombés en défaveur, dès que la force de leur génie avait paru souffrir la moindre altération. Les autres Grecs, dit-il, n'ont aucune connaissance de l'art du théâtre, en comparaison des Athéniens. Tous les talents relatifs au genre dramatique florissaient à l'envi dans Athènes, et leur émulation se trouvait resserrée daus le court espace d'un petit nombre de fêtes, où le peuple voulait toujours voir des nouveautés, et où l'on s'empressait de le satisfaire. La distribution des prix, à quoi tout se rapportait, puisque les auteurs dramatiques n'avaient aucun autre moyen d'être connus publiquement, était décidée après une seule représentation; on peut juger à quel point cette représentation était soignée dans tous ses détails par le poète qui la dirigeait. Si l'on ajoute encore à cela la netteté de la prononciation qui, dans ces immenses théâtres, permettait d'entendre distinctement toutes les paroles chantées ou déclamées, et ne laissait perdre aucune des finesses de la poésie la plus achevée, si l'on pense au bon goût et à la magnificence de ces spectacles, à l'intérêt passionné qu'y prenait tout un peuple, vif et sensible à l'excès, on aura l'idée d'un genre de jouissance que dans aucun pays du monde l'art dramatique n'a jamais pu donner au même point.

Quoique parmi les pièces qui nous restent d'Aristophane, nous ayons quelques-uns de ses premiers ouvrages, tous portent cependant l'empreinte d'une égale maturité. Il s'était longtemps préparé en silence à l'exercice de son art, qu'il regardait comme le plus difficile de tous. La peur de ne pas réussir le porta même d'abord à faire paraître ses comédies sous des pseudonymes : semblable, dit-il, à une jeune fille qui remet en d'autres mains un enfant auquel elle a donné le jour en secret. Il se montra pour la première fois à découvert dans sa pièce des *Chevaliers*, et il y fit éclater toute la bravoure que comporte l'état de poëte comique, en livrant un assaut général à l'opinion publique. Il ne s'agissait de rien de moins que de renverser Cléon, qui s'était mis à la tête des affaires de l'État après la mort de Périclès. Ce Cléon, un des fauteurs de la guerre, homme vulgaire et dépourvu de mérite, était l'idole du peuple aveuglé. Il n'avait contre lui que les riches propriétaires qui formaient la classe des chevaliers, et ce sont eux qu'Aristophane eut l'art de lier étroitement à sa cause, en les faisant représenter par le chœur. Il eut encore la prudence de ne nommer Cléon nulle part, quoiqu'il le désignât de la manière la plus claire. La crainte qu'inspiraient les partisans de ce démagogue était si forte, qu'aucun faiseur de masques n'osa imiter ses traits, et que le poète se décida à se peindre le visage et à remplir lui-même le rôle de Cléon.

On peut se figurer l'orage que dut exciter cette représentation parmi le peuple assemblé, et cependant l'audace d'Aristophane avait été accompagnée de tant d'habileté, que le succès le plus heureux la couronna, et que sa comédie remporta le prix. Il était fier de cet exploit héroïque, et il fait souvent mention du courage herculéen avec lequel il avait commencé sa carrière, en attaquant un monstre redoutable. La comédie des *Chevaliers* est, de toutes les pièces d'Aristophane, celle dont le but politique est le plus marqué : aussi déploie-t-elle, pour exciter l'indignation contre Cléon, une éloquence vigoureuse et presque irrésistible. C'est une vraie philippique théâtrale. Cependant elle ne me paraît pas une des plus remarquables par la gaîté et par l'invention. Il est possible que la pensée du danger très véritable auquel s'exposait Aristophane, l'ait mis dans une disposition plus sérieuse que ne doit être celle d'un poète comique, ou que les persécutions qu'il avait déjà essuyées lui aient fait énoncer son but avec trop de clarté et d'amertume. C'est seulement après la bourrasque d'invectives et de moqueries outrageantes du commencement, que cette comédie offre des scènes véritablement plaisantes. Il y a bien de la gaîté dans celle où les deux démagogues, le corroyeur, c'est à dire Cléon, et le charcutier emploient toutes sortes de flatteries, de promesses et de séductions pour gagner la faveur du vieux Démos (le peuple personnifié), qui est retombé dans l'enfance. La pièce finit par une marche triomphale joyeuse et presque touchante ; la scène qui représentait le Pnyx, le lieu des assemblées populaires, offre tout à coup aux regards les majestueux propylées. Démos, miraculeusement rajeuni, s'avance revêtu du costume des anciens Athéniens, et ayant recouvré, avec les forces de sa jeunesse, les sentiments qui animaient le peuple entier au temps du combat de Marathon.

A l'exception de cette attaque dirigée contre Cléon, Aristophane n'a pas ordinairement pour objet exclusif de ses plaisanteries un individu en particulier, si ce n'est toutefois Euripide, contre lequel il s'acharne continuellement. Ses pièces ont toutes un but général et souvent très important, qu'il ne perd jamais de vue, au milieu des écarts, des détours, et des interruptions de toute espèce, qui semblent le lui faire oublier.

La Paix, *les Acharniens* et *Lysistrata*, sous mille tournures différentes, prouvent la nécessité de mettre fin à la guerre. L'assemblée des femmes, *les Thesmophories*, et encore *Lysistrata*, avec d'autres intentions accessoires, tendent surtout à jeter du ridicule sur les défauts et les habitudes des femmes. *Les Nuées* présentent sous un aspect grotesque les sophistes et leur métaphysique ; *les Guêpes* signalent le goût des Athéniens pour les procès ; *les Grenouilles* annoncent la décadence de l'art tragique, et *Plutus* est une allégorie de l'injuste distribution des richesses. La pièce des *Oiseaux* paraît de toutes la plus privée de but, et c'est par cela même une des plus divertissantes.

La Paix commence d'une manière extraordinairement vive et hardie. On voit le pacifique Trygée, monté sur un escarbot, escalader le ciel, à l'imitation de Bellérophon. Il arrive dans l'Olympe, qui a été abandonné par les dieux. La Guerre, géant farouche, s'y est établi à leur place, avec son compagnon le Vacarme, et s'occupe à piller des villes dans un mortier, en se servant des plus fameux généraux comme de pilon. La déesse de la paix est cachée au fond d'un puits très profond, et tous les peuples de la Grèce réunissent leurs efforts pour l'en retirer avec des cordes. Ces diverses inventions fantastiques sont rendues avec une extrême gaîté; mais dans la suite la fiction ne se soutient pas à une égale hauteur. Il ne reste plus rien à faire qu'à offrir des sacrifices à la déesse, si longtemps désirée, et à préparer des festins en son honneur. Les sollicitations importunes de gens qui trouvent leur avantage à la guerre forment, il est vrai, une épisode agréable; mais, somme toute, la fin ne répond pas à ce qu'avait promis le commencement (1).

(1) Cette pièce, ainsi que plusieurs autres, prouve que les anciens auteurs comiques ne changeaient pas seulement les décorations dans les entr'actes, et lorsque le théâtre restait vide, mais pendant que les acteurs y étaient encore. Ici, la scène représentait d'abord la campagne de l'Attique, et se transportait dans l'Olympe, pendant que Trygée traversait les airs sur son escarbot en criant au machiniste de bien se garder de lui casser le cou. Ensuite, le retour du même personnage sur la terre était annoncé par sa descente dans l'orchestre. On a pu aisément ne pas s'apercevoir des infractions aux unités de temps et de

Une pièce, composée avant celle de *la Paix*, les *Acharniens* (1), me paraît bien supérieure, tant à cause de la marche mieux soutenue, que d'une gaîté toujours croissante, qui finit par devenir une véritable ivresse bachique. Dicéopolis, le bon citoyen, impatienté des faux prétextes par lesquels on amuse le peuple, en détournant toutes les propositions pacifiques, se décide enfin à envoyer une députation à Lacédémone, et à conclure la paix pour lui seul et sa famille. Après cela il se retire à la campagne, et, malgré toutes les insultes du parti opposé, il entoure sa maison d'une enceinte, au dedans de laquelle il publie la paix, et tient un marché ouvert pour les habitants des contrées voisines, pendant que tout le reste du pays souffre des maux de la guerre. Les bienfaits de la paix sont présentés aux yeux du peuple de la manière la plus sensible. L'épais Béotien vient vendre au marché ses anguilles et sa volaille, l'abondance règne chez Dicéopolis, et l'on n'y pense qu'à la joie et aux festins. Le grand général Lamachus, dont la demeure se voit en dehors de

---

lieu que se permettaient les poëtes tragiques, et auxquelles les modernes ont attaché depuis une si puérile importance; mais la hardiesse avec laquelle les anciens comiques soumettaient à l'empire de leur imagination les formes extérieures de l'espace et du temps, cette hardiesse est si frappante, qu'elle ne peut échapper aux regards les moins attentifs, et cependant on ne l'a pas assez remarquée dans les traités qu'on a écrits sur l'ordonnance du théâtre des Grecs.

(1) Les Didascalies la placent dans l'année qui a précédé la représentation des *Chevaliers*. Elle est donc la plus ancienne pièce d'Aristophane qui nous reste, et la seule de celles-là que ce poète ait donnée sous un nom emprunté.

l'enceinte fortunée, est tout à coup appelé aux frontières, à la nouvelle d'une attaque imprévue de l'ennemi. Dicéopolis, en revanche, est invité par ses amis à prendre part à une fête où chacun porte son écot. Les préparatifs militaires et ceux de la cuisine marchent de front; on déploie, des deux côtés du théâtre, le même zèle et la même activité; d'une part on va chercher la lance, de l'autre la broche, ici le harnais, là le pot au vin; à droite on orne de plumes un casque, à gauche on en dépouille une grive. Enfin chacun part pour sa destination; mais bientôt revient Lamachus, la tête fracassée, boiteux d'un pied, et soutenu par deux de ses compagnons de guerre, tandis que Dicéopolis ivre, arrive, conduit par deux jeunes filles en belle humeur. Les lamentations de l'un sont tournées en ridicule par les jubilations de l'autre, et la pièce finit lorsque ce contraste a été poussé au plus haut degré.

La comédie de *Lysistrata* a un si mauvais renom, qu'il faut passer sur un pareil sujet, comme sur des charbons ardents. Les femmes se sont mis dans la tête de prendre un parti sévère pour forcer leurs maris à conclure la paix. Sous la conduite de leur général habile, Lysistrata, elles forment une conjuration dans toute la Grèce, et commencent par s'emparer de la citadelle d'Athènes, l'Acropole. L'embarras où cette séparation jette les hommes amène les scènes les plus risibles. On voit arriver les députés des deux puissances belligérantes, et la paix se négocie sous la direction de la spirituelle Lysistrata. Malgré toutes les folies inconvenantes dont cette pièce est remplie, le but général en est certainement très innocent, puisque le regret du bonheur domestique, sans cesse troublé par le départ des hommes, pouvait seul mettre fin à la guerre qui désolait la Grèce : la rude franchise des Lacédémoniens est surtout admirablement bien peinte dans *Lysistrata*.

Les Harangueuses peignent aussi un gouvernement de femmes, et bien plus mauvais encore. Les Athéniennes, déguisées en hommes, s'introduisent dans l'assemblée du peuple, et s'étant assurées ainsi la majorité des voix, elles font passer une nouvelle constitution, fondée sur la communauté des biens et des femmes. C'est une parodie de la république idéale, imaginée par les philosophes, et dont Protagoras avait déjà tracé le plan avant Platon. Cette pièce, à ce qu'il me semble, offre les mêmes défauts que celle de *la Paix*; l'exposition est ce qu'il y a de mieux. Les scènes où le poète peint les rassemblements secrets des femmes, et la manière dont elles s'exercent à jouer les rôles d'homme, ainsi que la description de l'assemblée populaire, sont des morceaux de main de maître. Mais bientôt après tout s'arrête. Il ne reste qu'à montrer la confusion qui résulte du mélange des biens, de la communauté des femmes et de l'égalité de droit en amour, établie entre les laides et les jolies. La peinture de tout ce trouble est assez gaie, mais elle roule sur la répétition de la même idée. En général, l'ancienne comédie était exposée au danger de se ralentir dans sa marche. Quand on commence par le merveilleux, quand on peint le monde renversé, les incidents les plus extraordinaires se présentent d'abord comme d'eux-mêmes, mais il est impossible que cette première vivacité se soutienne, et tout paraît faible en comparaison des coups décisifs qu'avait d'abord portés la plaisanterie.

Les Thesmophories ont véritablement une intrigue, un nœud qui ne se délie qu'à la fin, et possèdent par là un grand avantage. Il s'agit de dénoncer et de punir Euripide à cause de la haine qu'il témoigne aux femmes dans ses tragédies. C'est ce que les femmes elles-mêmes exécutent aux fêtes de Cérès, qu'elles célébraient seules. Euripide cherche inutilement un avocat féminin, et après avoir échoué auprès de son faible confrère Agathon, il détermine enfin son beau-frère Mnesilochus, déjà sur le retour, à se déguiser en femme et à plaider sa cause. La manière dont Mnesilochus s'y prend pour défendre son client inspire des soupçons, il est reconnu pour un homme, et, s'étant réfugié aux pieds des autels, il se saisit pour plus grande sûreté d'un enfant qu'une femme portait dans ses bras, et menace de mettre à mort cet otage, si on ne le laisse pas en repos. Dans le moment où l'enfant court le plus grand danger, on découvre que ce n'est qu'une outre de vin enveloppée dans des langes, et les femmes attachent Mnesilochus à une espèce de poteau. Alors paraît Euripide, qui, sous divers déguisements, essaie de délivrer son beau-frère. Tantôt il est Ménélas retrouvant son Hélène en Egypte, tantôt Écho déplorant le triste sort d'Andromède enchaînée, tantôt Persée voulant briser les fers de cette même beauté. Enfin Euripide parvient à délivrer son beau-frère, en employant les charmes d'une joueuse de flûte pour séduire le valet de justice, un grossier barbare, à la garde duquel on l'avait remis. Ces scènes de parodie, conçues presque en entier dans les propres paroles des tragédies, sont vraiment incomparables. On peut, en général, compter sur la moquerie la plus ingénieuse et la plus mordante, dès qu'il s'agit d'Euripide. On dirait que l'esprit d'Aristophane redouble de causticité lorsqu'il s'attaque aux tragédies de ce poète.

On a beaucoup parlé de la comédie des *Nuées*, mais sans la bien comprendre et sans en sentir le mérite. Cette pièce devait démontrer que le penchant aux futiles recherches de la philosophie, faisait négliger aux Grecs les exercices guerriers, que ces vaines spéculations ne servaient qu'à ébranler les principes de la religion et de la morale, et qu'enfin les arguties sophistiques rendaient tous les droits équivoques et assuraient bien souvent le triomphe de la mauvaise cause. Le chœur, composé de nuages parlants (idée bizarre et dont l'exécution exigeait des costumes bien extraordinaires), est une image des pensées métaphysiques qui ne reposent pas sur le terrain de l'expérience, mais qui, dénuées de forme et de consistance, planent dans la région des contingents. C'est une des tournures habituelles de la plaisanterie d'Aristophane que de prendre une métaphore à la lettre, et de l'offrir aux yeux des spectateurs. De même qu'on dit d'un homme adonné à des rêveries incompréhensibles, qu'il s'égare dans les espaces, de même Socrate, assis dans une corbeille, se balance véritablement au milieu des airs, et paraît tomber du ciel. Je ne prétends pas soutenir que cette plaisanterie ait été bien appliquée; il y a cependant lieu de croire que la philosophie de Socrate était plus dirigée vers l'idéalisme et moins bornée à l'emploi populaire que Xénophon ne nous le fait supposer. Comment Aristophane aurait-il sans cela choisi le respectable Socrate, l'antagoniste décidé des sophistes, pour personnifier la métaphysique vague et subtile? Sans doute il entrait là de la haine personnelle, et je n'ai point dessein de le justifier à cet égard; mais le choix du nom, certainement très blamable, n'empêche pas que la pièce ne soit bien composée. Aristophane prétendait que c'était le plus parfait de tous ses ouvrages : il ne faut cependant pas le prendre au mot sur ce jugement. Il se prodigue à lui-même, en toute occasion, les éloges les plus pompeux. Peut-être cette franchise naïve lui semblait-elle appartenir à la licence comique. Du reste, il paraît que *les Nuées* furent mal accueillies à la représentation, et que cette comédie disputa deux fois le prix sans le remporter.

Celle des *Grenouilles*, ainsi que je l'ai dit, a pour but de prévenir la décadence de l'art tragique. Euripide était mort, Sophocle et Agathon aussi; il ne restait plus que des poètes du second rang. Bacchus, qui regrette Euripide, veut l'aller chercher aux enfers. Dans ce dessein, ce dieu prend tout l'accoutrement d'Hercule, mais quoique muni de la massue et de la peau de lion, il lui ressemble si peu dans sa manière d'agir, qu'il prête beaucoup à rire par sa poltronnerie. On peut juger par ce trait, de l'audace d'Aristophane. Le dieu tutélaire de son art, en l'honneur duquel on donnait le spectacle, n'était pas à l'abri de ses sarcasmes. Il croyait, sans doute, que les dieux entendaient raillerie aussi bien que les hommes. Bacchus donc rame sur l'Achéron, et les grenouilles accompagnent sa navigation de leurs coassements harmonieux. Le chœur proprement dit est formé par les ombres des initiés aux mystères d'Éleusis, et il chante des vers d'une beauté admirable. Bacchus arrive aux enfers; il y trouve Euripide disputant le trône de la tragédie à Eschyle qui l'avait occupé avant lui. Pluton présidait le tribunal, mais aussitôt qu'il voit Bacchus, il lui remet la décision de ce grand débat. Les deux poètes, Eschyle avec son courroux sublime et Euripide avec sa subtile vanité, plaident chacun leur cause et donnent des preuves de leur habileté. Ils chantent, ils déclament alternativement, et toute cette peinture est éminemment bien caractérisée. A la fin on apporte une balance où chacun d'eux pose un vers; mais quelque peine que se donne Euripide pour trouver des vers d'un grand poids, il voit toujours remonter son plateau dès qu'Eschyle a mis un vers dans le sien. A la fin ce dernier s'ennuie de cette épreuve et dit à Euripide qu'il n'a qu'à se placer lui-même dans la balance, avec tous ses ouvrages, sa femme, ses enfants et son serviteur Céphisophon, tandis que lui, Eschyle, en mettant seulement deux vers de l'autre côté, sera sûr de faire le contre-poids. Pendant ce temps-là, Bacchus a pris parti pour Eschyle, et quoiqu'il eût juré à Euripide de le tirer des enfers, il s'en débarrasse avec sa propre maxime en disant :

La langue a juré, mais l'âme ne s'est point engagée.

Eschyle revient donc parmi les vivants et laisse

pendant son absence le sceptre tragique à Sophocle (1).

Les Guêpes sont, à mon avis, la plus faible des pièces d'Aristophane. Le sujet en est trop borné, puisque la peinture d'une maladie morale individuelle, telle que la manie des procès, n'est point susceptible d'une application générale, et de plus, l'action est trop tirée en longueur; le poète, lui-même, parle cette fois très modestement de ses moyens d'amuser, et ne promet point aux spectateurs un rire inextinguible. En revanche, *les Oiseaux* se distinguent par l'invention la plus brillante, dans le genre du merveilleux, et amusent par la plus vive gaîté. C'est une poésie aérienne, ailée, bigarrée, comme les êtres qu'elle dépeint. Je ne puis être d'accord avec le critique ancien qui attribue à cette pièce un sens caché, et croit qu'elle est la satire la plus générale et la plus manifeste du gouvernement d'Athènes, ainsi que de l'ensemble de la constitution sociale. Je ne saurais y voir autre chose que le jeu innocent d'une imagination pétulante et badine, qui touche légèrement à tout, et se joue de la race des dieux comme de celle

---

(1) On peut répéter ici l'observation que j'ai faite à l'occasion des *Grenouilles* : la scène était d'abord à Thèbes, séjour de Bacchus et d'Hercule ; le théâtre changeait ensuite sans que Bacchus l'eût quitté, et représentait le rivage de l'Achéron. L'enfoncement de l'orchestre était censé le fleuve même que Bacchus devait traverser. Il s'embarquait à l'une des extrémités du logeum, et lorsqu'il abordait à l'autre, la décoration, qui avait changé de nouveau pendant sa navigation, représentait les enfers avec le palais de Pluton au centre. Ceci n'est pas une simple supposition, car l'ancien Scoliaste prouve très positivement, d'après la pièce même, ce que je viens d'avancer.

des hommes, mais sans se diriger vers aucun bu[t] particulier. Le poète a très ingénieusement fait entrer dans le cercle de la fiction tout ce que l'histoire naturelle, la mythologie, la science des augures, les fables d'Ésope, et même les proverbes populaires lui fournissaient sur les oiseaux. Il remonte jusqu'à la cosmogonie, et rappelle qu'avant la naissance du monde, la Nuit, munie de grandes ailes noires, pondit un œuf, d'où s'élança l'Amour aux ailes dorées, qui donna l'être à toutes choses. Deux fugitifs de l'espèce humaine arrivent dans le domaine des oiseaux; ceux-ci veulent se venger sur eux de toutes les injures qu'ils ont reçues des hommes. Les voyageurs se tirent d'affaire en prouvant à toute la race emplumée sa grande supériorité sur le reste des créatures. Ils conseillent aux oiseaux de réunir leurs forces pour former un grand État, et c'est ainsi que la ville merveilleuse, *Néphélococcygie* (nom tiré des nuages et des coucous), est bâtie au dessus de la terre. Toutes sortes d'hôtes non conviés, des prêtres, des devins, des géomètres, des législateurs, des avocats veulent venir faire leurs nids dans la ville, mais on les renvoie. On imagine de nouveaux dieux à l'image des oiseaux, ainsi que les hommes en avaient créé à leur image, et l'on entoure l'Olympe de murs, afin que l'odeur des offrandes ne parvienne plus aux anciennes divinités. Ces dieux infortunés, réduits aux dernières extrémités, envoient à la ville des oiseaux une ambassade composée d'Hercule l'affamé, de Neptune qui, suivant l'usage, jure par son propre nom, et d'un dieu de Thrace, lequel ne sachant pas bien le grec, s'exprime dans un mauvais patois. Ces plénipotentiaires en passent par où l'on veut, et la souveraineté du monde demeure aux oiseaux. Cette fiction, qui paraît assez semblable à un conte de fées, renferme pourtant un sens philosophique, puisqu'elle invite à déplacer le point de vue des observations humaines, et à considérer d'en haut l'ensemble des choses.

Les anciens critiques nous apprennent que le poète Cratinus se distinguait par une raillerie mordante et bien appliquée, mais qu'il manquait de gaîté, et n'avait pas l'art de développer ni de remplir d'une manière heureuse le plan de ses comédies. Ils prétendent qu'Eupolis était agréable dans ses plaisanteries, et tellement habile à revêtir ses idées d'images ingénieuses, qu'il n'avait pas besoin de la parabase pour faire entendre tout ce qu'il voulait, mais qu'en revanche il était dépourvu de force satirique ; enfin, Aristophane, selon leur jugement, possédait à lui seul les avantages de ces deux poètes. On trouvait, dans ses ouvrages, la gaîté et la causticité réunies dans les plus justes proportions, et leurs effets combinés avaient beaucoup de piquant et de charme. D'après ces données, je suis porté à croire que, parmi les pièces que nous venons de parcourir, *les Chevaliers* se rapprochent davantage du genre de Cratinus, et *les Oiseaux* de celui d'Eupolis. Malgré le prix qu'attache Aristophane à sa propre originalité, et les louanges qu'il se donne sur ce qu'il n'emprunte rien à personne, il est difficile d'imaginer que, vivant au milieu de rivaux aussi illustres, il ait pu se préserver de toute influence étrangère. Si cette supposition est fondée, nous devons surtout regretter la perte des ouvrages de Cratinus, quant à la connaissance des mœurs et de la constitution d'Athènes, et celle des pièces d'Eupolis pour la forme qu'il avait su donner à l'art de la comédie.

La pièce de *Plutus*, telle que nous la possédons, passe pour un des derniers ouvrages d'Aristophane; mais il est vraisemblable que c'est la refonte d'un de ses premiers essais. Elle appartient pour le fond au genre de l'ancienne comédie; cependant, une plus grande modération dans la plaisanterie personnelle, et une teinte générale plus adoucie la rapprochent de la comédie moyenne. Ce dernier genre de composition fut introduit, sans nul doute, par une loi formelle qu'imposa l'autorité; mais on peut supposer néanmoins que, déjà quelque temps avant la loi, il était devenu dangereux pour le poëte comique de donner toute l'étendue possible au privilége dont il jouissait. S'il est vrai, comme on l'a prétendu et contesté tour à tour, qu'Alcibiade ait fait noyer Eupolis pour le punir d'avoir dirigé contre lui une satire dialoguée, il n'y a aucune gaîté comique en état de résister à l'idée d'un pareil danger (1).

(1) M. Schlegel, pour mieux faire connaître Aristophane, avait joint ici la traduction d'une scène des *Acharniens* en vers allemands très bien faits. C'est la scène entre Cephisophon et Dicéopolis, qui a été traduite en français par Brumoy. (*Note du trad.*)

SEPTIÈME LEÇON

S'il y a eu une comédie moyenne qu'on puisse regarder comme un genre particulier. — Origine de la nouvelle comédie ou de ce que nous nommons simplement comédie. — La comédie est un genre mixte. — Quel en est le côté prosaïque. — La versification y est-elle indispensable ? — Peut-on adopter la division générale du genre en pièces d'intrigue et en pièces de caractère ? — Du comique fondé sur l'observation, du comique avoué et du comique arbitraire. — Moralité de la comédie. — Plaute et Térence considérés comme imitateurs des Grecs, et comme nous donnant une idée des originaux qui nous manquent ; différence de leur manière d'imiter. — L'intrigue de la comédie grecque était fondée sur les mœurs et sur la constitution d'Athènes. — Statues d'après nature de deux poètes comiques.

Les anciens critiques admettent l'existence d'une comédie moyenne entre l'ancienne et la nouvelle comédie, mais ils varient sur le caractère qu'ils assignent à ce genre prétendu. Les uns ont dit que ce qui le distingue est l'abolition du chœur, d'autres, que c'est l'absence de la plaisanterie personnelle et des rôles d'individus réels. Cependant l'usage d'introduire des personnages connus sur la scène n'a jamais été jugé indispensable dans l'ancienne comédie. Les personnages de la plupart des pièces d'Aristophane ne sont point historiques, mais purement imaginaires; ils portent des noms significatifs, à la manière de la nouvelle comédie, et la raillerie individuelle n'est employée que dans les détails. Mais ce qui était véritablement essentiel à la nature du genre, c'est qu'il fût permis d'user de pareils moyens. Dès que les poètes eurent perdu ce privilége, ils furent hors d'état de présenter sous un aspect burlesque le gouvernement et les affaires publiques, et en se bornant à l'imitation de la vie privée, ils ôtèrent au chœur toute sa signification. Une circonstance accidentelle contribua encore à faire abolir le chœur. Le costume et l'instruction de cette multitude d'acteurs occasionnaient beaucoup de dépenses. Lorsque la comédie, avec ses droits politiques, perdit la dignité d'un fête religieuse, et qu'elle s'abaissa au niveau d'un simple divertissement, le poète ne trouva plus de protecteurs assez puissants ni assez zélés pour fournir aux frais qu'exigeait le chœur.

Platonius donne encore un autre caractère à la comédie moyenne; il dit que le danger des sujets politiques obligea les poètes à diriger leurs plaisanteries contre toute espèce de poésie sérieuse, soit épique, soit tragique, et à en montrer les inconséquences et les absurdités; il prétend que l'*Edlosichon* d'Aristophane, pièce qui vint longtemps après les autres, a été composée dans cet esprit. On voit que cette idée rentre dans celle de la parodie, dont nous sommes partis en traitant de l'ancienne comédie. Platonius donne pour exemple de ce genre de composition, l'*Ulysse* de Cratinus, où l'*Odyssée* était tournée en ridicule. Mais, d'après l'ordre des temps, un ouvrage de Cratinus, poète dont Aristophane annonce la mort dans sa pièce de *la Paix*, ne peut pas appartenir à la comédie moyenne. D'ailleurs on trouve des exemples de pareils sujets chez les plus anciens poètes comiques : la pièce d'*Eupolis*, où il dépeint ce que nous appelons le pays de Cocagne, n'était-elle pas une parodie des traditions poétiques de l'âge d'or? Le voyage de Trygée au ciel, et celui de Bacchus aux enfers, ne sont-ils pas, dans Aristophane, des imitations bouffones des hauts faits de Bellérophon et d'Hercule, célébrés par l'épopée et la tragédie? Et ne connaît-on pas en outre les parodies d'une foule de scènes tragiques détachées?

Ce serait donc inutilement qu'on chercherait dans le choix exclusif d'un genre particulier de plaisanteries, le caractère distinctif de la comédie moyenne. C'est seulement au sens allégorique de la composition, et à la baguette magique du poète, qu'on peut reconnaître la comédie ancienne. Lorsque ces conditions, essentielles au genre, se présentent à nous dans une pièce grecque, nous pouvons hardiment décider qu'elle n'est pas postérieure à l'époque d'Aristophane.

Puisque ce fut une prohibition qui, en privant l'ancienne comédie de sa liberté, donna naissance à la nouvelle, il est aisé de comprendre qu'il y eut une époque transitoire de vacillation et d'essais différents, jusqu'à ce que l'art comique se fût développé sous une forme nouvelle, et l'eût définitivement adoptée. On admettrait ainsi différentes espèces de comédie moyenne, ou plutôt diverses nuances entre l'ancienne et la nouvelle, ainsi que l'ont fait plusieurs littérateurs. Toutes ces distinctions peuvent trouver leur place dans l'histoire de l'art, mais, au point de vue théorique, un passage gradué ne constitue pas un genre.

Nous en venons donc à parler de la nouvelle comédie, composition dramatique qui est la même pour le fond que notre comédie moderne. Si l'on veut s'en former une idée juste, il faut la considérer dans l'ensemble de l'histoire littéraire, plutôt que d'une manière absolue; il deviendra alors aisé de reconnaître que c'est un genre mêlé et limité, dont les éléments et les bornes se distinguent facilement. Ceux qui regardent la nouvelle comédie comme l'espèce pure et originale, oublient tout à fait l'ancienne comédie, ou n'y voient que le commencement informe d'un art encore grossier; cependant, en nous la faisant connaître, Aristophane nous conserve un échantillon unique et précieux de ce qui n'a existé nulle part ailleurs.

On peut, à certains égards, regarder la comédie nouvelle comme l'ancienne comédie adoucie et modérée; mais, en fait d'originalité, tout ce qui se rapproche encore de l'état sauvage est bien plus curieux à observer. Les nouveaux auteurs comiques, privés du libre exercice de la plaisanterie, cherchèrent une compensation à cette perte en empruntant à la tragédie un élément sérieux; ils l'introduisirent dans la forme de la composition, dans le nœud de l'intrigue et dans l'impression qu'ils cherchaient à produire. Nous avons vu comment la tragédie était déjà descendue de la hauteur idéale, soit en se rapprochant de la réalité par la peinture des caractères et par le ton du dialogue, soit en manifestant une tendance vers l'instruction pratique, c'est à dire vers le but d'enseigner aux hommes à bien arranger leur vie bourgeoise et domestique avec tous les détails qui la composent. Aristophane a souvent plaisanté Euripide sur ce penchant à l'utile; ce dernier poëte en effet était le précurseur de la nouvelle comédie; les auteurs de cette classe l'ont surtout vanté, et la plupart se sont avoués ses disciples. Euripide avait tant de rapport avec eux, que plusieurs sentences tirées de ses pièces ont été attribuées à Ménandre, et qu'on trouve, dans les fragments de Ménandre, des discours qui s'élèvent manifestement à la dignité tragique.

La nouvelle comédie, que je nommerai dorénavant sans épithète, pour la distinguer de l'autre à laquelle j'ajouterai la qualification d'ancienne, la comédie donc, est un mélange de sérieux et d'enjouement; le poëte ne se moque plus de l'univers entier, comme de toute inspiration élevée; il n'est plus dominé par une verve joyeuse, mais il cherche la gaîté dans les objets mêmes qu'il présente. Il peint dans les caractères et dans les situations des hommes ce qui prête à la plaisanterie, ce qu'il y a de divertissant et de risible; sa fiction ne peut plus être l'œuvre sans modèle de son imagination, il faut qu'elle soit vraisemblable, c'est à dire, qu'elle paraisse réelle. Nous devons donc soumettre cet idéal comique de la nature humaine, dont nous nous sommes occupés, à la loi restreinte de l'imitation de la vie, le considérer sous ce nouveau rapport, et déterminer en conséquence les espèces secondaires et les différentes gradations du genre.

L'inspiration sérieuse de la tragédie prend son essor vers l'infini. L'objet de la poésie tragique est le combat qui s'élève dans l'homme, entre sa nature sans bornes et sa nature limitée. Le sérieux mitigé de la comédie, au contraire, se fixe en dedans du du cercle de l'observation. A la place de la destinée, on y voit paraître le hasard, car c'est ainsi que nous concevons l'idée de ce qui est hors de notre pouvoir, lorsque nous ne nous élevons pas au dessus de la région de l'expérience. Aussi trouvons-nous dans les fragments qui nous restent de la nouvelle comédie, des sentences sur le hasard, comme la tragédie nous en offre sur la destinée. L'inflexible nécessité ne peut être mise en contraste qu'avec la liberté morale; l'habileté, au contraire, peut tirer un heureux parti du hasard, et c'est là l'instruction véritable de la comédie; elle n'offre, comme l'apologue, qu'une morale de prudence. Un ancien critique a renfermé en bien peu de mots cette idée, lorsqu'il a dit que la tragédie nous apprend à fuir la vie, et la comédie à nous en arranger.

L'ancienne comédie est un jeu fantastique, une vision aérienne et riante qui finit par se résoudre à rien, en ne laissant d'autre trace d'elle-même que le sens qu'elle renfermait; la comédie, au contraire, se soumet dans sa forme extérieure aux lois du sérieux; elle rejette tout ce qui serait contradictoire, tout ce qui pourrait annuler son but; elle cherche à former un ensemble bien lié; elle a son intrigue et son dénoûment de même que la tragédie; elle entrelace pareillement les incidents, comme causes et effets réciproques, sans les diriger, il est vrai, vers une idée relevée, mais en les prenant tels que l'expérience nous les donne. Si la tragédie cherche à laisser notre âme dans un état contemplatif, où le sentiment soit satisfait, la comédie veut aussi nous faire arriver à un point de repos, au moins apparent, où la raison soit contente. C'est là, pour le dire en passant, une des grandes difficultés que doit surmonter l'auteur comique; on veut qu'à la fin de sa pièce, il mette adroitement de côté toutes les contradictions dont le jeu varié nous a réjoui; mais quand il réussit à tout concilier, quand les fous deviennent sages, quand les vicieux sont corrigés ou punis, c'en est fait de toute impression de gaîté.

Tels sont les éléments comiques et tragiques de la comédie. Il faut en ajouter un troisième qui n'est pas même poétique, c'est l'imitation de la réalité, c'est le portrait de la vie. Les images idéales et les caricatures grotesques ne prétendent dans les arts du dessin, ainsi que dans la poésie, à aucune autre vérité qu'à celle de l'expression. Elles veulent donner une idée et non représenter un individu; enfin leur but n'est pas de produire l'illusion. La tragédie s'adresse à l'âme, l'ancienne comédie parlait à l'imagination; comme la comédie, en s'attachant à l'imitation de la vie réelle a cessé de mettre en jeu nos facultés actives, elle a dû chercher un dédommagement pour l'esprit et la raison dans la vraisemblance de la composition. Je n'entends pas par vraisemblance le calcul des probabilités appliqué aux événements; car si l'auteur devait s'interdire toute combinaison un peu extraordinaire, et s'en tenir à ce qui se voit tous les jours, il ne pourrait pas même égayer : je parle de la vraisemblance des caractères. La comédie est un portrait fidèle des mœurs du moment, elle doit être locale et nationale, et si on la transporte dans des temps et des pays différents du nôtre, il faut qu'elle nous les fasse connaître. Les caractères comiques ne peuvent cependant pas être tout à fait individuels : on les compose des traits les plus frappants de divers personnages du même genre, afin qu'ils aient l'air de représenter toute une classe ; mais on ajoute à cette réunion assez de qualités particulières, pour que l'ensemble ait de la vie, et ne paraisse pas la simple personnification d'une idée abstraite.

La comédie, sous le point de vue de l'imitation exacte des mœurs sociales et domestiques, est véritablement un portrait. Ce côté prosaïque du genre, doit être déterminé différemment, suivant les temps et les lieux, tandis que le motif comique, d'après son principe poétique et universel, doit toujours rester le même.

Les anciens avaient déjà reconnu la comédie pour une copie exacte de la réalité. Pénétré de cette idée, le grammairien Aristophane l'exprime d'une manière assez ingénieuse quoiqu'un peu recherchée, en s'écriant :

O vie ! et toi Ménandre ! lequel de vous a imité l'autre ?

Voici ce que nous dit aussi Horace : « On a mis en
« question si la comédie était un poème, parce qu'elle
« n'a, ni dans le sujet ni dans le style, l'élan éner-
« gique de la poésie, et qu'à la versification près,
« c'est le langage ordinaire de la conversation.....

« Il est vrai qu'un père irrité y tonne contre son
« fils..... Mais » ajoute Horace en réponse à cette
dernière objection « le père de Pomponius, s'il vivait
« encore, parlerait-il à son fils d'un ton moins ter-
« rible? »

Pour décider si la comédie est en effet une composition poétique, il faut diriger son attention vers ce qui l'élève au dessus de son modèle. Qu'est-ce donc qui la distingue de la simple imitation d'un fait particulier? C'est d'abord qu'elle forme un tout conçu par l'imagination, un ensemble dont les parties bien proportionnées et bien d'accord entre elles, sont rassemblées avec art. De plus, elle assujettit aux lois de la représentation théâtrale les objets qu'elle offre à nos regards; elle écarte les accessoires étrangers, les incidents de nature à troubler notre impression, tandis qu'elle resserre dans un étroit espace et soumet à une marche rapide tout ce qui appartient à l'action qu'elle dépeint. Une lumière vive répandue sur des caractères et des situations mieux prononcés, les fait paraître avec un éclat, que le jour indécis et les vagues contours de la réalité ne prêtent point à la vie. Il est donc certain que le principe poétique domine dans la forme de la comédie; l'élément prosaïque est dans le fond, dans le sujet, dans cette ressemblance qu'on désire qu'elle ait avec le monde tel qu'il est, avec un événement véritable.

Nous voudrions aussi pouvoir trancher une autre question très souvent débattue, et décider si la versification est essentielle à la comédie, ou, en d'autres termes, si une pièce de ce genre, écrite en prose, est une production défectueuse. Plusieurs critiques se sont décidés pour l'affirmative, en s'appuyant sur l'autorité des anciens, qui n'admettaient sur la scène que des pièces composées en vers; cependant, il est possible que les Grecs et les Romains aient été en cela déterminés par des circonstances particulières, et l'on peut citer, entre autres, la vaste étendue de leurs théâtres, où la prononciation énergique du vers contribuait à faire entendre les acteurs. Ces critiques oublient encore que les mimes de Sophron, si fort admirés de Platon, étaient écrits en prose. Il paraît que ces mimes (si du moins on peut en juger d'après quelques idylles de Théocrite en hexamètres, qui passent pour avoir été calquées sur ce modèle) offraient des peintures dialoguées de la vie ordinaire, où toute apparence de poésie était évitée avec soin. La forme n'en devait pas même être poétique, puisqu'il ne s'y trouve aucun nœud général : ce sont des scènes détachées, où tout se succède sans préparation, et par un effet du hasard. Il est vraisemblable que le manque d'intérêt dramatique y était racheté par la perfection de la pantomime, c'est à dire, par une imitation amusante des habitudes particulières aux diverses classes d'individus.

Dans la comédie versifiée elle-même, il faut que le langage s'éloigne le moins possible de celui de la vie habituelle, par le choix et par l'association des mots. Les licences poétiques, nécessairement admises dans tous les autres genres, sont interdites dans celui-ci; le mécanisme du vers doit paraître se présenter naturellement sans nuire aux tournures d'usage, à la liberté, à l'abandon même de la conversation. Il ne faut pas que le mouvement animé du rhythme serve à rehausser les personnages, comme dans la tragédie, où l'élévation inaccoutumée du langage devient un cothurne moral. Les vers, dans la comédie, doivent seulement contribuer à la rapidité, à l'élégance, à l'ornement du dialogue. Avant de se décider à écrire une pièce de ce genre en vers ou en prose, il faut considérer s'il est plus avantageux au but qu'on se propose de donner à la diction l'agrément d'une forme plus achevée, ou de comprendre dans l'imitation de la vie celle des défauts de langage que l'éducation, ou d'autres causes, font contracter à diverses classes de la société. Ce dernier cas est si peu fréquent, qu'il est hors de doute que ce ne soit la plus grande commodité des auteurs et des comédiens qui ait donné, depuis peu, une si grande vogue à la comédie en prose. Je conseillerais cependant à nos auteurs allemands en particulier, le travail soigné de la comédie versifiée et même rimée. Comme nous n'en sommes encore qu'à chercher un genre comique national, sans l'avoir véritablement trouvé, toutes nos compositions gagneraient de la consistance à cette forme plus serrée, et plusieurs fautes contre le goût seraient déjà prévenues. Nous ne sommes pas d'assez grands maîtres dans cet art, pour oser nous abandonner à une aimable négligence.

Puisque nous avons reconnu que la comédie est un genre mixte, qui se compose d'éléments comiques et tragiques, poétiques et prosaïques, il est évident qu'il offrira, si l'on veut, autant de subdivisions qu'il y a de principes divers qui peuvent y dominer tour à tour. Si le poëte, animé par une veine de folie, se joue de ses propres inventions, il en résultera une farce. S'il se borne à présenter le côté risible des caractères et de situations, en évitant le plus qu'il peut tout mélange de sérieux, ce sera une pure comédie; si le sérieux gagne du terrain dans le plan général de la composition, comme dans l'intérêt et les sentiments qu'elle inspire, sa pièce passera au genre du drame instructif ou touchant, et il n'y a de là qu'un pas à franchir pour arriver à la tragédie bourgeoise. On a fait beaucoup de bruit de cette dernière sorte de pièce, comme si c'était une invention nouvelle et importante ; on a même imaginé une théorie particulière à cette occasion, et c'est ainsi que Diderot a composé une poétique en faveur de son drame larmoyant, si fort décrié depuis. Toutefois, la partie nouvelle en était précisément la partie manquée, car c'était le naturel recherché, la pédanterie dans les relations de famille et la prétention de toujours émouvoir.

Si nous possédions la littérature grecque dans sa totalité, nous trouverions, sans doute, des modèles pour tous ces genres de compositions dramatiques, à cela près que l'âme sereine et harmonieuse des Grecs, ne leur permettait certainement pas de présenter tristement un objet sous une seule de ses faces, mais qu'ils rassemblaient et ordonnaient les éléments divers avec une sage mesure, et en leur assignant d'heureuses proportions. N'avons-nous pas, dans le petit nombre de pièces qui nous restent de Plaute, un drame que l'on peut appeler touchant, *les Prisonniers?* *La Belle-Mère* (l'*Hécyre*) de Térence n'est-elle pas un véritable tableau de famille, tandis que l'*Amphitryon* se rapproche de l'imagination hardie de l'ancienne comédie? *Les Frères jumeaux* (*les Ménechmes*) ne sont-ils pas une comédie d'intrigue grossièrement ébauchée? Enfin ne trouve-t-on pas, dans toutes les pièces de Térence, des passages instructifs, passionnés et profondément pathétiques? Combien n'y en a-t-il pas de ce genre dans la première scène de *l'Homme qui se tourmente lui-même* (l'*Héautontimoruménos*)?

Nous espérons que, sous le point de vue que nous venons de présenter, les diverses espèces d'ouvrages dramatiques, voisins de la comédie, trouveront la place qui leur convient; nous ne les distribuons point en classes tout à fait séparées, mais nous voyons ici une suite de nuances dans le ton de la composition, où l'on ne peut guère remarquer de transitions brusques et fortement prononcées. Il nous serait même difficile d'adopter, d'une manière absolue, la division ordinaire du genre en pièces d'intrigue et en pièces de caractère. Une bonne comédie doit être à la fois l'une et l'autre, sans quoi elle manquerait, ou de sujet, ou de mouvement. Il est vrai cependant que la peinture caractérisée et l'action peuvent tour à tour se trouver en première ligne. Le développement des caractères comiques exige des situations en contraste, et celles-ci résultent de ce choc des desseins prémédités avec les effets du hasard, que nous avons nommé intrigue. Ce qu'on appelle une intrigue dans la vie commune, c'est, comme personne ne l'ignore, une menée secrète qui consiste à employer la ruse et la dissimulation pour conduire les autres à nos fins, sans qu'ils le sachent et sans qu'ils le veuillent. Les deux sens du mot intrigue se trouvent réunis lorsqu'on l'applique aux pièces de théâtre, car la ruse d'un des personnages est pour les autres une contrariété fortuite.

On peut néanmoins, si l'on veut, donner à une comédie le nom de pièce d'intrigue, lorsque les caractères n'y sont que légèrement indiqués et servent seulement à motiver, dans tous les cas, les actions des personnages, tandis que la multiplicité des incidents, et un imbroglio qui se complique de nouveau au moment où on le croit prêt à s'éclaircir, n'y laissent que peu de place au développement moral. Les critiques français ont mis à la mode d'accorder à ce qu'ils appellent pièce de caractère, une grande supériorité sur la comédie d'intrigue; peut-être rapportent-ils tout à l'enseignement, et ne voient-ils dans le spectacle que le profit qu'on peut en retirer. Il est vrai qu'il ne nous reste rien d'une pièce d'intrigue, mais pourquoi ne serait-il pas permis de se divertir; sans autre but, d'un badinage ingénieux? Que d'invention n'y a-t-il pas dans une bonne pièce de ce genre? N'est-ce pas un amusement pour notre esprit que de voir déployer cette foule de ressources inattendues, et le jeu varié de tant d'incidents bizarres n'est-il pas une vive jouissance pour l'imagination? C'est du moins ce que l'exemple de plusieurs pièces espagnoles a suffisamment prouvé.

On reproche à la comédie d'intrigue de s'écarter du cours naturel des événements, en un mot d'être invraisemblable. Cela n'est juste que jusqu'à un certain point. Le poëte nous présente, il est vrai, tout ce qu'il y a de plus extraordinaire et même de plus incroyable; il se permet souvent, dès le début, une grande invraisemblance, telle que la parfaite conformité de deux figures, ou un déguisement dont on ne s'aperçoit pas, mais il faut que tous les incidents qui dérivent de cette première donnée en paraissent la suite nécessaire, et nous voulons qu'on nous rende un compte satisfaisant de toutes les conséquences des faits accordés. Comme à l'égard de ce qui fonde l'action le poëte ne nous offre qu'un jeu léger de l'esprit, nous jugeons d'autant plus sévèrement l'exécution de son ouvrage sous tous les autres rapports.

Dans la comédie où l'on dessine les caractères avec des traits plus accentués, il faut que les rôles soient groupés avec art, de manière à se faire ressortir mutuellement. Il est vrai que cette méthode est sujette à dégénérer en un arrangement trop systématique, où l'on donne symétriquement à chaque peinture un pendant en contraste, et où l'ensemble prend de la raideur et de l'affectation. Il n'y a pas non plus beaucoup de mérite dans ces pièces, dont les différents personnages ne servent qu'à faire passer par toutes les épreuves possibles un caractère principal, surtout quand ce caractère ne consiste que dans une habitude ou une opinion particulière; comme si une qualité isolée pouvait former un individu, et qu'il ne dût pas se présenter sous plus d'une face.

J'ai déjà montré ce qu'était l'idéal de la nature humaine dans l'ancienne comédie. Si donc la comédie se propose d'imiter la réalité, elle doit, dans la règle, s'interdire l'exagération avouée et volontaire du premier théâtre des Grecs; il faut qu'elle cherche à nous donner des plaisirs différents, et qui se rapprochent davantage de la nature du sérieux; c'est à quoi elle réussit, lorsqu'elle s'attache surtout à développer avec suite des caractères marquants.

Deux genres de comiques différents peuvent dominer dans les caractères ; l'un, que je nommerai le comique d'observation, n'existe qu'aux yeux du spectateur ; l'autre, que j'appellerai le comique avoué, se manifeste avec le plein consentement du personnage. Le premier exige plus de finesse, et appartient surtout à la haute comédie ; le second excite une sorte de gaîté qui convient davantage à la farce : je vais chercher à m'expliquer plus clairement.

Il existe des ridicules, des folies, des travers de toute espèce, ou complétement ignorés de celui qui en est atteint, ou qu'il est porté à cacher, si par hasard il en aperçoit quelque chose. Il sent si bien que ses défauts lui nuiraient dans l'esprit des autres, qu'il ne se donne jamais lui-même pour ce qu'il est en effet ; son secret lui échappe malgré lui et à son insu. Lorsque l'auteur comique veut peindre de pareils individus, il faut qu'il nous prête son propre talent d'observation, pour que nous puissions les connaître. Son art consiste à laisser percer le caractère, comme à la dérobée, par des traits extrêmement légers, et il faut qu'il place son objet de manière que les nuances les plus fines se fassent pourtant remarquer.

Il y a en revanche de certaines faiblesses ou de mauvaises habitudes morales, qui sont vues avec une sorte de complaisance par celui qui les a contractées, et que loin de vouloir corriger, il nourrit et caresse avec affection. De ce genre sont souvent les penchants qui, sans intention hostile et sans désir d'usurper les droits des autres, proviennent simplement de l'empire des sens. Ces défauts peuvent d'ailleurs être réunis avec un assez haut degré d'esprit et de jugement, et quand le personnage chez lequel ils dominent vient à se retourner sur lui-même, qu'il s'amuse à ses propres dépens, et qu'il avoue gaîment ses fautes aux autres, en cherchant seulement à se concilier leur bienveillance par l'amusement qu'il leur procure, il nous présente ce que je nomme le comique avoué. Ce genre suppose toujours un personnage en quelque manière double, dont la moitié raisonnable, qui plaisante l'autre moitié, a dans son humeur et son emploi assez de rapport avec l'auteur comique lui-même. Celui-ci se transporte tout entier dans ce représentant, il le charge de se dessiner en caricature bien nette, et d'entretenir une intelligence secrète avec les spectateurs, pour se moquer ensemble des autres personnages. C'est de la même source que dérive aussi le comique arbitraire, ou celui des rôles de fantaisie, genre qui produit souvent un grand effet, quoique les critiques affectent de le rabaisser. On peut y retrouver encore l'esprit et la verve hardie de l'ancienne comédie. Le bouffon privilégié (et presque tous les théâtres en ont un, tantôt fin et spirituel, tantôt épais et lourd) a hérité quelque chose de l'inspiration joyeuse, de l'abandon plein de franchise, de la liberté de tout dire, qu'avaient à un si haut degré les premiers poètes comiques. C'est une preuve de plus que la comédie ancienne, dont nous avons parlé comme du genre véritablement original, ne se fondait pas sur un goût bizarre et particulier aux Grecs, mais qu'elle appartenait, par sa nature, à l'essence même de l'art comique.

Pour que la gaîté des spectateurs se soutienne pendant tout le cours d'une comédie, il faut que l'auteur évite soigneusement ce qui pourrait donner de la dignité morale à ses personnages, ou inspirer un intérêt véritable pour leur situation; car l'un ou l'autre ramèneraient infailliblement le sérieux. Quel est donc son secret, pour empêcher que les sentiments moraux ne viennent agiter l'âme, lorsque les actions qu'il représente sont de nature à exciter, tantôt l'indignation et le mépris, tantôt le respect et la sympathie? C'est qu'il transporte son sujet tout entier dans la région de l'esprit. Il oppose les hommes les uns aux autres comme s'ils étaient des choses, il leur fait mesurer leurs forces réciproques, et montre que la victoire reste au plus habile. Sous ce rapport la comédie s'allie de près à l'apologue. Les fables mettent en scène des animaux doués de raison, et la comédie expose à nos regards des hommes qui font servir leur intelligence à satisfaire l'instinct animal. Cette dernière expression s'applique ordinairement aux sens, mais, en lui donnant une signification plus étendue, elle désignera l'égoïsme. De même, en effet, que le dévoûment et le sacrifice de ses intérêts, élèvent l'homme à la dignité tragique, l'idée exclusive du moi en fait un personnage de comédie; aussi voit-on que tous les rôles vraiment comiques représentent des égoïstes achevés. Dès que l'auteur cesse de donner à ses personnages des motifs personnels, il sort du ton de la comédie. Il ne doit pas nous mettre dans la disposition d'âme qui porte à juger si les actions sont nobles ou vulgaires, innocentes ou coupables, mais bien dans celle qui nous fait distinguer ce qui est sot ou spirituel, adroit ou malavisé, insensé ou sage.

Des exemples rendront ceci plus frappant. Le respect involontaire que nous avons pour la vérité, tient à nos sentiments de moralité les plus intimes. Un mensonge perfide, qui peut perdre un innocent nous remplit de la plus vive indignation, et pourrait entrer dans le domaine de la tragédie. Pourquoi donc la finesse et la fourberie sont-elles, de l'aveu de tout le monde, un si excellent motif comique, du moins lorsqu'elles n'entraînent point de conséquences funestes, et que sans avoir un dessein formel de nuire, on ne s'en sert que pour se tirer d'embarras, ou pour atteindre un but personnel? C'est que celui qui les emploie est tout à fait sorti de la sphère de la moralité; la vérité ainsi que le mensonge s'offrent à lui comme de simples moyens, et nous nous amusons de tout l'esprit qu'il met en œuvre pour satisfaire des sentiments si peu élevés. Il est vrai que nous trouvons encore plus gai que le trompeur se prenne dans ses propres filets et, par exemple, qu'en voulant mentir il ait une mauvaise mémoire; mais toujours l'état de dupe est en soi un état comique, lorsqu'il n'a rien de dangereux. Il devient encore plus divertissant quand il est le résultat d'un mauvais emploi des facultés morales, de la vanité, de la sottise, des travers de toute espèce : lorsque la tromperie et l'erreur sont à double sens, et se croisent en diverses directions, elles produisent souvent des situations très plaisantes. Telle est entre autres celle de deux personnages qui s'abordent dans le dessein de se tromper, et qui, tous deux prévenus, ne croient rien de ce qu'ils se disent l'un à l'autre, quoiqu'ils feignent d'être dupes, et finissent par se quitter sans avoir réussi à se persuader rien, mais parfaitement satisfaits du succès de leur ruse. Telle serait encore la situation de deux hommes, dont l'un, tout en voulant tromper l'autre, lui dirait, sans le savoir, la vérité, tandis que celui-ci par méfiance tomberait à son tour dans l'erreur. On pourrait composer ainsi une sorte de grammaire comique, où l'on montrerait comment les propositions les plus simples, en s'entrelaçant, prennent une force toujours croissante, et arrivent à produire des périodes compliquées d'un très grand effet.

Il serait encore possible de prouver que le tissu de malentendus arrangés avec habileté, dont se compose la pièce d'intrigue, n'est pas une partie de l'art comique aussi méprisable que le prétendent les partisans des comédies où les caractères sont plus complétement développés. Aristote nous peint le ridicule comme une imperfection ou un défaut, qui ne va pas jusqu'à produire des effets nuisibles. C'est assurément fort bien dit; car aussitôt que nous éprouvons une pitié véritable, c'en est fait de notre disposition à la gaîté. Le malheur comique ne doit être autre chose qu'un souci, un embarras qui se dissipe à la fin, ou tout au plus une humiliation méritée. C'est à ce dernier genre de malheur qu'il faut rapporter ces moyens corporels de répression pour les adultes, que notre siècle, ou trop délicat, ou trop compatissant, veut bannir du théâtre, quoique Molière, Holberg et d'autres grands maîtres en aient fait un fréquent usage. L'effet comique de ces moyens tient à ce qu'ils démontrent visiblement à quel point les sentiments de l'âme dépendent des circonstances extérieures; ce sont, comme on l'a dit, des arguments complétement persuasifs : ces châtiments font, dans la comédie, le pendant de la mort des héros dans la tragédie. Ici la partie matérielle de l'homme s'anéantit, mais ses principes restent inébranlables : là, au contraire, c'est l'être moral qui abjure son existence précédente, en manifestant tout à coup de nouveaux sentiments, pour que la nature physique n'ait pas à souffrir.

Si donc la comédie ne tend point à relever la dignité de la nature humaine, et qu'elle ne dirige point l'attention du spectateur vers les qualités les plus dignes d'estime, comment en attendrait-on une instruction morale, et de quel droit exigerait-on qu'elle nous rendît meilleurs? Pour peu qu'on examine les maximes des comiques grecs, on verra que ce sont en général des résumés de l'expérience. Or l'expérience ne nous fait point connaître nos devoirs, c'est la conscience qui nous en donne le sentiment immédiat. L'expérience nous fait seulement distinguer l'utile du nuisible. Les leçons de la comédie ne roulent point sur le mérite du but, mais sur la valeur des moyens. Ce sont, comme je l'ai dit, des règles de prudence, c'est la morale des conséquences et non des principes, c'est celle du succès et non des intentions. Cette dernière, la seule morale véritable, s'allie, au contraire essentiellement à l'esprit de la tragédie.

D'après des réflexions pareilles, plusieurs philosophes n'ont pas manqué d'accuser la comédie d'immoralité. C'est ce qu'a fait Rousseau avec beaucoup d'éloquence dans sa *Lettre sur les spectacles*. Il est certain que le tableau de la société n'est pas édifiant ; aussi la comédie ne le présente-elle pas comme un exemple à suivre, mais comme un avertissement salutaire. Il y a une partie usuelle de la doctrine morale que l'on pourrait appeler l'art de la vie. Celui qui ne connaît pas le monde est en danger, dans les cas particuliers, de faire une fausse application des principes généraux les plus respectables, et, avec la meilleure volonté, il court risque de causer beaucoup de mal à soi et aux autres. La comédie doit servir à rendre notre discernement plus fin et plus juste, à l'égard des situations et des personnes : voilà sa vraie et sa seule utilité.

Telles sont les idées générales qui doivent nous diriger dans l'examen du mérite des divers auteurs comiques. Je ne m'étendrai pas sur le petit nombre de fragments qui nous sont restés de la comédie des Grecs, ni sur les connaissances indirectes que les imitations latines peuvent nous donner à cet égard.

La littérature grecque était inconcevablement abondante dans ce genre. Le catalogue des écrivains comiques, la plupart très fertiles, dont les ouvrages sont perdus pour nous, et les titres de leurs pièces, composent seuls un dictionnaire considérable. Quoique la comédie n'ait fleuri en Grèce que pendant le court intervalle qui sépare la fin de la guerre du Péloponèse des premiers successeurs d'Alexandre, on comptait par milliers les compositions de ce genre. Mais le temps a causé une telle dévastation dans cet amas de richesses littéraires, que nous ne possédons plus, dans la langue originale, que des fragments mutilés jusqu'à en être incompréhensibles, et en latin, que vingt-six comédies tirées des auteurs grecs, traduites ou remaniées par Plaute et par Térence. C'est ici que la critique réparatrice pourrait trouver son emploi, et qu'il vaudrait la peine de rassembler tout ce qui nous reste, pour juger de ce que nous avons perdu.

Il est cependant possible de se former une idée très générale de l'esprit de la comédie, et du caractère des différents poètes dramatiques, chez les Grecs et chez les Romains. Les fragments et les sentences comiques des Grecs se distinguent, dans la construction du vers et dans l'élocution, par la plus pure élégance, par l'exactitude jointe à la facilité, et par cette grâce d'expression, appelée la grâce attique, dont la conversation fournissait sans doute le modèle. Les comiques latins, au contraire, négligent beaucoup la partie de la versification, et laissent perdre l'idée du rhythme au milieu des nombreuses licences de leurs vers. Chez eux, le choix et l'arrangement des termes sont loin d'être toujours heureux, et Plaute surtout soigne très peu son style ; à la vérité, des savants romains, tels que Varron, ont donné de très grands éloges à la manière d'écrire de cet auteur ; mais il faut savoir distinguer le suffrage des philologues de celui des poètes. Plaute et Térence sont au nombre des plus anciens écrivains latins, ils datent de l'époque où il n'y avait presque point encore de langage littéraire, où tout se puisait à la source vive de la conversation ou de la nature. Cette première simplicité parut ensuite naïve et piquante aux Romains plus modernes, qui vivaient au centre d'une culture d'esprit très raffinée ; mais c'était plutôt un don du ciel que l'effet de l'art du poète. Horace s'élève contre l'enthousiasme exagéré qu'inspiraient de son temps les anciens auteurs, et soutient que Plaute et d'autres poètes comiques n'avaient fait qu'ébaucher négligemment leurs pièces, afin d'en recevoir plus vite le salaire. Il est donc certain que les Grecs ont perdu dans les détails par l'imitation latine. Il faut, pour les juger, les revêtir par la pensée de ce coloris soigné et gracieux que nous observons dans les fragments qui nous en restent. L'ordonnance générale de leurs pièces a subi aussi de grands changements, probablement assez désavantageux, entre les mains de Plaute et de Térence. Le premier laisse de côté beaucoup de scènes et de caractères; le second en ajoute, et refond deux pièces en une. L'ont-ils fait d'après un juste sentiment des convenances de l'art, et ont-ils prétendu surpasser leurs modèles par des plans mieux combinés? C'est ce dont je doute beaucoup.

Plaute étend toujours son sujet, et il est obligé de réparer, par des retranchements, la longueur excessive qu'il avait donnée à ses pièces; en revanche, l'absence d'une veine féconde fait souvent paraître les comédies de Térence un peu maigres, et l'on voit qu'il en remplissait les lacunes par des additions étrangères. Ses contemporains lui reprochaient déjà d'avoir gâté ou falsifié une grande quantité de pièces grecques, pour en composer un très petit nombre de latines.

On parle en général de Plaute et de Térence comme d'écrivains originaux. Les Romains sont excusables à cet égard; ils n'avaient pas naturellement l'esprit poétique : leur théâtre se composait en partie de traductions, en partie d'imitations libres d'ouvrages grecs qu'ils finirent ensuite par refondre et par s'approprier. Une manière un peu particulière de transporter la poésie d'une langue dans l'autre, leur paraissait de l'originalité. Nous voyons même, dans un prologue justificatif de Térence, que l'idée du plagiat ne s'étendait pas, à ses yeux, au delà de la littérature latine, et qu'il ne songeait à se justifier d'autre chose que d'avoir profité d'une traduction déjà faite. Comme nous ne pouvons, en aucune manière, considérer les auteurs comiques romains sous l'aspect de génies créateurs, et qu'ils n'ont d'autre importance à nos yeux que de nous apprendre à connaître la forme de la comédie grecque, je ne ferai que consigner ici quelques remarques sur le caractère et la différence de leur style, pour en revenir ensuite aux ouvrages des Grecs.

Les artistes et les poètes vivaient en Grèce dans la situation la plus honorable. Chez les Romains, au contraire, les lettres ne furent d'abord cultivées que par des hommes de la plus basse classe, par de misérables étrangers ou même par des esclaves. Plaute et Térence, dont les existences se touchent, ont vécu avant la troisième guerre punique ; l'un était un pauvre journalier, et l'autre un esclave carthaginois qui fut dans la suite affranchi. Leur fortune fut cependant bien différente. Plaute passait alternativement du travail de la plume à celui du moulin qui le faisait subsister, tandis que Térence vivait dans la maison du premier Scipion et de son ami Lélius ; ces illustres Romains honoraient même ce dernier poëte d'une familiarité si intime, qu'on crut qu'ils lui aidaient à composer ses pièces, et qu'ils faisaient même passer sous son nom leurs propres ouvrages. Les habitudes de ces auteurs comiques se décèlent dans leur style. L'âpreté hardie de Plaute et ses plaisanteries si vantées, se ressentent de son commerce avec la classe populaire, tandis qu'on remarque dans le langage de Térence une teinte de bonne compagnie. Le choix des sujets de leurs pièces est surtout très différent. Plaute a du goût pour la farce, pour la gaîté exagérée et souvent choquante. Térence est naturellement porté à tracer des peintures finement caractérisées ; son enjouement est plus tempéré, et il tend à rapprocher la comédie du drame instructif et même touchant. Quelques-unes des pièces de Plaute sont tirées de celles de Diphile et de Philémon, qu'il a sans doute imitées avec beaucoup de charge ; mais nous ne savons pas quels ont été les modèles des autres. Cependant, comme Horace dit qu'on croyait que Plaute voulait rivaliser avec le Sicilien Épicharme, nous serions portés à présumer qu'il a emprunté son *Amphitryon*, comédie d'un genre tout à fait particulier, à cet ancien comique dorien qui s'attachait surtout aux sujets mythologiques. Térence a tiré deux de ses pièces d'Apollodore et les quatre autres de Ménandre : vraisemblablement sa manière d'imiter, les altérations volontaires exceptées, était beaucoup plus fidèle dans les détails que celle de Plaute.

Jules César a consacré à l'honneur de Térence quelques vers, dans lesquels il le nomme un demi-Ménandre, et, en vantant la douceur de son style, il regrette seulement qu'il lui manque une certaine force comique.

Ceci nous ramène naturellement aux Grecs. Les plus fameux d'entre leurs poètes comiques paraissent avoir été Diphile, Philémon, Apollodore et Ménandre. La palme de l'agrément, de l'élégance et de la grâce de style a été unanimement accordée à Ménandre, et cependant on sait que Philémon lui a souvent enlevé le prix. Peut-être ce dernier cherchait-il davantage à plaire à la multitude, ou avait-il des moyens particuliers de gagner les suffrages. C'est sans doute ce qu'entendait Ménandre lorsque, rencontrant son rival, il lui dit : *Je t'en prie, Philémon, ne rougis-tu pas quand tu remportes la victoire sur moi ?* L'époque où Ménandre a fait fleurir la comédie suit immédiatement celle d'Alexandre le Grand. Il était contemporain de Démétrius de Phalère. Théophraste l'avait instruit dans la philosophie, mais il se rapprochait de la secte d'Épicure par sa manière de penser, et on a de lui une épigramme où il dit : *Qu'ainsi que Thémistocle avait sauvé sa patrie de l'esclavage, Épicure l'avait délivrée de la déraison.* Il aimait la volupté la plus délicate. Phèdre, dans un fragment de récit, nous le dépeint comme un homme adonné à la mollesse et d'un extérieur efféminé. Ses amours avec la courtisane Glycère ont été célèbres. La philosophie épicurienne, qui place le plus grand bonheur de la vie dans les inclinations satisfaites, et qui ne réveille point au fond du cœur le désir d'une activité courageuse, devait prendre faveur après la perte de la liberté, puisque les sentiments qu'inspirait cette morale indulgente, étaient faits pour consoler l'âme douce et sereine des Grecs de l'absence de la gloire. Et de même qu'une pareille doctrine est peut-être la plus assortie à l'esprit du poète comique, qui ne veut produire que des impressions modérées, qui ne cherche point à exciter une violente indignation contre les faiblesses humaines, de même aussi la philosophie des stoïciens est-elle la plus conforme aux sentiments dont doit être animé le poète tragique. On peut encore aisément comprendre comment, dans ces temps d'oppression politique, les Grecs prirent un goût passionné pour la comédie, puisque en détournant leurs regards des affaires publiques et des intérêts de l'humanité, elle les fixait uniquement sur des circonstances domestiques et personnelles.

Le théâtre grec avait été originairement destiné à des représentations dramatiques d'un genre plus relevé, et nous ne dissimulerons pas les désavantages de sa construction pour la comédie. Le cadre était trop grand pour que le tableau pût le remplir; la scène toujours en plein air ne montrait que rarement l'intérieur des maisons; l'action tout entière se passait dans la rue, et les personnages étaient obligés de sortir de leurs maisons pour se dire leurs secrets. On répond à cela qu'on avait l'encyclème (1), que les Grecs vivaient bien plus en plein air que nous, et d'ailleurs, qu'on s'épargnait les changements de

---

(1) Il n'est pas douteux qu'on ne se servit de cette machine au commencement des *Nuées* pour montrer Strepsiades et son fils endormis sur un lit. Parmi l'attirail des décorations, Julius Pollux fait encore mention d'une sorte de hangar, de pavillon ou d'auvent avec une porte cochère, qui représentait anciennement une écurie à côté de l'édifice du milieu, et qui servit ensuite à divers usages. Dans *les Couturières*

scène en supposant que les familles intéressées à l'action avaient leurs demeures rapprochées. Mais l'inconvénient réel et sans remède qu'entraînait cet arrangement du théâtre, c'était la suppression des rôles de femmes. Si l'on voulait observer le costume, ce qui dans la comédie est de première nécessité, on ne pouvait pas éviter d'exclure de la scène les jeunes filles à marier, et en général toutes les jeunes femmes honnêtes. On n'y voyait donc que des mères de familles, des esclaves, ou des courtisanes. Cette exclusion, qui ôtait au spectacle un très grand charme, avait encore une conséquence fâcheuse pour l'intérêt; c'est que souvent une pièce entière roulait sur une intrigue d'amour ou sur un projet de mariage avec une jeune personne que les spectateurs n'avaient pas même aperçue.

Athènes, le lieu de la scène imaginaire ainsi que du spectacle réel, était le centre d'un très petit État, et ne pouvait se comparer, ni en étendue, ni en population, avec la plupart de nos villes capitales. L'égalité républicaine ne permettait aucune distinction bien tranchée entre les différentes classes. Il n'y avait point de noblesse reconnue; tous les habitants libres étaient des citoyens plus ou moins riches, dont la seule occupation était en général de gouverner leur bien. Il résulte de là que les contrastes, provenant

---

d'Antiphanes, par exemple, on en faisait un atelier. C'est là, ainsi que dans l'encyclème, que se donnaient les repas, ce qui ne pouvait point paraître extraordinaire aux spectateurs. Aucun commentateur moderne, que je sache, n'a cherché à nous donner une idée claire de l'ordonnance théâtrale des pièces de Plaute et de Térence.

des différences d'éducation et de genre de vie, sont peu saillants dans la comédie grecque : elle se tient dans une sphère mitoyenne ; on pourrait lui trouver quelque chose de bourgeois, même un peu le ton des petites villes. Peut-être ne plairait-elle pas infiniment à ceux qui aiment à retrouver sur la scène la peinture des mœurs raffinées ou corrompues de la cour et des grandes capitales.

Quant à ce qui regarde les relations des deux sexes, les Grecs ne connaissaient ni la galanterie de l'Europe moderne, ni le respect enthousiaste uni à l'amour qu'inspirait l'esprit chevaleresque : tout était de la volupté ou du mariage, et le mariage même, d'après la constitution politique et sociale d'Athènes, se considérait uniquement comme un devoir ; c'était une affaire de convenance et non d'inclination. La législation ne se montrait sévère que pour assurer la légitimité et l'origine véritablement athénienne des enfants. Le droit de bourgeoisie était un grand privilége, et d'autant plus précieux, qu'on ne laissait pas s'augmenter le nombre des citoyens au delà d'un certain terme. C'est conformément à ce principe que les mariages avec les étrangères étaient déclarés nuls. Comme la société d'une épouse qu'on n'avait jamais vue avant le mariage et qui passait toute sa vie dans l'intérieur de sa maison, n'était pas très amusante, on allait se divertir chez des étrangères, des affranchies ou des courtisanes. La morale facile des Grecs leur laissait, surtout aux jeunes hommes non mariés, une grande liberté à cet égard. La comédie représentait ce genre de vie d'une manière bien plus fidèle que nous ne le trouverions convenable. Les pièces finissent en général, ainsi que toutes les comédies du monde, par le mariage, comme si le sérieux faisait son entrée dans la vie avec cet événement ; mais le mariage n'est ordinairement qu'un moyen de réconciliation avec un père que le désordre d'un amour illicite a irrité. Quelquefois aussi l'intrigue amoureuse se change en un lien légitime, au moyen d'une reconnaissance qui fait tout à coup découvrir, dans l'étrangère prétendue, une Athénienne bien née.

On peut observer que le même génie fécond, auquel on doit le perfectionnement de l'ancienne comédie, a aussi conçu l'idée de la nouvelle. La dernière pièce qu'ait écrite Aristophane, intitulée *Cocalus*, présente déjà une séduction et une reconnaissance, enfin l'on y reconnaît les mêmes moyens d'intrigue que Ménandre a imités depuis.

D'après de pareilles données, les caractères comiques ne pouvaient pas offrir beaucoup de variété, et il suffit d'un coup d'œil pour les embrasser presque tous. On voit donc sans cesse reparaître les mêmes rôles : le père avare et sévère, ou bien le père doux et faible qui d'ordinaire se laisse gouverner par sa femme, et fait alors cause commune avec son fils; la mère de famille, ou sensible et raisonnable, ou grondeuse, impérieuse et reprochant à la famille le bien qu'elle lui a apporté; le fils de la maison, léger, dissipateur, mais aimable, sincère et capable d'éprouver un attachement véritable dans une liaison d'abord illégitime; sa maîtresse déjà tout à fait corrompue, vaine, astucieuse et intéressée, ou d'un bon naturel et encore capable de sentiments élevés. L'esclave rusé, qui aide son jeune maître à tromper son père et à en tirer de l'argent par toutes sortes de stratagèmes. Le flatteur ou le parasite officieux, qui se prête à tout pour obtenir un bon repas. Le sycophante, dont le métier est d'entraîner les hommes sages et rangés dans toutes sortes de procès injustes qu'il dirige pour de l'argent. Une espèce de fier-à-bras, revenu des guerres étrangères, qui, souvent poltron dans le fond, fait parade de ses vaillants exploits; enfin une femme dépravée, laquelle, se donnant pour une mère, corrompt la jeune fille confiée à sa garde, et un marchand d'esclaves qui spécule sur les passions extravagantes des jeunes gens, et n'écoute que son intérêt. Ces deux derniers rôles sont très repoussants, et la répugnance qu'ils inspirent nous les fait regarder comme de véritables taches dans la comédie grecque; mais ils y devenaient à peu près indispensables d'après la manière dont elle était conçue.

L'esclave rusé était ordinairement aussi le bouffon en titre, c'est à dire le personnage qui se plaît à avouer, avec une sorte d'exagération, ses penchants sensuels et son peu de conscience, qui tourne tous les autres en ridicule, et s'adresse volontiers au parterre. Ce rôle a servi de modèle à celui de nos valets de comédie, mais je doute qu'on l'ait transporté dans nos mœurs avec autant de convenance et de vérité qu'il en avait autrefois. L'esclave grec était né dans la servitude; abandonné pour toute sa vie à la volonté capricieuse d'un maître, il était souvent exposé aux plus rudes traitements. On pouvait pardonner à un homme que la société avait privé de tous ses droits, de ne se croire obligé en rien envers elle. Il était particulièrement en état de guerre avec son oppresseur, et la ruse devenait son arme naturelle. Le valet de nos jours, qui a choisi librement son état et son maître, est en revanche décidément un malhonnête homme, lorsqu'il aide un fils à tromper son père.

Quant à la sensualité avouée, cachet ordinaire des personnages comiques de la basse classe, il n'y a que le bon goût qui doive servir de règle à cet égard. On n'exige pas grand'chose de ceux à qui la vie accorde peu de priviléges, et ils peuvent montrer des sentiments vulgaires sans nous révolter beaucoup. Plus le valet jouit d'un sort heureux en réalité, et moins il a de valeur pour la comédie. On peut dire, pour l'honneur de notre siècle, qu'il est le seul où l'on ait vu, dans les drames de famille, des domestiques tellement honnêtes et sensibles qu'ils deviennent par là moins propres à exciter le rire que les pleurs.

Le retour des mêmes noms dans toutes les comédies, et de noms en partie significatifs, était en quelque sorte un aveu de la répétition des mêmes caractères. Il y avait là plus de simplicité que dans les pénibles efforts de plusieurs auteurs modernes qui, pour donner un air de nouveauté à tous les rôles secondaires, se tourmentent à saisir des traits particuliers à l'individu, et ne font que détourner l'attention de l'objet principal, sans éviter de reproduire les copies des anciens modèles. Il vaudrait mieux tracer ce genre de peinture à plus grands traits, et laisser une certaine latitude à l'acteur, pour qu'il pût à volonté rendre l'imitation plus précise et plus personnelle. C'est sous ce rapport qu'on pourrait justifier l'usage des masques dans la comédie, quoiqu'ils eussent été originairement imaginés pour d'autres compositions dramatiques. Sans doute ils avaient, ainsi que l'arrangement général du théâtre, bien moins d'inconvénients dans la tragédie et dans l'ancienne comédie, qu'ils n'en ont eu depuis. Il était certainement contraire à l'esprit de la nouvelle comédie, où tout imitait la nature réelle avec la plus parfaite exactitude, que les masques seuls donnassent l'idée d'une caricature grotesque. Ils avaient même des traits beaucoup plus exagérés que dans l'ancienne comédie. Ce fait, qui paraît extraordinaire, est cependant trop formellement attesté pour qu'on puisse le révoquer en doute (1). Lorsqu'il fut défendu d'introduire sur la scène des personnages réels, on eut tellement peur que l'imitation des visages humains ne présentât par hasard quelque ressemblance individuelle et, surtout, celle de quelqu'un des gouverneurs macédoniens, que pour plus de sûreté, on n'employa que des masques chargés et ridicules. Ces caricatures avaient cependant toujours une expression déterminée. Ainsi les sourcils inégaux, dont nous avons déjà parlé, étaient un trait caractéristique; ils désignaient cette manie d'examiner toutes choses, avec une minutie chicaneuse et inquiète, qui, en effet, donne quelquefois l'habitude de relever un œil et de rabaisser l'autre (2). Les masques n'étaient

---

(1) Voyez Platonius, Aristoph. cur. Küster, pag. 11.
(2) Voyez Julius Pollux dans son chapitre sur les masques comiques, et comparez-le avec Platonius à l'endroit cité. Voyez encore Quintilien,

pas toutefois sans quelques avantages dans la comédie, et ils avaient entre autres celui de mettre d'abord le spectateur au fait, en lui annonçant le retour, presque inévitable, des caractères connus (1).

On ne peut s'empêcher de s'étonner de la multitude infinie de pièces différentes, que le génie inventif des anciens auteurs comiques a pu tirer d'un thème aussi simple que celui de la vie domestique, et du cercle étroit d'un petit nombre de caractères déterminés. On doit encore savoir gré à ces mêmes auteurs d'être restés fidèles aux mœurs nationales, jusque dans les suppositions qui fondent l'intrigue et le dénoûment de toutes ces comédies.

Les circonstances, la plupart locales ou politiques,

---

liv. xi, chap. iii. C'est là le fondement de la plaisanterie de Voltaire que nous avons rapportée dans la troisième leçon.

(1) J'ai assisté à Weimar à une représentation de la comédie de Térence, intitulée *les Adelphes*, où le véritable costume antique était exactement observé. Ce spectacle, dirigé par le célèbre Goethe, nous procura la jouissance inconnue d'une fête théâtrale des temps anciens. Les acteurs se servaient de masques partiels qui s'adaptaient artistement au visage. Ce genre n'était point inconnu aux Grecs, car on trouve d'anciennes imitations de masques comiques qui ont, au lieu de bouche, une énorme ouverture circulaire, par laquelle on devait voir tout le bas du visage, apparemment pour que le mouvement de certains traits, en contraste avec la raideur des autres, augmentât l'effet risible du rôle. Je ne trouvai point, malgré la petitesse du théâtre, qu'ils ôtassent de la vie à la représentation. C'était au rôle de l'esclave rusé que le masque était surtout favorable. La physionomie baroque et les habits singuliers de ce bouffon de l'antiquité, en faisaient un être d'une espèce à part. La race des esclaves, à laquelle il appartenait, se distinguait en effet du reste des humains par les gestes, la parole et l'ensemble de la manière d'être.

dont ils tiraient parti, donnaient à leurs ouvrages un caractère particulier. La Grèce était composée d'un grand nombre de républiques indépendantes, situées dans des îles et le long des côtes. La navigation et même la piraterie y avaient une grande activité, et les corsaires donnaient souvent la chasse aux hommes pour entretenir le commerce des esclaves. Des enfants nés libres pouvaient donc être enlevés; ils pouvaient encore, si leurs parents s'étaient autrefois prévalus du droit cruel de les exposer, avoir été par hasard conservés à la vie, et se retrouver inopinément après une longue suite d'années. L'idée de ces diverses possibilités préparait ces reconnaissances entre parents, dont la tragédie avait déjà fourni le modèle. L'intrigue comique se développait donc dans le présent, mais les événements extraordinaires sur lesquels elle se fondait, étaient repoussés dans l'éloignement des temps et des lieux; ce tableau d'après la nature de la vie journalière, avait ainsi un lointain romanesque et merveilleux.

Les poètes comiques grecs ont parcouru tout le cercle de leur art, et ont connu tous les genres secondaires. Ils ont composé avec un travail également soigné, la farce, la pièce d'intrigue, la pièce de caractère plus ou moins chargée, et même le drame sérieux. Ils avaient, de plus, un genre très agréable, dont il ne nous reste aucun modèle, et où ils mettaient en scène des personnages historiques : c'est ce dont il est impossible de douter d'après plusieurs indices, et surtout d'après les titres de quelques pièces perdues pour nous. On voit, par exemple, qu'ils ont traité le sujet de *Sapho*, en peignant l'amour d'Anacréon pour cette femme célèbre, et la passion qu'elle ressentit pour Phaon. Peut-être même toute l'histoire du saut de Leucade n'est-elle qu'une fiction d'un poète dramatique. Ces pièces historiques et poétiques à la fois, devaient, par le choix des sujets, se rapprocher beaucoup de notre drame romantique. La touchante peinture des sentiments passionnés, unie aux grâces plus calmes de l'imitation de la nature, recevait sans doute, du pinceau délicat des Grecs, beaucoup d'intérêt et de charme.

Je crois avoir donné une idée d'autant plus juste de la comédie ancienne, que je n'en ai dissimulé ni les défauts ni les bornes. La tragédie et la première comédie demeurent inimitables, inaccessibles, uniques dans l'histoire de l'art dramatique. S'il faut désespérer de voir renaître ces brillantes créations, on peut de toutes manières chercher à se mesurer avec les Grecs dans la comédie, et même à les surpasser. Aussitôt qu'on abandonne les régions élevées de la pure poésie, et qu'on descend sur la terre, dès qu'on mêle aux fictions idéales de l'imagination, l'imitation prosaïque de la vie réelle, ce n'est plus le génie et le sentiment des arts qui décident seuls du succès, mais les circonstances plus ou moins heureuses. L'exemple de la sculpture se présente ici de nouveau. L'idée sublime d'épurer et d'ennoblir la figure de l'homme, au point de la rendre digne de représenter les dieux, n'a enflammé qu'une fois l'imagination des artistes. Après qu'elle a été exécutée, on n'a pu, même avec un talent égal, que reproduire des effets déjà connus et, pour ainsi dire, usés d'avance. Dans l'imitation individuelle, au contraire, le sculpteur moderne peut, à tous égards, se montrer le rival heureux des anciens. Ce n'est plus une image créée par le seul enthousiasme, l'observation a dû être consultée, et l'artiste, qui la prend pour guide, a beau répandre sur son ouvrage le charme d'une exécution savante, facile et gracieuse, ses yeux se fixent toujours sur son modèle, et le vol de son génie est arrêté.

Les statues d'après nature de deux fameux poètes comiques, Ménandre et Philémon, actuellement placées dans le musée de Paris, me paraissent exprimer avec une perfection frappante le caractère de la comédie grecque. Revêtus d'un costume très simple, tenant un rouleau dans leur main et assis sur des siéges à dossier, ils ont l'air tranquille et assuré que donne la conscience d'un talent à l'épreuve. Déjà dans cette maturité de l'âge, si favorable à l'observation calme et impartiale, mais sans indice de faiblesse, pleins de fermeté et de vigueur, ils paraissent jouir de la santé du corps qui est l'emblème de celle de l'âme. Aucun enthousiasme exalté ne se peint sur leur physionomie, mais on n'y voit rien non plus de méchant ou de licencieux; seulement, le front légèrement sillonné, non par le chagrin mais par l'habitude de la réflexion, montre une sagesse sérieuse, tandis que le regard furtif, et la bouche qui semble prête à s'entr'ouvrir pour sourire, nous font découvrir la trace d'une légère ironie.

HUITIÈME LEÇON

Théâtre des Romains. — Genre des pièces de théâtre indigènes à Rome, les fables atellanes, les mimes, la *Comœdia togata*. — Changements qu'éprouva la tragédie grecque lorsqu'elle fut transportée à Rome. — Tragiques romains de l'époque la plus ancienne et du siècle d'Auguste. — Idée de ce qu'eût été une tragédie d'origine véritablement romaine. — Pourquoi les Romains n'ont pas obtenu de grands succès dans l'art tragique. — Tragédies attribuées à Sénèque.

Après nous être occupés dans ces leçons à éclaircir plusieurs idées de théorie générale, nous nous sommes appliqués à faire connaître, avec quelque détail, le théâtre grec, théâtre formé sans modèle et néanmoins réputé assez parfait pour servir d'exemple lui-même, et qui de toutes manières méritait de fixer notre attention. Nous pourrons à présent parcourir avec plus de rapidité la littérature dramatique de la plupart des autres peuples, sans craindre qu'on nous accuse de ne pas proportionner l'étendue de notre travail à l'importance de son objet.

Et d'abord le théâtre latin qui, sous tous les rapports, se lie immédiatement au théâtre grec, n'offrira, pour ainsi dire, qu'une immense lacune à nos regards. Ce vide s'explique premièrement, par l'absence de génie dramatique qu'on ne peut s'empêcher de remarquer chez les Romains, et ensuite par la perte que nous avons faite d'une grande partie de la littérature latine. Ce qui nous est resté de l'époque où elle a été véritablement classique se borne, dans le genre qui nous occupe, aux seuls ouvrages de Plaute et de Térence, auteurs dont j'ai déjà parlé à titre d'imitateurs des Grecs.

La poésie n'était pas en général à Rome une production spontanée; elle n'y fut cultivée avec soin, ainsi que tous les arts qui contribuent à l'agrément de la vie, qu'au moment où l'imitation des peuples vaincus entraînait Rome vers sa ruine. La langue latine ne devint propre à l'expression poétique qu'après avoir été modelée sur des formes métriques et grammaticales, qui auparavant lui étaient étrangères. Cette refonte dans le moule grec ne s'opéra pas sans de grandes difficultés. Le langage qu'on voulait imiter commença par s'introduire de force dans l'ancien idiome, et il n'en résulta d'abord qu'un mélange grossier. Peu à peu le style des vers vint à s'adoucir, et lorsqu'on eut décidément rejeté les compositions de mots et les constructions de phrases qui répugnaient trop manifestement au génie de la langue latine et offensaient l'oreille des Romains, la poésie perdit enfin cette rudesse primitive dont Catulle nous laisse apercevoir les dernières traces, et qui n'était pas dénuée d'une grâce un peu sauvage. Ce fut pendant le siècle d'Auguste qu'on réussit à former un alliage heureux et intime des locutions nationales et de celles qu'on avait empruntées; mais à peine l'équilibre désiré fut-il établi que les progrès s'arrêtèrent, et que l'on vit cesser tout développement ultérieur. L'expression poétique, malgré le vol en apparence plus hardi et plus assuré qu'on sut lui donner, à force d'art, retomba bientôt dans le cercle des formes reçues et ne put jamais en sortir : ainsi la langue de la poésie, entre l'époque de sa naissance et celle de sa mort, ne fleurit à Rome que pendant un bien court espace de temps, et l'esprit des fictions y trouva un sort pareil à celui de l'élocution même.

Ce ne fut pas le besoin des plaisirs de l'imagination, ce ne fut pas le désir de consacrer aux douces jouissances des beaux-arts les loisirs des fêtes religieuses, qui, chez les Romains, donna naissance aux spectacles; ils durent leur origine au découragement affreux qui s'empara des âmes pendant une peste dévastatrice dont rien ne pouvait arrêter les progrès. On ne connaissait encore à Rome que les exercices du corps et les combats du cirque, lorsqu'on eut l'idée d'apaiser le courroux des dieux par les jeux scéniques célébrés avec solennité. Les histrions que, dans ce dessein, on fit venir d'Étrurie, n'étaient que de simples danseurs, et vraisemblablement ils n'exécutaient pas même de scènes pantomimes, mais des espèces de tours de force où se déployait l'agilité du corps. Les Romains empruntèrent leurs premières pièces parlées, les *Fables atellanes*, aux Osques, anciens habitants de l'Italie. Ces farces grotesques nommées encore *Saturæ*, du mot *Satura* (mélange), et qui n'étaient d'abord que des scènes improvisées, sans nœud dramatique, continuèrent longtemps à divertir le peuple. Ce ne fut qu'à l'époque de Livius

Andronicus, plus de cinq cents ans après la fondation de Rome, que l'on commença à représenter des pièces moins irrégulières, à l'imitation des Grecs. On traduisit alors en latin des tragédies, ainsi que des pièces du nouveau théâtre comique seulement, car la première comédie n'était pas susceptible de passer d'une langue dans l'autre.

Ainsi les Romains durent aux Étrusques l'idée des spectacles, et aux Osques les scènes burlesques détachées. Et lorsque l'exemple des Grecs les fit parvenir à un plus haut dégré de développement, ils montrèrent toujours un talent plus remarquable et plus original pour la comédie que pour la tragédie. Il faut que les Romains et les Osques eussent une origine bien rapprochée, puisque l'idiome de ce dernier peuple, déjà hors d'usage et ne revivant que dans les fables atellanes, était assez facilement compris à Rome, et que ces petites pièces y étaient la source d'un grand amusement; elles y jouissaient même d'une telle faveur que de jeunes Romains de la classe noble prenaient plaisir à représenter entre eux ces comédies aux jours de fêtes, et que les acteurs qui faisaient métier de jouer les fables atellanes, ne furent pas, comme les autres comédiens, exclus honteusement de leur tribu ni du service militaire.

Les Romains avaient de plus des mimes qui leur étaient particuliers. Le nom de ces petites pièces, qui n'est pas latin, pourrait faire croire qu'elles furent au commencement une copie des mimes grecs, mais la forme en était très différente; il y régnait une grande vérité relativement à l'imitation des mœurs locales et nationales, et le sujet n'en était point emprunté aux pièces grecques.

Il est très remarquable que les habitants de l'Italie n'aient jamais eu de véritable talent dramatique, tandis qu'ils ont toujours singulièrement réussi dans un genre de farces très gaies, quoiqu'un peu vulgaires, où ils accompagnent de gestes bouffons, des discours et des chants improvisés : l'examen du théâtre régulier de l'Italie ancienne et moderne nous en prouvera la médiocrité. Quant aux succès des Italiens dans la pantomime, ils n'ont pas besoin de preuves pour les temps actuels, et nous ne pourrions chercher à retrouver dans le passé les mêmes traits caractéristiques, sans remonter aux saturnales, et sans nous écarter de notre objet.

L'esprit qui domine dans les dialogues de Pasquin et de Marforio, c'est à dire une raillerie populaire, tout à la fois vive et mordante, sur les événements publics, cet esprit se montrait déjà du temps des empereurs, qui certainement ne favorisaient pas de semblables libertés. Mais ce qui nous importe le plus ici, c'est l'idée qu'on peut retrouver dans les pantomimes et dans les fables atellanes le premier germe de la *commedia dell' arte*, parade jouée impromptu, par des personnages masqués, et où les divers dialectes populaires, employés pour exciter la gaîté, offrent un trait de ressemblance très frappant avec les fables atellanes. Arlequin et Polichinelle seraient sans doute bien étonnés d'apprendre qu'ils descendent en droite ligne des anciens Romains ou même des Osques, et cette souche glorieuse leur inspirerait, sans doute, une burlesque fierté ; il est certain que l'on trouve sur les anciens vases grecs, parmi les masques grotesques, des costumes très semblables aux leurs, de grands pantalons, par exemple, et une veste avec des manches, vêtements aussi étrangers aux Grecs qu'aux Romains. Le nom de *Zanni* est encore aujourd'hui un des noms d'Arlequin, et *Sannio* était dans les farces latines, au rapport des anciens écrivains, un bouffon qui avait la tête rasée et un habillement composé de pièces de diverses couleurs. On dit qu'on a retrouvé la figure de Polichinelle parfaitement ressemblante dans les peintures à fresque de Pompéi. Si donc il est vrai que ce personnage fut originaire d'Atella, il est toujours resté dans son ancienne patrie. On pourrait peut-être m'opposer que la tradition de ces rôles burlesques a dû se perdre, par l'interruption de toutes les représentations théâtrales pendant plusieurs siècles ; mais il serait facile de répondre à cette objection, que les réjouissances annuelles du carnaval et les facéties du moyen âge ont suffi pour en conserver le souvenir.

Les mimes grecs, toujours écrits en prose, n'étaient point destinés à la scène. Les pièces latines, au contraire, constamment versifiées, qu'elles fussent improvisées sur le théâtre ou composées d'avance, n'avaient d'autre but que la représentation. Labérius et Syrus se rendirent célèbres dans ce genre, vers les derniers temps de la république romaine. Labérius était chevalier romain, et ne pouvait se montrer sur la scène sans perdre ses priviléges ; toutefois, Jules César, alors dictateur, le pria poliment, mais d'une manière qui n'admettait pas de refus, de jouer en public les mimes qu'il composait. Labérius obéit, mais il se plaignit amèrement de l'injustice qu'il éprouvait, dans un prologue que nous conservons encore, et où le sentiment douloureux d'une juste fierté blessée, s'exprime avec force et avec noblesse. On ne comprend pas trop comment, dans cette disposition d'âme, il pût se livrer à une joyeuse folie, ni comment le public romain qui avait sous les yeux un exemple aussi triste d'un avilissement forcé, pût y trouver du plaisir. Quoi qu'il en fût, une soumission aussi imparfaite déplut à César, qui tint à la vérité sa parole en donnant une somme d'argent considérable à Labérius, et en lui rendant son anneau de chevalier (sans pouvoir toutefois lui rendre son ancienne position dans l'opinion publique), mais qui se vengea des allusions contenues dans le prologue et dans la pièce même, en adjugeant le premier prix des mimes à un esclave nommé Syrus, disciple de Labérius lui-même (1). Il nous est resté des mimes de Syrus plusieurs sentences, qui, pour le sens et pour le mérite de l'expression, peuvent être mises à côté de celles de Ménandre; quelques-unes s'élèvent au dessus du ton de la comédie, même sérieuse, et paraissent de véritables maximes stoïques. Comment était-il possible d'arriver à une telle hauteur, en partant d'un genre aussi bas que celui de la farce? Comment ces passages, qui semblent ne devoir s'appli-

(1) César qui n'avait pu faire paraître un simple particulier sur le théâtre sans le déshonorer et sans exciter l'indignation publique, ne prévoyait pas, sans doute, qu'un de ses successeurs à l'empire du monde s'exposerait volontairement au même genre de flétrissure.

quer qu'au raffinement de mœurs dont la haute comédie nous offre l'image, étaient-ils à leur place dans des parades populaires? Tels qu'ils sont, ils doivent nous donner une idée très avantageuse des mimes en général. Horace parle, il est vrai, avec peu d'estime de ceux de Labérius, et il en blâme également le plan trop arbitraire et l'exécution trop négligée; mais le jugement de ce poète satirique ne doit pas, à ce qu'il me semble, rester sans appel; car il attache, par des raisons assez évidentes, une bien plus grande importance à la correction et aux finesses du style, qu'à la verve originale et à la richesse d'invention. Le temps, qui a détruit toutes ces productions d'un genre d'esprit particulier aux Romains, nous livre, à cet égard, aux rapports confus des grammairiens, et aux conjectures hasardées des critiques modernes.

Les pièces comiques régulières des Romains appartenaient, en général, au genre de comédie nommée *palliata*, c'est à dire exécutée en costume grec et calquée sur les mœurs grecques. Telles sont la plupart des pièces de Plaute et de Térence. Il y avait cependant une autre comédie latine appelée *togata*, d'après les vêtements en usage chez les Romains. Afranius était l'écrivain le plus célèbre dans ce dernier genre. Ce qui nous reste de ces pièces est si peu de chose, et les données sur ce sujet sont même en si petit nombre, que nous ne pouvons décider avec certitude si l'invention en était véritablement originale. Il paraîtrait plus vraisemblable que les *comœdiæ togatæ* n'étaient que des pièces grecques refondues et adaptées aux mœurs des Romains, puisque Afranius vivait à l'époque où la littérature latine n'avait pas encore osé prendre un essor indépendant. Et cependant il est très difficile de comprendre que la comédie athénienne ait pu se prêter à des formes locales, qui lui étaient aussi étrangères. Les Romains avaient certainement une gaîté fort spirituelle et du goût pour la plaisanterie dans la société intime; mais leur vie extérieure était soumise à une marche grave et sérieuse. La distinction des rangs était fort marquée à Rome, et quelques particuliers y possédaient des fortunes de prince. Les femmes romaines, beaucoup plus répandues dans le monde que les grecques, y jouaient un rôle bien autrement important. Une comédie d'origine purement romaine, et qui aurait introduit sur la scène un système de mœurs aussi différent de celui des Grecs, eût été, dans le temps, un phénomène littéraire très remarquable, et nous ferait à présent connaître le peuple vainqueur de l'univers sous un aspect tout à fait nouveau. Mais les écrivains anciens parlent de la *comœdia togata* avec trop d'indifférence, pour qu'on puisse supposer qu'elle méritât, sous aucun rapport, d'attirer l'attention. Quintilien dit, en propres termes, que c'est surtout par la comédie que la littérature latine est boiteuse.

Relativement à la tragédie, nous remarquerons d'abord que, lorsqu'elle fut transportée à Rome, la nouvelle ordonnance théâtrale lui fit subir une altération considérable. Les siéges des plus illustres Romains, des chevaliers et des sénateurs, furent mis dans l'orchestre; ainsi le chœur, qui devait naturellement occuper cette place, se vit obligé de monter sur le théâtre, et il y donna lieu à tous les inconvénients que nous avons signalés en parlant de son introduction sur la scène moderne. On adopta, en outre, divers usages inconnus aux Grecs, et qui ne pouvaient pas être avantageux à l'effet théâtral. Dès les premières représentations de drames réguliers, Livius Andronicus, Grec de naissance, le premier poète tragique ainsi que le premier acteur de Rome, sépara le chant de la danse dans les monodies, morceaux lyriques chantés par une seule voix; il ne resta donc à l'acteur que la danse pantomime, et un enfant qui se tenait à côté du joueur de flûte fut chargé de la partie du chant. Dans la tragédie grecque, au contraire, au temps de sa plus grande gloire, le chant et les pas mesurés qui l'accompagnaient étaient tellement simples, qu'ils n'offraient pas à un même acteur de trop grandes difficultés. Mais les Romains préférèrent toujours un plus haut degré d'éclat dans les talents isolés, à l'unité harmonieuse de leur réunion. C'est de là que vint dans la suite le goût qu'ils montrèrent de préférence pour la pantomime, art qui parvint pendant le siècle d'Auguste à un point de perfection extraordinaire. A en juger d'après les noms des acteurs les plus vantés dans ce genre, tels qu'un Pylade et un Bathylle, c'étaient des Grecs qui brillaient à Rome dans ce genre de langage muet. Les vers lyriques destinés à expliquer le sujet des pantomimes étaient même composés dans la langue grecque. Une autre nouveauté, jusqu'alors sans exemple, fut introduite par le fameux Roscius, qui, ayant osé le premier se montrer sur la scène sans masque, servit vraisemblablement de modèle à un grand nombre d'imitateurs. Sans doute, les comédiens, en jouant à visage découvert, purent déployer avec plus d'avantage les brillantes ressources de leur art; et les Romains, à qui ce changement fut agréable, prouvèrent encore par là, qu'ils étaient plus capables de s'associer avec passion aux succès disproportionnés d'un artiste, que de jouir de l'impression pure et calme de l'ensemble d'un ouvrage poétique.

On peut distinguer deux époques différentes dans la littérature tragique des Romains; la première fut celle de Livius Andronicus, de Névius, d'Ennius, et même de Pacuvius et d'Attius, deux poètes un peu postérieurs à Plaute et à Térence; la seconde fut l'époque fameuse du siècle d'Auguste. On ne vit, pendant la première, que des traducteurs plus ou moins fidèles des ouvrages grecs, et, selon toute apparence, ils réussirent mieux dans le genre de la tragédie que dans celui de la comédie. L'élévation hardie des expressions tragiques paraît, il est vrai, un peu brusque, dans une langue qui n'est point encore assouplie, cependant les efforts du poète ne sont pas toujours malheureux; mais il eût fallu un degré très supérieur de culture intellectuelle, et même un genre particulier d'esprit comique, pour saisir la grâce facile d'une conversation enjouée. Nous ne pouvons pas juger du mérite ni de l'exactitude de ces imitations, puisqu'il n'existe aucun fragment latin, pas même dans les ouvrages de Plaute et de Térence, dont nous possédions l'original grec. Le monologue du *Promothée délivré*, traduit par Attius, n'est certainement pas indigne d'Eschyle, et le mécanisme du vers y est peut-être plus soigné que chez les comiques latins (1). Pacuvius et Attius perfectionnèrent ce premier style poétique, et leurs ouvrages, qui restèrent en possession du théâtre jusqu'au delà du temps de Cicéron, paraissent avoir eu beaucoup d'admirateurs; Horace, il est vrai, étend sur ces auteurs son mépris général pour les anciens poètes, mais nous avons déjà vu quelle était la tendance particulière de sa critique.

Les écrivains du siècle d'Auguste se piquèrent de plus d'originalité dans leur manière de se mesurer avec les Grecs, mais il ne cultivèrent pas avec un égal succès toutes les branches de la littérature. Ils avaient surtout la passion de s'essayer dans les compositions tragiques, et cette passion, que l'empereur lui-même paraît avoir partagée, rend assez vraisemblable l'opinion de ceux qui prétendent qu'Horace avait composé son épître aux Pisons, principalement pour préserver ces jeunes gens de la contagion générale, et les détourner d'une carrière où ils ne pouvaient sans doute espérer aucun succès. Un des meilleurs poètes tragiques de ce temps fut le célèbre

---

(1) Dans quel rhythme était-il possible de traduire le chant des chœurs grecs? Horace affirme que Pindare, dont le style lyrique a un si grand rapport avec celui de la tragédie, est impossible à imiter en latin. Vraisemblablement on ne s'était jamais engagé dans le labyrinthe des strophes des chœurs, strophes inimitables dans la langue latine, et dont l'oreille des Romains n'aurait pu saisir l'harmonie. Les tragédies de Sénèque ne sortent jamais de l'anapeste que pour essayer, tout au plus, de s'élever aux vers saphiques ou choriambiques, dont la répétition monotone produit un effet très désagréable.

Asinius Pollion, que Pline dépeint comme un homme dont tous les sentiments étaient violents, et qui portait jusque dans les arts étrangers à la poésie, le goût d'une expression énergique : ce fut lui qui fit enlever de Rhodes, pour le transporter à Rome, le groupe fameux du taureau Farnèse. Ce monument d'un génie sauvage et même outré dans son audace, ne ressemble pas mieux aux chefs-d'œuvre de la sculpture grecque, que les tragédies de Pollion ne ressemblaient peut-être aux pièces de Sophocle, et toutefois nous devons encore regretter la perte totale des ouvrages du poète latin, quoique le rôle important que jouait Pollion dans les affaires publiques, ait pu faire illusion à ses contemporains en faveur de son mérite littéraire. Ovide s'est essayé dans le genre tragique, ainsi que dans presque tous les genres de poésie, et nous savons même qu'il a composé une *Médée*. La profusion de lieux communs passionnés qu'il s'est plu à répandre dans ses *Héroïdes*, doit faire présumer qu'il n'eût été qu'un Euripide exagéré. Cependant Quintilien assure qu'il a montré, dans cette tragédie, ce dont il eût été capable s'il avait su se modérer et mettre un frein à l'intempérance de son imagination.

Tous ces ouvrages du siècle d'Auguste ont péri. Il est difficile d'estimer à sa juste valeur la perte qu'on a faite, mais, selon toute apparence, elle n'est pas extrêmement grande. D'abord les tragédies grecques avaient éprouvé à Rome le sort de toutes les productions naturelles transplantées sur un sol étranger. Le culte religieux des Romains se rapprochait, il est vrai, à plusieurs égards de celui des

Grecs, mais il n'était point aussi complétement le même qu'on le croit en général. La mythologie héroïque n'avait été introduite à Rome que par les poëtes, et rien ne la rattachait aux traditions populaires. Une tragédie d'origine romaine n'a jamais existé. On peut cependant, à travers la nuit des siècles, entrevoir confusément par la pensée ce qu'elle eût été, si le génie national lui avait donné naissance. Bien différente de la tragédie grecque, dans son apparence extérieure comme dans sa signification cachée, elle aurait été l'expression des sentiments profondément religieux et patriotiques des premiers Romains. Toute poésie créatrice doit sortir du fond de l'âme; l'esprit de la religion de Rome était dans l'origine d'une nature tout à fait particulière. Ce fut lorsque le culte eut cessé d'être animé par une vie intérieure, qu'on essaya d'en cacher le vide par des ornements empruntés aux nations étrangères. L'ancienne croyance des Romains et les usages qui s'y rapportaient, renfermaient un sens moral, sérieux, philosophique, divinatoire et symbolique qui n'existait pas à un aussi haut degré dans la religion des Grecs, ou du moins dans cette partie de leur religion qui était enseignée hors de l'initiation aux mystères. Chez les Grecs, le culte se pliait aux mobiles désirs des artistes; chez les Romains il restait immuable sous l'empire des prêtres. La tragédie grecque avait montré l'homme libre, combattant contre la destinée; la tragédie romaine eût présenté à nos regards l'homme soumis à la divinité, et subjugué jusque dans ses penchants les plus intimes, par cette puissance infinie qui sanctifie les âmes, qui les enchaîne en ses liens (1), et qui brille de toutes parts à travers le voile de l'univers. Mais la flamme sacrée de cet esprit vivifiant était depuis longtemps éteinte, lorsque le goût d'une poésie perfectionnée se réveilla chez les Romains. Les patriciens qui, dans leur première institution, étaient un collége de prêtres étrusques, ne se montraient plus que sous l'aspect d'hommes d'État ou de guerriers mondains, et ne conservaient leur ancien sacerdoce que comme une forme politique; leurs livres sybillins, leur Véda, étaient devenus incompréhensibles pour eux, tant à cause des caractères vieillis de l'écriture, que parce qu'il n'en avaient plus la clef, et que la haute science était oubliée. Si l'on veut se faire une idée de ce qu'aurait été la tradition héroïque des Romains, et du coloris particulier dont elle eût été susceptible si leur génie poétique se fût plus tôt développé, on en retrouvera quelques traces dans Virgile, dans Properce et dans Ovide, poètes qui traitent déjà ces sujets comme appartenant à l'antiquité.

De plus, malgré tout le désir qu'avaient les Romains d'adopter l'ensemble de la culture morale de la Grèce, ils manquèrent toujours de la douce humanité qu'on a pu remarquer, dès les temps d'Homère, dans l'histoire, les arts et la poésie de cette heureuse contrée. Les Romains n'abandonnèrent cette vertu rigide, qui, semblable à Curtius lui-même, enfouissait toutes les affections personnelles dans le sein de la patrie, que pour se précipiter, avec une effrayante rapidité, dans une corruption de mœurs et une rapa-

(1) C'est là ce qu'exprime le mot latin *religio*.

cité également sans exemple; jamais ils n'ont démenti leur origine, jamais ils n'ont cessé de prouver que leur fondateur n'avait pas été nourri par le sein d'une mère, mais par une louve dévorante. Ils furent le génie tragique de l'univers; ils donnèrent à la terre le spectacle épouvantable de rois enchaînés ou languissants dans les cachots, et ils se montrèrent sous la forme de la nécessité de fer aux yeux des peuples abattus. Dévastateurs du monde entier, ils languirent solitaires au milieu du désert qu'ils avaient fait, et le trophée qu'ils voulurent élever avec les ruines de l'univers ne fut que le tombeau de leur vertu et de leur gloire. Ils ne connurent jamais l'art heureux d'exciter par des accents habilement ménagés les plus douces émotions de l'âme, ni de parcourir d'une main légère les cordes harmonieuses du sentiment; ils franchirent toujours les degrés intermédiaires, et touchèrent aux dernières bornes de la tragédie, comme ils l'avaient fait dans l'héroïsme stoïque et dans la fureur effrénée de toutes les voluptés. Il ne leur était resté de leur antique grandeur que la puissance de braver la destinée, lorsqu'il fallait enfin échanger contre la douleur et la mort les jouissances d'une vie désordonnée. En marquant les héros de leurs fictions tragiques de ce sceau particulier de leur magnanimité primitive, ils se plurent à étaler encore avec un orgueil fastueux, le mépris qu'ils avaient pour l'existence.

Ajoutons que dans ce siècle où la littérature fut cultivée chez les Romains avec le plus de succès, ce peuple, avide de spectacles jusqu'à la rage, ne fut jamais un public propre à donner le ton aux poëtes dramatiques ou à juger leurs ouvrages. Dans les marches triomphales, dans les jeux des gladiateurs et dans les combats d'animaux, toute la pompe de l'univers, toutes les raretés des zônes étrangères, étaient prodiguées aux yeux des spectateurs; on les rassasiait à la fois de magnificence et de sang. Que pouvaient produire sur des nerfs de cette trempe les douces émotions de la poésie tragique? Les chefs les plus puissants mettaient leur orgueil à faire parade, en un seul jour, de l'immense butin des guerres civiles ou étrangères, sur des théâtres que le peuple détruisait à l'instant. Ce que Pline raconte du luxe d'architecture du théâtre de Scaurus est vraiment incroyable. Lorsque le peuple, blasé sur la somptuosité, ne put être surpris que par la nouveauté des inventions mécaniques, il y eut un citoyen romain qui, à l'occasion des fêtes funèbres en l'honneur de son père, fit construire deux théâtres demi circulaires, placés dos à dos et tellement mobiles qu'ils purent, après les représentations dramatiques, être tournés sur un seul pivot avec tous les spectateurs assis, et former en se réunissant un cirque fermé, où l'on donna des combats de gladiateurs. Le plaisir des yeux absorbait en entier celui des oreilles. Des danseurs de cordes et des éléphants blancs l'emportaient sur toutes les pièces de théâtre. Horace dit qu'on battait des mains à l'aspect de la robe de pourpre brodée d'un comédien, et que la foule immense des spectateurs était si peu tranquille, que son murmure ressemblait à celui de la mer agitée, ou au bruit d'une tempête sur une montagne couverte de forêts.

Nous aurions tort néanmoins de juger du talent

tragique qu'ont pu montrer les Romains, pendant l'époque brillante de leur littérature, par les seuls ouvrages que nous possédons, c'est à dire par le recueil des tragédies qui passent pour être de Sénèque. Il me paraît fort douteux que ces pièces soient authentiques ; peut-être les a-t-on attribuées à Sénèque parce qu'il paraît lui-même dans celle qui est intitulée *Octavie* ; mais cela même aurait plutôt dû prouver qu'il n'en était pas l'auteur. Quoi qu'il en soit, les érudits ne sont point d'accord à cet égard. Les uns prétendent que ces tragédies ont été composées en partie par Sénèque le philosophe et en partie par son père le rhéteur ; d'autres soutiennent qu'elles sont d'un poëte différent de tous deux, qui portait le même nom. On s'accorde, en général, à dire qu'elles ne sont ni de la même main, ni de la même époque. On pourrait les considérer comme des productions beaucoup plus modernes, données pour antiques, si Quintilien ne citait pas un vers de la *Médée* (1) de Sénèque, qui se trouve en effet dans la tragédie que nous possédons. Celle-là du moins est donc bien certainement ancienne, et cependant elle n'est pas très supérieure aux autres. On trouve encore dans Lucain, poëte contemporain de Néron, un style également boursouflé, et cette même extravagance gigantesque qui est la charge de la grandeur. Pendant ces

---

(1) Dans cette pièce, Médée égorge ses enfants sous les yeux des spectateurs, quoique Horace eût déjà blâmé les poëtes qui mettaient de pareilles horreurs sur la scène. C'est dans cet excès d'atrocité, inconnue aux Grecs, que les tragiques romains cherchaient l'effet et la nouveauté.

temps affreux où Rome fut opprimée par une suite de tyrans sanguinaires, la situation violente des esprits fit éclore des productions monstrueuses dans tous les genres, et en particulier dans la poésie et l'éloquence, phénomène qu'on a pu souvent observer à de semblables époques de l'histoire. Sous le gouvernement doux et sage de Titus et de Vespasien, les Romains revinrent à un goût plus épuré.

Mais quelle que soit la date assignée à ces tragédies, elles sont dépourvues de tout intérêt dramatique, comme de toute vérité dans la peinture des caractères et des situations; elles révoltent par une foule d'inconvenances, elles sont écrites d'un style froid et enflé, où les lieux communs tragiques sont débités à perte d'haleine, où tout est phrase et prétention : il y a de l'esprit et surtout de la subtilité, il y a aussi quelque chose qui ressemble à de l'imagination ; mais on n'y découvre le talent que dans l'abus du talent même. Elles n'imitent la tragédie grecque que par la forme extérieure et par le choix des sujets mythologiques, et si elles paraissent s'élever au dessus de leur modèle, c'est comme une hyperbole creuse surpasse l'expression de la vérité. Les auteurs de ces pièces ont trouvé le secret d'être diffus avec un laconisme épigrammatique, voisin de l'obscurité. Les personnages qu'ils introduisent sur la scène ne sont ni des modèles imaginaires, ni des hommes véritables ; ce sont des marionnettes colossales, mises en mouvement tantôt par le fil d'un héroïsme hors de nature, tantôt par celui d'une passion tout aussi artificielle. qui ne se doute d'aucune borne, et ne recule devant aucun attentat.

J'aurais pu passer entièrement sous silence les tragédies de Sénèque, dans cette histoire de l'art dramatique, où je ne dois m'attacher à faire connaître que les productions originales, ou du moins très distinguées; mais un préjugé aveugle pour tout ce qui vient de l'antiquité a érigé ces tragédies en modèles dignes d'être imités, et c'est ce qui m'oblige à en parler. Elles ont été plus tôt et plus généralement connues que les tragédies grecques. Non seulement les érudits privés de goût en ont jugé favorablement, et les ont même préférées aux modèles grecs, mais de véritables poètes en ont fait l'objet de leurs études. L'influence qu'elles ont eue sur les idées de Corneille est évidente; Racine lui-même a daigné emprunter, dans sa *Phèdre*, plusieurs morceaux de celle de Sénèque, et entre autres la scène presque entière de la déclaration d'amour. On peut trouver la citation détaillée des passages que le poète français a imités du poète latin, dans l'estimable ouvrage de Brumoy (1).

---

(1) Le traducteur a divisé en deux la leçon sur l'histoire dramatique de l'Italie, afin de séparer le théâtre ancien du théâtre moderne.

NEUVIÈME LEÇON

Poètes dramatiques italiens. — Pastorales du Tasse et de Guarini. — Remarques sur le peu de progrès qu'ont fait les Italiens dans le genre de la tragédie. — Métastase et Alfiéri. — Ce qu'étaient ces deux poètes. — Comédies de l'Arioste, de Machiavel, de l'Arétin, de Porta. — Comédies à masques improvisées. — Goldoni. — Gozzi. — État actuel du théâtre italien.

Nous laissons ici l'antiquité classique pour nous occuper de la littérature dramatique des modernes. On peut mettre en doute, relativement à l'ordre dans lequel on doit traiter ce sujet, s'il vaut mieux parcourir successivement les productions de chaque peuple en particulier, ou passer d'un théâtre à un autre à mesure qu'on observe les traces d'une influence étrangère dans les idées qui y ont dominé. L'Italie, la première, a élevé un théâtre, et après avoir donné le ton à la France, elle a fini par le recevoir d'elle à son tour. Les pièces espagnoles ont servi, plus encore peut-être que les italiennes, à perfectionner la scène française, et Voltaire s'est rapproché des formes adoptées chez les Anglais, lorsqu'il a cherché à étendre la sphère de la tragédie ; mais les modèles de l'antiquité avaient déjà fixé d'une manière trop irrévocable les idées et le goût de ses compatriotes, pour qu'il fût encore possible de leur faire admettre un nouveau système. Le théâtre espagnol et le théâtre anglais n'ont presque rien emprunté à celui des autres nations, et sont même restés indépendants l'un de l'autre. Ils ont exercé une action puissante au dehors, et n'ont point eux-mêmes obéi à des impulsions extérieures; leur histoire doit donc être traitée à part, et, pour éviter la confusion, nous séparerons de même l'histoire dramatique de chacun des autres peuples, en faisant remarquer, à mesure, les influences étrangères qui les ont dirigés tour à tour. Nous verrons ainsi que le principe de l'imitation des anciens est celui qui domine chez les Italiens et chez Français, tandis que l'esprit romantique, ou du moins une complète originalité, règne chez les Anglais et chez les Espagnols.

J'ai déjà montré comment la religion chrétienne avait aboli les spectacles excessivement dégénérés des Grecs et des Romains, avant même que la conquête du monde civilisé par les barbares du Nord eût mis fin à toutes les jouissances des beaux-arts. Le génie dramatique n'avait point encore été ranimé par l'étude des grands modèles de l'antiquité, lorsqu'il sortit du long assoupissement où il avait été plongé pendant le moyen âge, et donna de nouveau quelques signes de vie, dans les pièces qu'on nommait alors des moralités ou des mystères. Les Italiens, les premiers, avaient conçu le désir d'imiter les anciens dans tous les genres de poésie, et ils cherchèrent aussi à relever le théâtre antique. On nomme ordinairement la *Sophonisbe* du Trissin, qui parut au commencement du seizième siècle, comme la plus ancienne des tragédies régulières. Cette pièce ne m'est pas connue, mais je sais que l'auteur était un froid érudit, et comme les savants mêmes qui recommandent le plus l'imitation des modèles classiques donnent cet ouvrage pour le triste fruit d'un travail pénible, nous pouvons nous en tenir à leur jugement. Il est cependant très remarquable que le Trissin, qui s'est piqué d'observer les formes antiques jusqu'à introduire le chœur dans sa pièce, ait osé tirer la tragédie du domaine de la mythologie pour la transporter dans celui de l'histoire.

Les pastorales du Tasse et celles de Guarini méritent de faire époque un demi-siècle plus tard. La composition n'en est pas véritablement tragique, mais elle est noble et même idéale, et la poésie des chœurs est d'une grande beauté. Il est vrai que les chœurs ne paraissent pas sur la scène, et ne se lient point à l'action; ce sont des voix lyriques et harmonieuses qui semblent retentir dans les airs. Ces pastorales étaient certainement destinées au théâtre; on peut croire qu'elles ont été représentées à Turin et à Ferrare avec beaucoup de magnificence, et que tous les accessoires en étaient agréables et de bon goût. Toutefois elles n'en donnent pas moins l'idée de l'enfance de l'art. Quoiqu'il y ait une intrigue générale et un dénoûment, l'action reste souvent stationnaire dans les scènes isolées, ce qui prouve que les spectateurs, peu accoutumés aux plaisirs animés du théâtre, se contentaient encore du déploiement tranquille d'une belle poésie, et ne connaissaient pas cette agitation et cette impatience, que la rapidité du mouvement dramatique peut seule apaiser.

Le *Pastor fido* surtout est une production inimitable, inspirée par l'esprit romantique, puisque c'est un amour exalté qui l'anime; elle porte dans sa forme l'empreinte noble et simple de l'antiquité, et les jeux agréables d'une imagination poétique n'y sont que l'expression voilée du sentiment le plus pur et le plus élevé. Il n'a été accordé à aucun poète autant qu'à Guarini, de réunir les qualités distinctives des anciens et des modernes. Il montre une connaissance intime de l'essence de la tragédie grecque, en faisant de la destinée l'âme de sa fiction, et en donnant un coloris idéal à ses principaux caractères. Il est vrai qu'ayant introduit dans sa pièce des êtres grotesques, il a été obligé de lui donner le nom de tragi-comédie, mais les caricatures qui s'y présentent n'ont de vulgaire que leurs sentiments, et leurs mœurs extérieures ne sont point en contraste avec le reste du tableau. C'est ainsi que les personnages subalternes de la tragédie ancienne, tels que les esclaves et les messagers, participaient de la dignité générale de la composition. Le *Pastor fido* de Guarini est donc un phénomène extrêmement intéressant dans l'histoire de la poésie, mais il est resté sans suite relativement à l'art dramatique, et l'on devait en quelque manière s'y attendre.

Je reviens à la tragédie proprement dite des Italiens. A la suite de *Sophonisbe* et de quelques autres pièces contemporaines, que Calsabigi appelle les premiers bégaiements de l'Italie, on a coutume de citer une multitude de pièces du seizième, du dix-septième et du dix-huitième siècle, dont aucune ne s'est acquis une véritable réputation, ou du moins ne l'a conservée. Il est aisé d'observer que les auteurs ont eu la prétention de se conformer aux règles d'Aristote, et cependant, Calsabigi, critique italien entièrement attaché au système français, trace le portrait suivant de ces productions avortées : « Des plans mal « conçus, embrouillés, invraisemblables ; un vicieux « enchaînement de scènes, des personnages inutiles, « des actions doubles, des caractères forcés, des pen- « sées gigantesques ou puériles, des vers faibles, des « phrases rudes, une poésie aussi dénuée d'harmonie « que de naturel, le tout surchargé de descriptions « ou de comparaisons mal amenées, de réflexions « oiseuses sur la philosophie ou sur la politique, de « lieux communs d'amour, et de fades galanteries qui « se répètent dans toutes les scènes. Quant à la force « tragique, au choc des passions, aux catastrophes « frappantes, il n'en n'existe pas la moindre trace. »

Il est impossible de nous arrêter à déblayer tout ce fatras dramatique, et nous en venons directement à la *Mérope* de Maffei.

Cette tragédie, qui parut au commencement du dix-huitième siècle, fit d'abord grand bruit en Italie, et s'est acquis ensuite beaucoup de célébrité au dehors, lorsque Voltaire, jaloux de surpasser Maffei, composa aussi une *Mérope*. Le dessein des deux poètes était de retrouver dans le sujet, fourni par Hyginus, le grand effet tragique d'une pièce d'Euripide que nous ne possédons plus. Voltaire, sous le voile de la louange, rabaisse en rival la *Mérope* de Maffei. Lessing, dans sa *Dramaturgie*, prononce en juge éclairé un arrêt impartial. En accordant à cette pièce le mérite de la simplicité et de la pureté de goût, il y voit l'ouvrage d'un homme versé dans l'étude de l'antiquité, mais non doué par la nature d'un talent dramatique, que l'art aurait ensuite perfectionné. La grande réputation dont cette pièce a joui dans le temps, nous fait assez comprendre ce qu'étaient, avant qu'elle eût paru, les tragédies italiennes.

Depuis lors, Métastase et Alfiéri se sont produits sur la scène, l'un vers le milieu du dix-huitième siècle, et l'autre environ trente ans après. Je range dans la classe qui nous occupe actuellement les drames lyriques du premier de ces auteurs, parce que Métastase a la prétention d'exciter des émotions sérieuses, qu'il vise à l'idéal et qu'il a observé en partie les formes qu'on a voulu prescrire à la tragédie régulière. Le but qu'il se propose est bien différent de celui d'Alfiéri ; et cependant ces poètes ont été tous les deux, sans s'en apercevoir, gouvernés par les mêmes opinions. L'un et l'autre, il est vrai, ont également déclaré qu'ils n'appartenaient point à l'école française ; ils ont même assuré que, pour ne pas porter atteinte à leur propre originalité, ils avaient soigneusement évité de prendre connaissance des chefs-d'œuvre du théâtre français ; mais cette prudence est déjà d'un mauvais augure. Un poète qui a le sentiment intime de la manière énergique et bien déterminée dont il a saisi son sujet, peut étudier sans crainte les ouvrages de ses prédécesseurs ; il y gagnera du côté de l'art, et n'en marquera pas moins ses productions de son sceau caractéristique. Mais quant à Métastase et Alfiéri, s'il est vrai que les tragédies françaises leur soient demeurées inconnues, ou qu'ils ne les aient lues qu'après avoir composé leurs ouvrages, il faut qu'une influence imperceptible, répandue dans l'atmosphère littéraire, les ait modifiés à leur insu. Cette commune direction dans les idées de deux hommes doués de talents bien dissemblables, s'explique par diverses causes, et d'abord par la grande autorité que les poètes dramatiques du siècle de Louis XIV avaient acquise, dans toute l'Europe, aux yeux des littérateurs et des gens du monde, ensuite par les efforts qu'ont faits plusieurs poètes étrangers pour donner la coupe française à leurs pièces de théâtre, et enfin par la tendance générale des esprits vers cette critique négative, c'est à dire attachée à relever les fautes, qu'on peut appeler la critique française. Le même air de famille se reconnaît chez les deux auteurs italiens; mais il est plus frappant chez Alfiéri à cause de l'élément harmonique qui domine dans la poésie de Métastase. Il se retrouve dans une absence complète d'esprit romantique, dans une certaine gêne d'imagination, dans les formes modernes et mal caractérisées, données également à la mythologie et à l'histoire, et enfin dans cette prétendue pureté tragique qui dégénère souvent en uniformité. Alfiéri a toujours observé les unités de lieu et de temps, et si Métastase n'a observé que l'unité de temps, c'est que les changements de scènes sont de première nécessité à l'opéra. Alfiéri n'accorde rien au plaisir des yeux, il cherche à conformer ses plans à la simplicité antique la plus sévère; Métastase, dans la riche variété de ses intrigues, a voulu se rapprocher des modèles espagnols, et il a en particulier emprunté plusieurs idées à Calderon (1); cependant, l'unité idéale des anciens

---

(1) C'est ce qu'affirme expressément le savant Espagnol Arteaga, dans son ouvrage italien sur l'histoire de l'opéra.

est restée absolument étrangère au premier de ces auteurs, tandis que l'autre n'a pas mieux su tirer de l'union des éléments opposés, cette harmonie inattendue qui fait le charme particulier du genre romantique.

Apostolo Zeno, avant Métastase, avait déjà épuré, ou plutôt dépouillé l'opéra, car ces deux expressions sont souvent synonymes chez les Aristarques modernes. Il voulut jeter ses pièces dans le moule tragique, et même dans le moule français, et il laissa, par cela même, si peu de place au développement musical, qu'il se vit chassé du théâtre de l'opéra par son rival Métastase, qui connaissait bien mieux le goût de ses compatriotes. Un art prend, en général, une fausse direction lorsqu'il exécute, avec désavantage et en sacrifiant le mérite qui lui est propre, ce qu'un art différent peut accomplir avec plus de perfection et de facilité. Il faut attribuer ces efforts déplacés à une idée stérile de régularité, idée qu'on a voulu établir une fois pour toutes, au lieu de reconnaître l'esprit et les lois particulières de chaque genre de poésie.

La réputation de Métastase a obscurci celle de Zeno, parce qu'en se proposant le même but, il eut un talent bien plus flexible et sut mieux se plier aux convenances du musicien. Une pureté parfaite dans la diction, une grâce et une élégance soutenues, ont fait regarder Métastase, par ses compatriotes, comme un auteur classique, et pour ainsi dire comme le Racine de l'Italie. Il a surtout une douceur ravissante dans ses vers destinés au chant. Peut-être jamais aucun poète n'at-il possédé au même degré le don de rassembler dans un étroit espace les traits les plus touchants d'une situation pathétique. Les monologues lyriques à la fin des scènes, sont l'expression harmonieuse, à la fois la plus concise et la plus juste, d'une disposition de l'âme. Il faut cependant convenir que Métastase ne peint les passions que sous des couleurs très générales ; il ne donne aux sentiments du cœur rien qui appartienne au caractère individuel ni à la contemplation universelle. Aussi ses pièces ne sont-elles pas bien fortement conçues, et la poésie se contente d'imprimer un mouvement léger et facile à l'action, en laissant à la musique le soin des développements brillants et variés. Métastase est complétement un poète musical ; mais, pour s'en tenir à cette comparaison, il ne possède que la partie mélodieuse et chantante de la poésie, sans jamais en faire vibrer les cordes graves, et sans connaître les effets profonds et mystérieux de l'harmonie. Cette musique douce et agréable devient même bientôt assez uniforme ; quand on a lu quelques-unes des pièces de ce poète, on les connaît toutes, et l'on s'aperçoit bientôt que la composition générale manque de physionomie. Il ne faut cependant pas être trop sévère : les héros de Métastase sont galants, il est vrai ; les héroïnes poussent la délicatesse jusqu'à la mignardise ; mais peut-être n'a-t-on blâmé cette poésie efféminée que parce qu'on ne songeait pas à la nature de l'opéra. Il me semble qu'on ne peut reprocher à ce poète que d'avoir cherché des sujets dont la nature grave et sévère contraste trop fortement avec tout ce badinage gracieux. Si Métastase ne s'était pas attaqué à de grands noms historiques, s'il avait eu plus souvent recours à la mythologie ou à des fictions purement fantastiques, s'il avait toujours fait un choix aussi heureux que lorsqu'il a composé son *Achille à Scyros*, pièce où le genre héroïque se trouve naturellement mêlé avec le genre pastoral, cette galanterie, ce madrigal perpétuel eussent été d'accord avec les figures de ses tableaux; on aurait même permis au poète, si du moins on s'entend sur ce que doit être un opéra, de laisser un jeu encore plus libre à son imagination ; ce sont les prétentions à la tragédie qui ont tout gâté. Les forces de Métastase ne pouvaient atteindre jusque-là, et la flatteuse séduction de ses maximes amoureuses est absolument incompatible avec l'énergie de l'expression. J'ai entendu affirmer à un célèbre poète italien que ses compatriotes étaient touchés jusqu'aux larmes de la poésie de Métastase; il n'y a rien à répondre à ce témoignage, si ce n'est que c'est là un fâcheux symptôme de la constitution morale d'un peuple. Il n'est pas douteux que la mollesse voluptueuse dans les sentiments, ne soit précisément ce qui a rendu Métastase le poète favori de ses contemporains. Il a des vers dont la dignité et la concision énergique s'élèvent tout à fait au niveau de la tragédie, et cependant on y démêle je ne sais quel air de bravade qui fait penser aux tours de force et à la voix claire et flexible d'un chanteur italien.

La fortune étonnante qu'ont eue les pièces de Métastase dans toute l'Europe, et surtout chez les princes, est due encore, jusqu'à un certain point, à ce qu'il était le poète en titre de la cour. Son emploi, qu'il exerçait consciencieusement, lui fit adopter un genre de composition dont on peut retrouver quelques traces chez tous les auteurs dramatiques qui se sont placés dans les mêmes circonstances. De l'éclat superficiel sans aucune profondeur, des pensées et des sentiments communs, revêtus du langage poétique le plus choisi ; les ménagements de la politesse partout, dans la manière de traiter les passions, les malheurs et les crimes ; une scrupuleuse observation des convenances, et une moralité en paroles, tandis que l'ensemble d'une pièce respire la volupté : telles sont les qualités qui ont fait réussir dans le grand monde les miniatures tragiques de Métastase. La pompe des sentiments généreux n'y est pas épargnée, tandis que des crimes atroces y sont liés à des intrigues du tissu le plus léger. Les amantes offensées y préparent des vengeances terribles, qu'elles confient quelquefois à des amants méprisés. On y voit presque toujours un scélérat de profession, occupé à ourdir des trames perfides ; mais ce rôle odieux ne sert qu'à faire briller la clémence d'un roi magnanime qui termine la pièce en pardonnant. Cette facilité avec laquelle des traîtres abominables rentrent en faveur serait assurément très choquante, si, dans cette lanterne magique d'événements terribles, il y avait réellement du sérieux. Mais la coupe empoisonnée est toujours détournée à propos, les poignards tombent des mains homicides ou leur sont arrachés ; il y a constamment dans les cachots une issue souterraine, et le héros menacé se trouve tout à coup hors de danger. La crainte du ridicule, cette conscience des poètes qui écrivent pour le beau monde, est très évidente chez Métastase. Toute hardiesse qui n'est pas dans les formes reçues est soigneusement évitée dans ses pièces. Il n'y a pas de merveilleux, parce qu'un public esprit fort ne veut point admettre de prodiges, même sur la scène bigarrée de l'opéra. Cependant cette timidité n'a pas toujours garanti Métastase de ce qu'il redoutait le plus. Sans parler de l'emploi immodéré des apartés, qui devient souvent risible, tous les amoureux en seconde ligne appartiennent de droit à la parodie. On y peut reconnaître un auteur sigisbé, qui connaît à fond toutes les gradations de cet état, les souffrances et le bonheur dont il est susceptible. L'amant favorisé est en contraste avec l'amant dédaigné; celui-ci du moins ose se plaindre, mais, sur les derniers degrés de cette échelle, se trouve un malheureux soupirant qui, dans toute la pièce, ne se hasarde pas à prononcer le moindre mot d'amour, et représente fidèlement ce qu'on appelle en Italie *il patito*, l'amant souffert. Ce rôle trouve aussi son pendant dans les rôles de femmes, et la chasse amoureuse se croise dans tous les sens.

Il n'y a qu'un petit nombre d'opéras de Métastase qui se soient soutenus au théâtre, parce qu'un nouveau genre de musique a exigé une autre distribution dans les paroles. Les pièces de ce poète offrent rarement des morceaux en chœur, et les ariettes, presque toujours chantées par une seule voix, signalent, en général, le départ d'un personnage. Il semble que les passions, après avoir fait entendre leur murmure, comme un léger gazouillement dans le récitatif, s'élèvent jusqu'au chant éclatant du rossignol dans l'ariette. Le chanteur, fier de son triomphe, quitte alors la scène couvert de gloire, et laisse les spectateurs à leur étonnement. On veut à présent qu'il y ait un plus grand nombre de duos et de morceaux d'ensemble, et que les actes se terminent par de bruyants finales en chœur. Ce serait un problème véritablement très difficile pour le poète d'opéra, que d'essayer de ramener à une harmonie commune les voix discordantes de passions opposées, sans faire disparaître en même temps leurs différents caractères; mais le poète et le musicien s'occupent ordinairement fort peu de cette question, et ils en abandonnent la solution au hasard.

Alfiéri avait trop de fierté et d'audace pour vouloir gagner les suffrages par de lâches séductions. Il était profondément révolté de la mollesse indolente de ses compatriotes et de la corruption générale de son siècle. L'indignation, en développant les forces de son âme, lui fit déployer une rare énergie, des principes stoïques, et le porta à tracer des peintures effrayantes des crimes du despotisme. Son inspiration est plutôt politique et morale que poétique, et l'on doit louer ses tragédies en qualité d'actions bien plus qu'en qualité d'ouvrages. Son dédain pour la route qu'avait suivie Métastase le jeta dans une autre extrême, et l'on peut observer entre ces deux poètes le genre de contraste symétrique qu'offrent les caricatures opposées. Si la muse de Métastase est une nymphe voluptueuse, celle d'Alfiéri est une fière amazone ou une Spartiate endurcie. Il aspirait à devenir le Caton du théâtre, mais en cela il oubliait, sans doute, que si le poète tragique peut bien être un stoïcien, la tragédie elle-même ne doit pas être stoïque, puisqu'elle est destinée à émouvoir et à toucher. Le style rude et haché d'Alfiéri est tellement dépourvu d'expressions figurées, qu'on dirait que ses personnages sont tout à fait privés d'imagination. Il voulait retremper sa langue maternelle, et il n'a fait que la priver de son charme, en lui donnant de la raideur et de la dureté. Non seulement il n'a pas le sentiment de l'harmonie, mais il manque d'oreille au point de déchirer notre organe par les dissonances les plus insupportables. Certes la tragédie, au moyen des nobles sentiments qu'elle inspire, doit élever notre âme au dessus de la puissance des sens, mais il ne faut pas qu'elle cherche à dépouiller la vie de ses séductions même les plus dangereuses, et c'est en nous montrant tous les périls qui menacent la vertu, qu'elle relève la majesté de la vertu même. Quand on lit les tragédies d'Alfiéri, on se croit transporté dans un monde plus sombre et d'un aspect plus repoussant. Une fiction où les événements journaliers paraissent excessivement tristes, et où les catastrophes inaccoutumées ont quelque chose de terrible, ressemble à un climat qui réunirait les brouillards épais des hivers du Nord, aux orages enflammés de la zone torride.

On aurait tort de s'imaginer qu'Alfiéri ait mis plus de finesse et de profondeur que Métastase dans son imitation des caractères ; il présente la nature humaine sous une face différente mais tout aussi uniforme. Ses personnages semblent esquissés d'après de simples abstractions, et il met du blanc et du noir durement à côté l'un de l'autre. Les méchants montrent, dans ses pièces, leur scélératesse à découvert ; assurément nous ne pourrions guère les reconnaître dans la vie à ce trait ; mais ce qui laisse Alfiéri véritablement sans excuse, c'est qu'il ne rend point aimables ses personnages vertueux. Quand on lui voit dépouiller sa fiction de toute séduction, de toute grâce et même des simples ornements du langage, on pourrait croire qu'il le fait avec une sévérité réfléchie, afin d'aller plus directement à son but moral; mais il est plus probable que la nature avait refusé ses dons les plus flatteurs à cet esprit caustique. Ignorait-il que le poète n'exerce de pouvoir sur les âmes que par les enchantements de son art?

Les tragédies d'Alfiéri n'offrent aucun rapport avec les modèles classiques de l'antiquité, que ce poète n'a même connus que vers la fin de sa carrière dramatique; et si on les rapproche des pièces françaises à côté desquelles il semble qu'on doive les classer, elles ne paraîtront pas avec plus d'avantage. Toutefois le plan en est peut-être plus simple, et le dialogue plus naturel. On fait encore un grand mérite à Alfiéri d'avoir su se passer de confidents, et c'est en cela surtout qu'on trouve qu'il a perfectionné le système français; peut-être ne pouvait-il pas mieux souffrir les chambellans et les dames d'honneur sur la scène que dans la réalité. Mais quelque importance qu'on attache à une pareille innovation, il faut convenir que les ouvrages d'Alfiéri n'ont point cet éclat et cet agrément de style, ces nuances délicates, ces préparations habiles, cette ordonnance savante et cet intérêt gradué qui distinguent les meilleures pièces de la scène française. Que l'on compare, par exemple, *Britannicus* de Racine avec *Octavie* d'Alfiéri. L'idée de ces deux pièces est également due à Tacite, mais quel est celui des deux poètes qui a le mieux compris cet historien fameux par sa profonde pénétration? Racine a prouvé qu'il connaissait le mauvais côté des mœurs des cours, et qu'il avait surtout étudié l'esprit de Rome sous les empereurs. Si Alfiéri, en revanche, ne disait pas que son *Octavie* est fille de Tacite, on aurait plutôt imaginé qu'elle tirait son origine du prétendu Sénèque. Il y peint le tyran avec les mêmes couleurs qu'emploient les écoliers dans leurs exercices oratoires. Peut-on reconnaître dans ce Néron, toujours menaçant et furieux, le monstre qui semblait, à ce que dit Tacite, avoir été formé par la nature pour cacher sa haine sous le voile des caresses? Peut-on y reconnaître cet efféminé plein de vanité et de caprices, qui fut cruel d'abord parce qu'il était lâche, et ensuite parce que des inclinations sanguinaires se réveillèrent en son sein? Dans sa *Conjuration des Pazzi*, Alfiéri n'a pas saisi l'esprit de Machiavel d'une manière plus habile ou plus poétique. Cette pièce et d'autres encore, telles que *Philippe* et *Don Garcia*, qu'il a tirées de l'histoire moderne, n'ont rien qui caractérise un siècle ou un peuple en particulier, et il n'a pas su peindre même les Italiens. Apparemment, les idées qu'il s'était faites du style tragique s'opposaient à toute détermination précise du costume local. D'un autre côté, les grands sujets de la tragédie grecque, tels que ceux de l'*Orestie*, perdent entre les mains d'Alfiéri toute leur pompe héroïque, et prennent une teinte moderne, presque bourgeoise. Ce qu'il a su le mieux dépeindre, c'est la vie publique des Romains; la pièce de *Virginie*, surtout, gagne prodigieusement à ce que l'action se passe dans le forum et en grande partie sous les yeux du peuple. D'ailleurs, si ce poète observe l'unité de lieu, c'est qu'il place la scène d'une manière si peu apparente et si indécise, qu'on la croit dans quelque réduit obscur qui n'est fréquenté que par des conjurés. Il recherche tellement la simplicité, qu'il prive les rois et les héros de toute leur suite brillante, et qu'ils paraissent vivre dans un monde dépeuplé. Cette solitude du théâtre est surtout frappante dans la tragédie de *Saül*, où le roi est censé se trouver entre deux armées au moment d'un combat décisif. Cette pièce se distingue cependant d'une manière très avantageuse par le coloris oriental qui y règne, et par l'essor véritablement lyrique que prend la poésie dans la peinture de l'égarement de Saül. *Mirrha* est un sujet excessivement révoltant, qu'on ne pouvait sans témérité essayer de mettre sur la scène. L'Espagnol Artéaga a critiqué cette pièce et celle de *Philippe II* avec une sévérité très judicieuse.

J'ajouterai quelques remarques sur les successeurs d'Alfiéri, lorsque je jetterai un coup d'œil sur l'état actuel du théâtre en Italie. Je reviens à présent sur mes pas, pour tracer une courte esquisse de l'histoire de la comédie italienne.

Elle n'offrit d'abord qu'une servile imitation des anciens, et les auteurs, après s'être longtemps contentés de transporter dans leur langue les pièces de Plaute et de Térence, sans avoir égard aux différences des usages et des mœurs, se livrèrent aux écarts les plus bizarres de leur imagination. On possède des pièces que l'Arioste a composées en prose, et Machiavel en vers blancs, nommés *sdruccioli*. De tels hommes ne pouvaient rien produire de tout à fait indigne d'eux, et cependant l'Arioste adopta si aveuglément les idées des anciens, qu'il ne put tracer aucune peinture de mœurs qui eût de la vérité et de la vie. Machiavel n'a commis cette même faute que lorsqu'il a voulu copier Plaute, dans sa pièce de *Clizia*. Sa *Mandragore*, et une autre comédie sans nom, font bien connaître les mœurs de Florence, et même beaucoup trop fidèlement. Un mari simple et trompé, un moine corrupteur, y jouent les principaux rôles. Des situations semblables à celles que nous offrent les contes de Boccace y sont très clairement exposées dans un dialogue vif et hardi; mais, d'ailleurs, ce sont à peine des pièces de théâtre, et l'intrigue grossièrement ourdie ne produit aucun effet dramatique. On pourrait donner quelques éloges à ces comédies en qualité de mimes, c'est à dire d'imitations spirituelles de la vie commune et des idiomes populaires. Elles ressemblent encore à ces mêmes pièces latines, par le mauvais ton qui y règne. Il est vrai qu'à cette époque la licence du langage était extrême en Italie. Les comédies de Pierre Arétin la portent au dernier degré. Il semblait que les intrigues d'amour illégitimes dussent constituer les intrigues de la comédie, et que l'esprit de libertinage fût le génie comique.

Avant ce temps, et dès le commencement du seizième siècle, on fit une tentative, unique dans son genre, pour revêtir un petit roman sérieux de la forme dramatique et des ornements de la poésie. Ce drame, la *Virginie* d'Accolti, devait tenir le milieu entre la comédie et la tragédie; je n'ai pas pu me le procurer; mais, d'après le compte même qu'en rend Bouterweck (1), cet auteur me paraît le critiquer fort

---

(1) *Histoire de la poésie et de l'éloquence*, t. I, pag. 334 et suivantes.

injustement. Il doit ressembler beaucoup aux pièces du théâtre espagnol, avant que ce théâtre se fût perfectionné, et l'on y trouve aussi des stances d'une mesure régulière (1). Les essais pour introduire en Italie le drame romantique sont toujours restés sans succès, de même que tous les efforts qu'on a faits en Espagne pour refondre les pièces de théâtre d'après les règles des anciens et, plus tard, d'après celles des Français. Les goûts opposés des deux nations étaient trop fortement prononcés, pour qu'on pût leur faire prendre une nouvelle direction.

Il existe une comédie du Tasse, qu'on pourrait appeler un roman diffus en forme de dialogue. On y voit entassées, dans l'étroit espace de cinq actes, une foule d'aventures extraordinaires que rien n'amène et que rien n'explique ; ces incidents, placés sans préparation, les uns à côté des autres, donnent à l'ensemble une couleur dure et tranchée, vraiment insupportable. Des entreprises condamnables sont présentées le plus simplement possible ; un événement quelconque en détourne les suites, et c'est là ce qui doit nous divertir. Il est difficile d'imaginer que l'auteur de cette pièce soit ce même Tasse, dont les sentiments à la fois délicats et chevaleresques s'expriment avec tant de charme dans la *Jérusalem délivrée*, et l'on a mis en doute que cet ouvrage fût véritablement

---

(1) Le plan de ce drame, tel que le décrit Bouterweck, est exactement le même que celui de la pièce de Shakespeare : *Tout est bien qui finit bien*. Il ne pouvait donc en aucune manière être soumis aux unités de temps et de lieu. On devine que Shakespeare est maltraité dans cette histoire.

de lui. On y trouve cependant une grande richesse d'invention, si l'on peut appeler ainsi une accumulation d'aventures tellement entremêlées qu'il est très difficile d'en suivre le fil.

Une multitude de comédies italiennes de la même époque ont une intrigue également embrouillée, qui se développe avec encore moins d'ordre et de suite, et elles paraissent surtout destinées à égayer par leur mauvais ton. Les pièces de Giambatisto Porta méritent pourtant d'être distinguées parmi celles de cette classe; il est vrai que les plans en sont, comme tous les autres, des imitations de Plaute et de Térence, ou des contes mis en dialogues, mais on trouve dans les scènes d'amour, que l'auteur se plaît à remener souvent l'expression d'une sensibilité délicate qui se fait jour à travers la rudesse accoutumée de l'ancienne comédie italienne, et forme, avec le fond du sujet, un contraste piquant et singulier.

Dans le dix-septième siècle, et lorsque le théâtre espagnol brillait de son plus grand éclat, les Italiens en empruntèrent plusieurs pièces, mais ils les défigurèrent presque toujours. La partie sérieuse et régulière de l'art dramatique fut d'autant plus négligée eu Italie, que les gens du monde se prirent de passion pour l'opéra, et le peuple pour les parades à masques improvisées. Ce dernier genre, il est vrai, n'est pas sans intérêt pour l'observateur, parce que les traits les plus marquants du caractère national, et toutes les différences de langage et de costume, y sont saisies avec une sagacité et une gaîté extraordinaires. Le retour des mêmes rôles n'empêche pas qu'il y ait une grande variété d'intrigues, de même que dans le jeu d'échecs un petit nombre de pièces dont chacune a sa marche déterminée donne lieu à une infinité de combinaisons. Cependant l'usage de l'improvisation peut facilement introduire sur la scène une vulgarité insipide. Cet inconvénient doit exister, même en Italie, où la verve comique, la vivacité d'imagination, et une certaine grâce dans la bouffonnerie sont des dons presque universels.

Goldoni, qui parut dans le milieu du siècle passé, réussit à épurer la comédie italienne, et il obtint même de si grands succès, qu'il se vit presque exclusivement en possession de la scène. On ne peut lui refuser une grande intelligence du théâtre, mais il n'a point cette profondeur dans l'art de caractériser, ni cette richesse d'invention, qui seules peuvent maintenir la grande réputation d'un auteur. Ses peintures de mœurs ont de la vérité, mais elles ne sortent point de la région des habitudes journalières, et il prend toujours la vie à la superficie. Comme il y a peu de mouvement progressif dans ses pièces, et qu'elles tournent sans cesse autour du même point, elles nous laissent dans un état de langueur et d'ennui qui paraît être celui de la société qu'elles représentent. Goldoni a presque supprimé les rôles à masques, et il ne remplace leur effet comique par aucun moyen de gaîté qui lui soit propre. Il n'a conservé qu'Arlequin, Brighelle et Pantalon, et encore en les affadissant beaucoup, en leur attribuant peu de part à l'action. D'ailleurs il reproduit sans cesse les mêmes caractères et prétend si peu les donner pour nouveaux, qu'il les fait reparaître sous les mêmes noms. Sa *Béatrix* et sa *Rosaura*, par exemple, sont toujours la jeune fille gaie et la jeune fille sensible : il n'y cherche point d'autre distinction.

L'admiration universelle qu'excita Goldoni fit tomber les comédies à masques; cependant comme il y avait alors à Venise une troupe d'acteurs du plus grand talent dans ce genre, Gozzi voulut la soutenir. Cet auteur donna la forme dramatique à de véritables contes de fées, et il y fit marcher de front une partie sérieuse et poétique avec une partie grotesque où tous les rôles à masques avaient leur plein développement : ce sont des pièces à effet, s'il en fut jamais. Les plans en sont d'une extrême hardiesse, l'invention est plutôt originale que romantique, et cependant ce sont les seules compositions dramatiques, en Italie, où règnent les sentiments d'honneur et d'amour. L'exécution peu soignée de ces comédies leur donne l'air d'une ébauche grossière, mais cette ébauche est pleine d'imagination; les traits en sont fermes et vigoureux, toutes les couleurs bien décidées, et les objets qu'elle représente deviennent si frappants, que le peuple y prend un plaisir prodigieux; aussi Gozzi disait-il que ses compatriotes aimaient les situations robustes. Après que cet auteur eut en quelque sorte épuisé les contes orientaux, il se mit à refaire des pièces espagnoles, et celles de Calderon en particulier; mais il fut beaucoup moins heureux dans ces nouvelles tentatives. Son pinceau dur et grossier ne pouvait rendre le coloris frais et transparent d'une poésie éthérée; il en fit disparaître les touches légères et les nuances délicates; ses lourds personnages grotesques donnaient quelque chose de pesant et de positif à sa fiction, tandis que l'enjouement du *gracioso* (bouffon espagnol) a beaucoup plus de délicatesse. Dans les premières pièces de Gozzi, en revanche, le merveilleux de la féerie faisait un contraste piquant avec le merveilleux de la nature humaine, c'est à dire avec la bizarre folie des différents caractères, si fortement signalée par la mascarade. Enfin cette imitation capricieuse de la vie, soit qu'elle en montrât le côté risible ou le côté sérieux, dépassait la réalité dans tous les sens.

Gozzi avait trouvé une mine bien plus riche qu'il ne le croyait lui-même, et il ne sentit peut-être pas tout ce que renfermaient ses propres inventions. Ses masques burlesques représentaient cette partie prosaïque de la nature humaine qui tourne en ridicule la partie poétique, et ils étaient la personnification de l'ironie. Je développerai ce que j'entends par ironie, lorsque je chercherai à justifier le mélange de la gaîté et du sérieux dans le drame romantique; il me suffira de dire ici que l'ironie est l'aveu plus ou moins prononcé de l'excessive prépondérance accordée, dans une composition littéraire, à la sensibilité, ou à l'imagination, aveu qui, mêlé à la composition même, tend à y établir l'équilibre (1). Les Italiens n'ont pas vu tout le parti qu'on pouvait tirer de ce double aspect de la vie, et ils n'ont jamais cherché à réunir, comme

(1) Comme cette phrase a paru obscure, même dans le texte allemand, le traducteur a jugé nécessaire de développer la pensée qu'elle exprime. Un drame poétique est maintenu dans un juste équilibre, lorsqu'il a exercé les diverses facultés du poète et tend à mettre en jeu les mêmes facultés dans l'âme du spectateur. Lors donc que certains rôles ont une teinte d'exaltation très prononcée, l'on imagine d'autres rôles, appelés ironiques, qui font ressortir de diverses manières l'exagération

l'a fait Gozzi, mais avec des nuances plus fines, les prestiges magiques de la poésie au charme plus naturel de l'enjouement. Malgré la distance énorme qui séparait ce génie inculte des grands maîtres dans le genre romantique, on aurait dû comprendre qu'il avait, ainsi qu'eux, saisi une disposition fondamentale de la nature humaine, et lui trouver un successeur qui perfectionnât ses rudes canevas. Mais les Italiens n'ont envisagé ses ouvrages que comme les productions extravagantes d'une imagination déréglée, et ils se sont fait un devoir de les bannir de leur théâtre.

Les classes de la société qui prétendent surtout à la culture de l'esprit, ont dédaigné la comédie à masques, et l'ont abandonnée aux spectacles populaires et aux tréteaux de marionnettes; un pareil mépris a réagi sur les masques d'une manière désavantageuse, car aucun acteur de talent ne s'est plus voué à remplir ces sortes de rôles, de sorte que la tradition de la manière gaie et spirituelle dont ils ont été joués, se perdra insensiblement. Ce genre est pourtant le seul, en Italie, auquel puissent trouver du plaisir ceux qui cherchent au théâtre l'originalité et un amusement veritablement dramatique.

Les nouveaux auteurs tragiques suivent pour la plupart les traces d'Alfiéri et l'ont même remplacé

des premiers, et produisent eux-mêmes une impression tout opposée. Ces rôles servent à prouver que le poète a voulu balancer des effets extraordinaires les uns par les autres, et qu'il a désiré nous introduire dans un monde créé par lui, où toutes les couleurs, beaucoup plus tranchées et plus éclatantes qu'on ne les voit dans la nature, ne sont cependant pas sans harmonie.

sur la scène; car quoiqu'il soit de bon ton d'admirer beaucoup ce poète, on le trouve trop dur et trop énergique pour supporter ses pièces à la représentation. Comme les principes qu'il a établis sont absolument faux, les ouvrages, d'ailleurs inestimables, que ses successeurs ont mis au jour, retombent nécessairement dans les défauts de leurs modèles. Ces compositions stoïques, privées de tout charme musical et pittoresque, qui n'ont ni groupes, ni harmonie, ni possibilité d'exciter des émotions douces, finissent par être d'une monotonie mortelle, sur ces théâtres où retentit une déclamation emphatique et bruyante, qui n'est jamais adoucie par les accents de la sensibilité (1). Un poète italien vivant, Giovanni Pindemonte, a cherché à étendre le domaine de la tragédie, et à mettre un plus haut degré de naturel et de vérité dans des pièces tirées de l'histoire. Toutefois, comme le genre historique exige de

---

(1) Les chanteurs seuls reçoivent un riche salaire en Italie, et il résulte de là que les comédiens, à qui l'on ne demande que de remplir les lacunes entre le chant et la danse, ne possèdent pas même les premiers éléments de leur art, une prononciation pure et une mémoire exercée. Ils ne se doutent pas de ce que c'est que d'apprendre par cœur, de sorte qu'on entend sur les théâtres italiens tous les rôles en double : le souffleur parle aussi haut que les acteurs des autres pays, et les comédiens, pour ne pas être confondus avec lui, crient impitoyablement. Lorsque le défaut de mémoire de tous les rôles menace de faire tomber la pièce dans un irréparable désordre, le souffleur donne une comédie à part de l'autre; il apostrophe, hors de lui-même, tous les acteurs successivement. Il n'y a, je crois, dans le monde que les comédiens de Paris qui sachent parfaitement leurs rôles. Les Allemands leur sont très inférieurs à cet égard, ainsi que pour la connaissance exacte de la prosodie.

la précision dans l'indication des circonstances, cet auteur a été exposé aux vifs reproches des critiques de son pays. Ils l'ont accusé d'avoir rabaissé la hauteur du cothurne, et même de s'être écarté quelquefois de l'exacte observation des règles convenues. Le vers tragique italien a beaucoup de raideur, et n'admet pas les détails indispensables au genre de l'histoire, tels, par exemple, que les noms propres modernes. On est donc obligé d'écrire en prose ces sortes de pièces, et on leur donne alors le nom de drames historiques. Les Italiens semblent avoir tacitement admis en principe que le vers de onze syllabes sans rimes, qu'ils nomment *verso sciolto*, est le seul qui convienne au théâtre. J'avoue que je n'en conçois pas la raison. Ce vers est très inférieur à l'iambe anglais et allemand pour la variété et l'expression métrique, tant à cause de ses continuelles terminaisons féminines, que parce que la langue italienne, qui a des accents et point de quantité, ne lui donne pas de rhythme marqué. D'ailleurs les Italiens font un usage si fréquent de l'enjambement, et le vers est partagé de tant de manières, que l'oreille en perd tout à fait l'idée. Alfiéri croyait avoir trouvé le véritable moyen de tirer parti de ce vers pour la tragédie, mais il n'a fait que le rendre conforme à son genre de dialogue, composé en entier de propositions détachées, sans transitions heureuses et sans périodes élégantes. Peut-être a-t-il transporté dans ses ouvrages l'habitude individuelle d'un laconisme outré; peut-être aussi, comme il en convient lui-même, l'exemple de Sénèque l'a-t-il séduit. Les poètes grecs auraient exercé sur lui une influence bien différente. Il est certain que la conversation n'admet pas de constructions de phrases aussi compliquées que la chaire oratoire, mais la recherche de la brièveté est aussi une affectation. Dans le langage parlé, les récits ont toujours une certaine suite, les raisonnements et les objections un certain développement, les passions s'élèvent par moments à cette plénitude d'expression, à cette éloquence entraînante, même à cette inspiration lyrique dont le véritable talent cherche à saisir les beautés. Tous les tons et tous les mouvements de la poésie sont déjà indiqués par la nature, il ne reste qu'à les transporter dans le dialogue idéal de la tragédie. La manière de Métastase, et, avant lui, celle du Tasse et de Guarini dans leurs pastorales, me paraissent bien plus agréables et mieux adaptées au théâtre, que la monotonie du vers de onze syllabes. Ces poëtes ne s'asservissent pas à un rhythme uniforme ; tantôt ils amènent un vers de sept syllabes, tantôt ils terminent par deux vers rimés une suite de vers blancs, quelquefois même ils placent une rime au milieu d'un vers, et les gradations infinies entre la prose et la poésie préparent habilement l'emploi de la stance en octave, ou de toute autre strophe lyrique. La rime et la construction qu'elle exige, n'ont rien de contraire au caractère du dialogue dramatique, et l'exclusion de toute variété dans le mètre ne peut venir que d'une idée stérile de régularité.

On n'a point trouvé en Italie de mesure de vers qui convînt à la comédie. Le *verso sciolto*, d'un aveu général, ne peut point y être employé, parce qu'il est trop raide pour se prêter au ton du dialogue familier. Le vers qu'a choisi l'Arioste, celui de douze syllabes terminé par une voyelle muette, vaudrait infiniment mieux. Il offre des rapports avec le trimètre des anciens, bien qu'il ait un peu plus de monotonie; mais quoi qu'il en soit on s'en est peu servi jusqu'ici. Les vers *martelliens*, mauvaise imitation des alexandrins, sont désagréables à l'oreille; Chiari et parfois Goldoni, en ont fait usage; Gozzi ne les emploie que par dérision. La grande difficulté que présente le choix du mètre comique a été cause que les auteurs s'en sont tenus à la prose, au grand détriment de l'élégance et de la perfection de leurs ouvrages.

Les Italiens n'ont presque pas de comédies nouvelles, si ce n'est, tout au plus, quelques peintures dialoguées des mœurs actuelles, plus froides et plus languissantes encore que celles de Goldoni. On n'y trouve ni gaîté, ni invention, et la trivialité prosaïque en est tout à fait repoussante. En revanche, les drames larmoyants et les tragédies bourgeoises jouissent d'une grande faveur sur les théâtres d'Italie, et l'on y joue toutes les mauvaises pièces allemandes de ce genre, presque toujours mal traduites ou mal imitées. Le spectacle chéri de la nation italienne, l'opéra, a tellement donné l'habitude de n'écouter qu'une ariette favorite et de ne regarder qu'une pirouette, que le public paraît incapable de s'intéresser à l'ensemble d'une pièce. Il trouve que c'est la chose du monde la plus naturelle que de représenter de suite deux actes tirés d'opéras différents, ou de placer un dernier acte avant tous les autres. D'après ces remarques générales, il nous est permis d'avancer sans aucune exagération, que la poésie dramatique et l'art du comédien sont manifestement dans un état de décadence en Italie (1), et que l'on ne réussira point à y relever un théâtre national, à moins qu'il ne s'opère un grand changement dans les idées dominantes.

(1) Calsabigi croit que cette décadence est due à ce qu'il n'y a point en Italie de ville capitale, ni de troupes fixes de comédiens. Cette opinion peut être fondée jusqu'à un certain point ; l'entretien du théâtre éprouve en effet de grandes difficultés en Italie et en Allemagne, parce que les grandes villes y sont le centre d'un petit État isolé et non celui de tout le pays. Toutefois, un plus grand obstacle au perfectionnement de l'art dramatique chez les Italiens, mais que Calsabigi ne pouvait pas mettre en ligne de compte, c'est l'admission de la théorie qu'il avait lui-même adoptée.

DIXIÈME LEÇON

De la première origine du théâtre français. — Influence d'Aristote et de l'imitation des anciens. — Examen des trois unités. — Ce que c'est que l'unité d'action. — Unité de temps ; les Grecs l'ont-ils observée ? — L'unité de lieu se lie à l'unité de temps. — Inconvénient des règles trop étroites relatives à ces deux dernières unités.

En nous occupant du théâtre français auquel nous sommes actuellement parvenus, il ne sera pas nécessaire de nous arrêter longtemps sur l'obscure origine de la tragédie, et l'on peut laisser aux écrivains nationaux le soin d'en suivre la trace. Ils ne traitent pas avec indulgence ces premiers commencements de l'art, mais peut-être n'ont-ils d'autre but que celui de relever avec plus d'éclat la gloire des siècles de Richelieu et de Louis XIV. Il est vrai que ce fut seulement à la première de ces époques que la langue française sortit d'un chaos de barbarie et de mauvais goût, pour prendre des formes plus douces et plus régulières, tandis que l'élocution harmonieuse de la poésie italienne et espagnole s'était déjà pleinement développée, et commençait même à dégénérer. Le point d'où sont partis les Français explique, peut-être, comment la crainte de revenir en arrière est l'âme de leur critique, et comment ils attachent tant de prix aux avantages négatifs, c'est à dire à l'absence des fautes.

Nous n'avons rien à objecter à la Harpe, lorsqu'en parlant de cette première origine de la tragédie, il dit que « jusqu'à Corneille, on avait été « presque toujours, sur la scène, ou plat jusqu'à la « trivialité, ou boursouflé de figures de rhétorique. » On a fait imprimer dernièrement, à l'occasion de *la Mort de Henri IV*, par Legouvé, une pièce composée sur le même sujet par un auteur contemporain de l'événement ; non seulement elle est écrite du style le plus ridicule, mais la disposition et la conduite de l'ensemble, le prologue de Satan, le chœur des pages, des monologues éternels et le manque de mouvement dramatique, annoncent partout l'enfance de l'art : enfance qui n'a rien de gracieux et de naïf, mais qui paraît courbée sous la verge du pédantisme.

Nous renvoyons à Fontenelle, à la Harpe, à Suard dans ses *Mélanges littéraires*, et aux autres littérateurs français, ceux de nos lecteurs qui désireraient connaître les essais infructueux de la muse tragique pendant la dernière moitié du seizième siècle et le commencement du siècle suivant ; nous nous bornerons à caractériser les trois célèbres poètes, Corneille, Racine et Voltaire, qui ont fixé irrévocablement, à ce qu'il paraît, la forme de la tragédie en France.

Ce qui nous paraît le plus important, tout d'abord, c'est l'examen du système que ces poètes ont suivi dans la pratique, système que tous les critiques français ont regardé comme le seul que le goût pût avouer, et qu'ils respectent au point de frapper d'anathème toutes les productions qui s'en écartent. Il s'agit seulement de décider si ce système est fondé sur des principes solides, car on doit convenir qu'il a été suivi avec une habileté admirable, et que sous le rapport de l'exécution, les meilleures tragédies françaises sont peut-être impossibles à surpasser. Nous devons donc examiner jusqu'à quel point la tragédie française se rapproche de la tragédie grecque, dans son esprit et dans son essence la plus intime, et si elle en est même le perfectionnement : c'est là le véritable nœud de la question.

Les malheureuses tentatives des anciens tragiques français peuvent cependant donner lieu à une remarque intéressante. On voit qu'ils s'efforçaient déjà d'imiter les anciens, et qu'ils croyaient que le moyen le plus sûr d'y parvenir, était d'adopter cette régularité extérieure dont ils avaient puisé l'idée dans Aristote, ou peut-être même dans les tragédies de Sénèque, mais non dans une connaissance approfondie des grands modèles grecs. Les premières tragédies qui aient été représentées en France, la *Cléopâtre* et la *Didon* de Jodelle, ont des prologues et des chœurs. Les pièces de Garnier sont toutes empruntées aux tragiques grecs ou à Sénèque, et on y peut même reconnaître la manière de ce dernier poète. Enfin il n'y a pas jusqu'à la *Sophonisbe* du Trissin qui n'ait été, dans le temps, copiée avec exactitude, à cause de son apparence classique. Toutefois, pour peu que l'on connaisse la nature du génie, on sait qu'il ne peut être inspiré que par la contemplation immédiate des grandes vérités, et non par des conséquences déduites de principes généraux, et l'on est porté à se défier de cette activité industrieuse qui cherche dans une théorie abstraite le secret des grandes beautés de l'art.

Ce n'est pas Corneille qu'on peut accuser d'avoir, en froid érudit, calqué ses ouvrages sur les modèles antiques. L'exemple de Sénèque l'a, il est vrai, égaré deux fois; mais il connaissait, il aimait le théâtre espagnol, et les idées qui y dominent ont certainement exercé de l'influence sur son esprit. La première, et l'une de ses plus belles tragédies, celle qui, de l'aveu général, a commencé l'époque classique de la tragédie en France, le *Cid*, est, comme on sait, une pièce d'origine espagnole, où l'unité de temps est à peine observée, où celle de lieu ne l'est point du tout, et où les sentiments chevaleresques d'amour et d'honneur sont l'âme de la poésie. Cependant, au temps où elle parut, on était déjà tellement persuadé en France qu'une tragédie n'a de valeur qu'autant qu'elle se conforme aux règles d'Aristote, et cette opinion régnait d'une manière si universelle et si absolue, qu'elle imposait silence à toute contradiction. Corneille lui-même, vers la fin de sa carrière dramatique, fut saisi de scrupules de conscience, et il se donna la peine de prouver, dans un traité particulier, que quoiqu'il ne se fût pas occupé d'Aristote en composant plusieurs de ses tragédies, il ne s'était pas moins soumis, sans y songer, aux règles prescrites par le législateur du théâtre. Cette assertion n'est pas facile à soutenir, et les interprétations que Corneille donne à la loi sont assurément tirées de loin; mais s'il avait véritablement atteint son but, il faudrait en conclure que les règles d'Aristote sont très vagues et très insuffisantes, puisqu'elles peuvent s'appliquer également à des ouvrages aussi divers, dans l'esprit et dans la forme, que les tragédies des Grecs et celles de Corneille.

Il n'en est pas de même de Racine. De tous les tragiques français, il est sans contredit celui qui a le mieux connu les anciens, et non seulement il les a étudiés en littérateur, mais il les a sentis en poète. Cependant il trouva tous les usages dramatiques déjà trop décidément fixés pour oser entreprendre de les changer en se rapprochant des grands modèles grecs, et il se contenta de transporter sur la scène française quelques-unes de leurs beautés de détail. D'ailleurs, soit qu'il rendît hommage en cela au goût de son siècle, soit qu'il suivît sa propre inclination, il n'en resta pas moins fidèle à un sytème de galanterie tout à fait étranger à la tragédie antique, et il fonda sur l'amour la plupart des intrigues de ses pièces.

Telle était encore la constitution du théâtre tragique lorsque Voltaire parut. Il connaissait très imparfaitement les poètes grecs; et s'il en parle quelquefois avec enthousiasme, c'est pour les rabaisser ensuite lorsqu'il les compare avec les grands maîtres du théâtre français, au nombre desquels il se comprend lui-même. Dans l'intime persuasion qu'il était appelé à ramener sur la scène cette sévérité et cette simplicité antiques qu'il regardait comme essentielles à la tragédie, il blâmait ses devanciers de s'en être quelquefois écartés; et comme il prétendait que la contrainte imposée par la cour avait étendu jusque sur la scène le règne de l'étiquette, il voulait à la fois épurer et agrandir le système tragique. Ce fut lui qui le premier parla en France, avec quelque admiration, des traits originaux du génie de Shakespeare, et il emprunta même beaucoup à ce poète jusqu'alors inconnu aux Français. Voltaire a prêché la doctrine des grands effets de la scène ; il a insisté sur la nécessité de rendre l'expression des sentiments plus profonde et plus pathétique, et de donner plus de pompe à l'appareil théâtral. Non content de ces ressources tirées de son art, il a même souvent cherché à animer ses pièces d'un intérêt philosophique ou politique étranger au sujet. On peut nier que la scène française ne lui ait de grandes obligations ; et cependant l'opinion générale le met fort au dessous de ses prédécesseurs, et surtout de Racine. Il est possible que Voltaire n'égale pas ce dernier poète, pour la perfection du vers et la pureté de la diction poétique, mais le talent du style, qui décide presque seul en France du succès d'un ouvrage, ne doit avoir qu'un rang secondaire dans cette réunion de talents divers qu'exige l'art dramatique. Quoi qu'il en soit, celui qui fut l'idole du siècle passé est exposé aux insultes du siècle actuel, et l'on traite à présent Voltaire avec une partialité haineuse. Les innovations qu'il a introduites sur la scène ont été signalées, par les gardiens de l'arche sacrée du bon goût, comme des hérésies littéraires ; car ce mot d'hérésie est devenu une expression d'usage pour désigner tout ce qui s'écarte des préceptes convenus, tant il est vrai que l'autorité est le principe le plus respecté des critiques français. Voulant imposer à la postérité le devoir d'une admiration passive pour le siècle de Louis XIV, ils ont interdit à leurs compatriotes la pensée sacrilége de chercher la gloire dans l'originalité.

Lorsque nous élevons des doutes sur l'utilité des règles adoptées en France, sur l'analogie entre l'esprit de la tragédie française et celui de la tragédie grecque, et sur la nécessité d'observer au théâtre certaines convenances arbitraires, nous trouvons un allié dans Voltaire. Mais comme à beaucoup d'égards il a tacitement adopté, dans la théorie, les maximes de ses devanciers, et qu'il les a suivies dans la pratique ; comme ses opinions se fondent peut-être, ainsi que les leurs, sur l'esprit de sa nation plutôt que sur la nature de l'homme et sur l'essence de la poésie tragique, nous ne pouvons nous empêcher de le ranger, sous ce rapport, parmi nos adversaires, et de le soumettre au même examen. Il ne s'agit point ici du mérite des productions isolées, il s'agit des principes généraux de l'art, tels qu'ils se manifestent sous la forme des ouvrages dramatiques.

La régularité qu'on exige dans la tragédie ramène à l'examen de la question des trois unités, qui passent pour avoir été prescrites par Aristote. Nous examinerons d'abord ce que ce philosophe enseigne à ce sujet ; nous verrons ensuite jusqu'à quel point les règles des unités ont été connues et observées par les tragiques grecs ; puis nous jugerons si les poëtes français, en s'y soumettant, ont vaincu sans contrainte et sans invraisemblance la difficulté qu'elles présentent, ou s'ils n'ont fait que l'éluder avec adresse ; enfin nous apprécierons la valeur réelle de la régularité dans la forme, et nous verrons si ce mérite est assez grand et d'une assez haute importance, pour qu'on doive lui sacrifier des beautés d'un ordre supérieur.

Il est une autre partie du système de la tragédie française, à l'égard de laquelle on ne peut s'appuyer sur l'autorité des anciens. Je veux parler de la multitude de bienséances et d'usages de convention auxquels on a assujetti les poëtes. Les Français ont des idées encore plus vagues sur ce point que sur les règles dramatiques, parce que les nations ne se connaissent et ne se jugent pas mieux elles-mêmes que les individus. C'est là qu'est le lien secret qui rattache leur poésie à l'ensemble de leur littérature et même à leur langue. Tout est né et s'est accru en France sous la tutelle de la société. C'est la société, et une société dirigée vers l'imitation d'une grande ville, laquelle copiait à son tour une cour brillante, qui a déterminé le genre et la marche des beaux-arts. On peut expliquer ainsi comment, depuis Louis XIV, la littérature française a fait, dans toute l'Europe, une fortune si prodigieuse parmi les premières classes de la société, tandis que les peuples, fidèles à leurs mœurs nationales, ne l'ont jamais naturellement aimée. Mais au milieu du grand monde, ce système, en rapport avec lui, se trouve partout dans sa patrie.

Les trois célèbres unités qui ont produit toute une iliade de combats littéraires, sont l'unité d'action, de temps et de lieu.

L'importance de l'unité d'action est unanimement reconnue, on ne dispute que sur le sens de ces mots, et il faut convenir qu'il n'est pas aisé de s'entendre à cet égard.

Les unités de temps et de lieu ont été souvent considérées comme de simples accessoires; d'autres fois on s'est plu à y attacher un grand prix, et l'on a même prononcé à ce propos le mot d'ordre de l'intolérance : *hors de là point de salut*. En France, le zèle pour soutenir ces règles fameuses n'existe pas seulement chez les érudits : c'est l'affaire de la nation entière. Tout homme bien élevé qui a sucé son Boileau avec le lait, se tient pour le défenseur né des unités dramatiques, à peu près comme depuis Henri VIII, les rois d'Angleterre portent le titre de défenseurs de la foi.

Une chose curieuse à remarquer, c'est qu'Aristote, qui a donné son nom, une fois pour toutes, à ces trois unités, n'a parlé que de la première, l'unité d'action, avec quelque développement; tandis qu'il n'a fait qu'une allusion très vague à l'unité de temps et n'a pas même dit un seul mot de l'unité de lieu.

Or, puisque je ne conteste en aucune manière la nécessité d'observer l'unité d'action bien entendue; puisque je ne fais autre chose que justifier une plus grande latitude relativement au lieu et au temps, dans plusieurs genres de pièces de théâtre où cette latitude est indispensable, je devrais ne rien avoir à démêler avec Aristote. Cependant, pour placer mes lecteurs à un juste point de vue, je dirai quelques mots de la poétique du philosophe de Stagyre, de ce petit nombre de feuilles qui a été le sujet de tant de commentaires volumineux.

Il est certain que cet écrit n'est qu'un fragment, car plusieurs points importants n'y sont seulement pas touchés. Quelques savants ont cru que ce fragment n'était pas même tiré de l'original véritable, mais que c'était un extrait, fait par quelque disciple de l'école pour sa propre instruction. Tous les critiques hellénistes s'accordent à dire que le texte en a été très falsifié, et ils ont cherché à le rétablir par diverses suppositions. L'obscurité qui y règne est reconnue par les commentateurs, plusieurs s'en plaignent expressément, et d'autres l'approuvent par le fait puisqu'ils rejettent les éclaircissements proposés par leurs devanciers, sans pouvoir faire généralement adopter ceux qu'ils y substituent.

Il n'en est pas de même de la rhétorique d'Aristote : c'est un ouvrage indubitablement authentique, complet et facile à entendre. Comment ce philosophe y envisage-t-il l'éloquence?... Comme un art qui doit produire la persuasion par une méthode analogue à celle qu'emploie la dialectique pour opérer la conviction, c'est à dire par une suite de conséquences. Mais n'est-ce pas traiter l'éloquence de même qu'on traiterait l'architecture, si l'on disait que c'est l'art de construire des bâtiments solides et commodes? Sans doute c'est bien là ce qu'on en exige; mais ce n'est point ce qui la met au rang des beaux-arts. On demande qu'à cette condition indispensable, elle joigne cette belle ordonnance et ces proportions harmonieuses qui annoncent la destination d'un édifice par le genre d'impression qu'elles produisent. Or, si Aristote n'a considéré l'éloquence que par rapport à son but extérieur, et s'il n'en a saisi que le côté du raisonnement, sans s'occuper de la partie du sentiment et de l'imagination, comment pouvons-nous être étonnés qu'il ait encore moins approfondi le mystère de la poésie, de cet art affranchi, par sa nature, de toute autre obligation que celle d'atteindre à l'idée du beau, et de la révéler par le langage? J'ai soutenu que c'était le but unique de la poésie, et j'en suis encore persuadé. Lessing, il est vrai, a pensé différemment; mais son esprit analytique devait le conduire sur la même route qu'Aristote. La critique de Lessing est victorieuse quand elle démontre les contradictions dans le raisonnement qu'offrent les ouvrages combinés par la raison seule; mais elle est bien insuffisante, lorsqu'il s'agit d'élever la pensée au niveau du génie et de ses plus sublimes créations.

Les anciens possédaient quelques ouvrages techniques sur les arts, destinés à en expliquer les procédés particuliers; mais la théorie générale des beaux-arts n'a jamais été cultivée comme science, dans l'antiquité. S'il fallait choisir parmi les anciens philosophes un guide dans cette étude, je nommerais Platon sans hésiter. Il n'a point cherché à saisir l'idée du beau par le scalpel de l'analyse auquel elle échappera toujours, mais il l'a conçue avec l'enthousiasme pur et calme qui naît de la contemplation, et il a répandu dans tous ses ouvrages, les germes vivifiants des pensées les plus étendues et les plus propres à inspirer les artistes.

Écoutons ce que dit Aristote de l'unité d'action. « Nous avons établi que la tragédie est l'imitation « d'une action entière et parfaite, et nous avons « ajouté d'une certaine étendue; car il y a des choses « qui sont entières et qui n'ont point d'étendue. J'ap-« pelle entier ce qui a un commencement, un milieu « et une fin; le commencement est ce qui ne suppose

« rien avant soi, mais qui veut quelque chose après;
« la fin au contraire est ce qui ne demande rien après
« soi, mais qui suppose nécessairement ou le plus
« souvent quelque chose avant soi; le milieu est ce
« qui suppose quelque chose avant soi, et qui de-
« mande quelque chose après. Ceux qui composent
« une fable ne doivent point la commencer ni la finir
« au hasard, mais se régler sur ces idées (1). »

A parler rigoureusement, il est contradictoire qu'un tout, qui doit être composé de parties, soit sans étendue. Mais Aristote s'explique bientôt, en disant qu'il entend par l'étendue nécessaire à la beauté, une certaine grandeur, qui permette de voir distinctement les parties d'un objet, et qui cependant ne rende pas impossible d'en saisir l'ensemble d'un coup d'œil.

Ce sont là des idées du beau puisées dans l'observation, et uniquement relatives à la constitution de nos organes physiques, ou à notre capacité morale. L'application qu'Aristote en fait à la poésie dramatique est toutefois très remarquable.

« On veut une certaine étendue, mais qui puisse
« être embrassée tout à la fois et faire un seul tableau
« dans l'esprit. Si l'on considère cette étendue rela-
« tivement aux acteurs et aux spectateurs, il est évi-
« dent que l'art ne peut la déterminer; mais si l'on
« considère la nature même de la chose, plus une
« pièce aura d'étendue, plus elle sera belle, pourvu
« qu'on puisse en saisir l'ensemble. » Ces expressions

---

(1) Les citations de la poétique d'Aristote, sont tirées de la traduction de le Batteux. *(Note du traducteur.)*

sont certainement très favorables à Shakespeare et aux auteurs qui ont composé des pièces de théâtre romantiques; car, s'ils ont su conserver à leurs compositions l'unité et la clarté nécessaires, on ne peut leur reprocher d'avoir rassemblé en un seul tableau une plus grande quantité d'objets et d'événements que ne l'ont fait les poètes grecs; or c'est là, comme nous le verrons, ce qu'ils ont réellement fait.

Dans un autre endroit de sa poétique, Aristote exige que l'épopée renferme une action qui soit une et entière, comme celle de la tragédie; il répète la définition qu'il a donnée de l'unité, en ajoutant toutefois que le poète ne doit pas ressembler à l'historien, qui raconte les événements contemporains, quelque indépendants qu'ils aient pu être les uns des autres. Il développe l'idée qu'il avait déjà indiquée en parlant des parties d'un tout, et fait sentir la nécessité d'un enchaînement entre les effets et les causes. Il avoue cependant que le poète épique a, pour enrichir sa fable d'une grande variété d'incidents bien subordonnés, des moyens interdits au poète tragique, parce que la forme du récit permet de raconter plusieurs faits qui se passent dans le même moment, tandis qu'en employant la forme dramatique, on ne peut pas imiter à la fois plusieurs choses différentes, et qu'il faut s'en tenir à montrer ce qui se fait sur la scène, par les acteurs mêmes qu'on y voit.

Mais si un autre arrangement de la scène et plus de connaissance des effets de la perspective théâtrale, permettaient au poète de développer, sans confusion, dans un cadre réellement étroit, une fable semblable en étendue fictive à celle de l'épopée, qu'aurait-on à à lui objecter! Que peuvent répondre ceux qui ne rejettent un certain genre de fiction, que parce qu'ils en supposent l'exécution impossible, lorsqu'on leur prouve que cette impossibilité n'existe pas?

Voilà à peu près tout ce que contient la poétique d'Aristote sur l'unité d'action. Un court examen nous prouvera, à l'évidence, combien ces règles fondées sur une analyse abstraite sont peu capables de nous élever à la hauteur des sentiments et des idées qui constituent la véritable poésie.

On exige l'unité d'action. Qu'est-ce qu'une action? La plupart des critiques ont coutume d'employer ce mot comme s'il s'entendait de lui-même. A proprement parler, l'action, dans le sens à la fois le plus étendu et le plus élevé, est l'emploi des forces physiques de l'homme pour l'exécution de sa volonté. L'unité d'action consiste dans la direction des efforts vers un but unique, et l'action complète se compose de tout ce qui concourt à atteindre ce même but, dans le temps compris entre la première résolution et son accomplissement.

Les sujets de plusieurs tragédies anciennes, tels que le parricide d'Oreste, le dessein formé par Œdipe de découvrir l'auteur du meurtre de Laïus et de le punir, répondent à l'idée que nous venons de donner de l'action; cette idée ne s'applique cependant pas à toutes, et peut encore bien moins convenir aux tragédies modernes, surtout si l'on y cherche l'action dans les principaux personnages. Les événements de leur propre vie, ou ceux qui arrivent par leur moyen, n'ont souvent pas plus de rapport avec une résolution volontaire, que le naufrage d'un vaisseau n'en a avec la volonté des passagers. Mais, en nous pénétrant de l'esprit de la tragédie ancienne, il faut comprendre dans l'action le ferme dessein d'en supporter les suites avec un courage inébranlable, et l'exécution de ce dessein sera le complément nécessaire de l'action. Ainsi lorsque Antigone se décide à rendre elle-même les derniers devoirs à son frère, sa résolution, dont l'accomplissement n'éprouve ni délai ni difficulté, ne mérite d'être l'objet d'une tragédie que parce que cette héroïne pieuse souffre la mort sans regret et sans faiblesse pour l'avoir exécutée.

Un exemple d'un tout autre genre, tiré du *Jules César* de Shakespeare, nous prouvera que ce poète a fondé sa tragédie sur des principes semblables. Brutus est le héros de la pièce. Ce qui nous donne l'idée complète de son grand dessein n'est pas qu'il ait assassiné César, action en elle-même très équivoque et qui pouvait avoir l'ambition ou la jalousie pour mobile, mais c'est qu'il se soit montré le défenseur désintéressé de la liberté de Rome, en sacrifiant ensuite sa propre vie avec indifférence.

De plus, s'il n'y a point d'obstacle, il n'y a point de nœud dramatique, car ce nœud résulte ordinairement des desseins opposés des personnages. Si nous bornons l'idée de l'action au projet et au fait, il se trouvera presque toujours deux actions ou même davantage dans une tragédie. Laquelle sera l'action principale ? Chacun croit la sienne la plus importante, parce que chacun est son propre centre à soi-même. Lorsque Créon veut maintenir son autorité royale, en punissant de mort ceux qui ont osé rendre les derniers devoirs à Polynice, sa résolution est tout aussi ferme que celle d'Antigone ; elle est tout aussi importante et, comme on le voit à la fin, tout aussi dangereuse, puisqu'elle entraîne sa ruine et celle de sa maison. On peut objecter cependant qu'une résolution négative ne doit être considérée que comme le complément d'une résolution positive. Qu'arrivera-t-il, toutefois, quand les personnages n'auront pas simplement des intentions opposées, mais des projets tout à fait différents? Dans l'*Andromaque* de Racine, par exemple, Oreste veut engager Hermione à répondre à son amour, Hermione veut avoir Pyrrhus pour époux ou se venger de lui, Pyrrhus veut rompre avec Hermione et engager sa foi à Andromaque, Andromaque veut sauver son fils et rester fidèle à la mémoire d'Hector. Que de volontés diverses! et cependant personne n'a contesté à cette pièce l'unité d'action, parce que tous ces desseins sont bien entrelacés et qu'ils aboutissent tous à une catastrophe commune. Quelle sera donc l'action principale entre les quatre actions? L'énergie du sentiment et de la volonté paraît la même chez tous les personnages ; il s'agit pour chacun d'eux de tout le bonheur de sa vie; Andromaque l'emporte cependant en dignité morale, et c'est elle, avec raison, que Racine a choisie pour l'objet principal de sa tragédie.

Nous voyons ici l'idée de l'action prendre une direction nouvelle et se rallier à celle de la liberté morale. En effet, c'est seulement en vertu de la liberté morale, que l'homme peut être regardé comme le premier moteur de ses actions; car, si l'on ne sort pas de la sphère de l'expérience, il est clair que la résolution qui est le commencement de l'action ne peut pas être considérée uniquement comme cause, puisqu'elle-même est l'effet des motifs qui l'ont amenée.

C'est aussi en nous rapprochant d'une idée plus élevée et en nous pénétrant de l'esprit de l'antiquité, que nous avons trouvé l'unité et la conclusion de l'action dans la tragédie grecque ; elle commence par établir la liberté de l'homme, elle finit par reconnaître la puissance irrésistible du destin. Ce point de vue, nous croyons pouvoir l'affirmer, a toujours été étranger à Aristote. Jamais il ne regarde l'idée de la destinée comme essentielle à la tragédie. Il ne faut pas même s'attendre qu'il donne une explication rigoureuse et approfondie de ce qu'on doit entendre par action, en la considérant comme résolution et comme fait : il dit quelque part :

« Une tragédie aura l'étendue qui lui sera utile
« pour que les incidents, naissant les uns des autres
« nécessairement ou vraisemblablement, amènent la
« révolution du bonheur au malheur, ou du malheur
« au bonheur. »

Il est donc évident que ce qu'il entend par action, ainsi que tous les modernes, c'est simplement quelque chose qui arrive. Cette action doit, suivant lui, avoir des parties, un commencement, un milieu et une fin. Elle sera ainsi composée d'une pluralité d'incidents liés les uns avec les autres. Mais où sera la borne de cette pluralité ? L'enchaînement des effets et des causes n'est-il pas infini de quelque côté qu'on le regarde, et ne pourrait-on pas commencer et terminer également partout où l'on voudrait ? Est-il possible de fixer, dans ce cercle d'idées, un commencement et une fin d'après la définition exacte qu'en donne Aristote, et réussira-t-on jamais à circonscrire un tout unique et complet? Si au milieu de la pluralité des incidents, on ne demande rien de plus, pour parvenir à l'unité, que la liaison des effets et des causes, la règle sera tellement vague et indéterminée que l'on pourra rétrécir ou étendre à volonté cette unité. Il est toujours facile d'embrasser d'un coup d'œil et de désigner par une seule dénomination, toute suite d'événements ou d'actions qui ont été l'origine les uns des autres. Lorsque Caldéron nous peint, au moyen d'une seule tragédie, la conversion du Pérou au christianisme, et qu'en commençant par la découverte du pays, il ne fait rien entrer dans sa pièce qui ne contribue à amener la conclusion qu'il a en vue, n'y a-t-il pas là autant d'unité, si l'on considère l'unité comme l'enchaînement des effets et des causes, que dans la tragédie grecque la plus simple? Les défenseurs des règles d'Aristote voudraient-ils souscrire à cette conséquence?

La difficulté de déterminer avec justesse le sens du mot « unité, » au milieu de la pluralité inévitable des actions subordonnées, a été bien sentie par Corneille, et voici comment il se tire d'affaire : « Je tiens
« donc, que l'unité d'action consiste, dans la comédie,
« en l'unité d'intrigue, ou d'obstacles aux desseins
« des principaux acteurs, et en l'unité de péril dans
« la tragédie, soit que son héros y succombe, soit qu'il
« en sorte. Ce n'est pas que je prétende qu'on ne puisse
« admettre plusieurs périls dans l'une, et plusieurs
« intrigues ou obstacles dans l'autre; pourvu que de
« l'un on tombe nécessairement dans l'autre; car

« alors la sortie du premier péril ne rend point l'ac-
« tion complète, puisqu'elle en attire un second, et
« l'éclaircissement d'une intrigue ne met point les
« acteurs en repos, puisqu'il les embarrasse dans une
« nouvelle. »

Nous remarquerons d'abord que la distinction qu'il établit entre l'unité de la tragédie et celle de la comédie n'a rien de fondé ; car la nature plus ou moins sérieuse des événements n'a aucune influence sur leur dépendance mutuelle. Il y va de la vie et de la mort dans la tragédie, mais l'embarras où se trouvent les personnages comiques, quand ils ne peuvent pas accomplir leur dessein ou faire réussir leur intrigue, peut aussi se nommer un danger. Corneille, comme la plupart des critiques, ramène tout à la liaison des effets et des causes. Il est vrai que la pièce finit toujours, lorsqu'on a mis les personnages en repos, soit par le mariage, soit par la mort. Mais s'il ne faut pour l'unité qu'une suite non interrompue de projets et d'obstacles qui servent à entretenir le mouvement dramatique, la simplicité sera négligée. On pourra, sans blesser la règle, entasser les incidents à l'infini, ainsi qu'on le voit dans *les Mille et une Nuits*, où le fil de la narration ne s'interrompt nulle part.

La Mothe, écrivain français qui s'est élevé contre la règle des trois unités, voudrait qu'on remplaçât l'expression d'unité d'action par celle d'unité d'intérêt. S'il ne borne pas l'idée d'intérêt aux vœux qu'on forme en faveur d'un seul personnage, mais qu'il parle de la tendance générale des sentiments du spectateur à la vue des événements de la pièce, nous regarderons son explication comme la plus juste et la plus satisfaisante de toutes. Cependant, il nous serait assez inutile d'imiter les commentateurs d'Aristote, et de chercher au hasard dans les résultats de l'observation les principes qui doivent nous guider. Les notions d'unité et de totalité ne sont point tirées de l'expérience, mais de la libre activité qui est l'essence même de notre intelligence. Pour expliquer la manière dont nous acquérons ces idées, il ne faudrait pas moins peut-être de tout un système de métaphysique.

Les organes de nos sens reçoivent des objets extérieurs un nombre indéfini d'impressions diverses, produites indistinctement par les différentes parties de ces objets. Le jugement, au moyen duquel nous rassemblons ces impressions pour en former un tout, tire sa source d'une plus haute sphère que de celle des sensations. Ainsi, par exemple, l'unité mécanique d'une montre réside dans le but commun de ses parties, qui toutes concourent à mesurer le temps. Mais ce but n'existe que pour l'intelligence, et il est étranger à nos sens. L'unité organique d'une plante ou d'un animal réside dans l'idée de la vie : or la vie est elle-même immatérielle, bien qu'elle revête des formes visibles pour se manifester à nous, et que nous ne puissions en retenir la notion fugitive qu'en la ramenant aux objets animés qui nous l'ont fait concevoir.

Les parties isolées d'un ouvrage de l'art et, pour en revenir à notre objet, celles d'une tragédie en particulier, doivent donc être rassemblées par l'esprit et non par les sens. Elles concourent à un but commun, celui de produire une impression générale sur notre âme. L'unité se rapporte donc ici, comme dans les exemples que nous avons déjà cités, à une sphère supérieure, c'est à dire à celle du sentiment ou des idées. L'un ou l'autre revient au même point dans ce cas-ci ; car le sentiment, si du moins on ne le rapproche pas des sensations en le considérant d'une manière purement passive, le sentiment est notre organe moral pour atteindre à l'infini, qui revêt ensuite dans notre esprit la forme d'idées.

Bien loin de rejeter la loi d'une parfaite unité comme superflue dans la tragédie, je demande une unité beaucoup plus profonde, plus intime, plus liée à l'essence des choses que celle dont se contentent la plupart des critiques. Je retrouve souvent cette unité d'une manière aussi complète dans les ouvrages de Shakespeare et de Calderon que dans ceux d'Eschyle et de Sophocle, tandis que je la cherche en vain dans un grand nombre de tragédies, dont les défauts ont échappé à l'analyse des Aristarques modernes.

Je regarde aussi l'enchaînement logique, ou la liaison des effets et des causes, comme essentiel à la tragédie et à tous les drames sérieux. Ce qui rend cet enchaînement nécessaire, c'est la relation intime de toutes les facultés de l'âme ; c'est qu'il est impossible de faire violence à la raison, sans que le sentiment et l'imagination en souffrent. Je trouve seulement que les défenseurs des règles convenues ont abusé de ce précepte, et en ont fait l'application avec un rigorisme tellement minutieux, qu'il ne peut que gêner les poètes et rendre impossible la véritable perfection.

On aurait tort de se figurer la suite des événements, dans une tragédie, comme un fil délié qui ne doit se rompre nulle part, car la pluralité inévitable des intérêts et des actions subordonnées rendrait cette comparaison tout à fait fausse. Il faut voir l'action tragique comme un torrent impétueux qui renverse toutes ses digues et finit par se perdre dans l'immensité de l'océan. Il se divise quelquefois, plus souvent encore il reçoit les ruisseaux étrangers qui se trouvent sur la route de ses flots. Pourquoi ne verrait-on pas sous une image pareille la fiction qui nous représente la dépendance mutuelle des destinées humaines? Pourquoi, si le poëte a su nous placer à une telle hauteur, qu'un vaste horizon se découvre à la fois à nos regards, pourquoi ne nous montrerait-il pas le cours d'abord séparé des passions et des volontés humaines, se réunir bientôt en un torrent unique et irrésistible? Et si les eaux débordées, venant à franchir leurs rives, courent se précipiter dans la mer par plusieurs embouchures, ne sera-ce pas toujours un seul et même torrent?

C'en est assez sur l'unité d'action. Quant à l'unité de temps, voici ce qu'en dit Aristote :

« L'épopée diffère encore de la tragédie par l'éten-
« due. La tragédie tâche de se renfermer dans un
« tour du soleil ou s'étend peu au delà; l'épopée n'a
« point de durée déterminée, quoique dans les com-
« mencements, il en ait été de même pour les tra-
« gédies. »

Il faut remarquer d'abord qu'Aristote ne donne ici aucun précepte, mais qu'il assigne à deux genres différents un caractère distinctif, tiré historiquement des exemples qu'il a sous les yeux. Mais s'il était vrai, comme en effet nous le prouverons bientôt, que les tragiques grecs eussent des motifs particuliers pour se renfermer dans un espace de temps déterminé, et que ces motifs eussent cessé d'exister pour nos théâtres, l'assertion d'Aristote ne tomberait-elle pas nécessairement?

Corneille, qui trouve avec raison la règle de l'unité de temps fort incommode, choisit l'interprétation la moins sévère de toutes, et dit qu'il ne se ferait aucun scrupule d'étendre jusqu'à trente heures la durée de l'action. D'autres soutiennent rigoureusement que le temps fictif de l'action ne doit pas excéder le temps réel de la représentation, c'est à dire l'espace de deux ou trois heures. Ils voudraient, ainsi, que le poète fût l'homme à la minute, et dans le fait il n'y a qu'eux de conséquents; car le seul fondement de la règle est la prétendue nécessité d'observer la vraisemblance, réputée nécessaire à l'illusion, et de faire coïncider la supposition avec la réalité. Mais si l'on accorde qu'il puisse y avoir un écart de trente heures entre ces deux manières de compter, on ne voit pas pourquoi il ne serait pas permis d'aller encore beaucoup plus loin.

L'idée de l'illusion a causé de grandes méprises dans la théorie des beaux-arts. On a quelquefois entendu par illusion l'erreur involontaire qui fait prendre l'imitation pour la réalité. Mais, dans ce cas, les tableaux terribles de la tragédie deviendraient un tourment insupportable, un rêve affreux auquel on ne pourrait échapper. Il n'en est pas heureusement ainsi, et l'illusion théâtrale, de même que toutes les illusions poétiques, est une douce rêverie à laquelle on s'abandonne volontairement. Pour nous mettre dans une pareille situation d'âme, il faut que le poète et les acteurs nous enlèvent à nous-mêmes, mais il ne faut pas qu'ils calculent d'inutiles probabilités. Si l'on allait jusqu'à s'interdire tout ce qui peut détruire l'erreur, il faudrait renoncer à toutes les formes de la poésie tragique, car on sait bien que les grands personnages de l'antiquité ne parlaient pas notre langue, que les vives douleurs ne s'expriment pas en vers, etc. Quel serait le spectateur insensible, qui, loin de s'intéresser au héros de la tragédie, compterait, comme un geôlier rigoureux, les heures qu'il a encore à vivre? Notre âme est-elle donc une machine? Est-elle, ainsi qu'une montre, entourée de chiffres qui marquent le temps? N'a-t-elle pas une manière à elle de le mesurer? La douce activité du plaisir ne fait-elle pas voler les heures? La langueur de l'ennui ne semble-t-elle pas arrêter leur cours? C'est en effet ce qui arrive dans le présent; mais le passé nous offre à cet égard l'inverse. La stérile uniformité des années écoulées les ensevelit dans un commun oubli, tandis que les sensations rapides et variées d'un moment de bonheur prennent un immense espace dans nos souvenirs. Notre corps est soumis à la mesure extérieure du temps astronomique, parce que la marche de nos organes est réglée sur le cours régulier de la nature; mais notre âme a un temps idéal qui n'appartient qu'à elle. Deux moments décisifs dans notre vie s'y rallient immédiatement, et le long intervalle qui les sépare s'évanouit à nos yeux. C'est ainsi qu'on retrouve au réveil la pensée qui avait occupé la veille, et que le temps où nous n'avons pas eu le sentiment de la vie rentre à jamais dans le néant. Il en est de même des fictions tragiques. Notre imagination passe légèrement sur des périodes insignifiantes qu'on omet ou qu'on suppose écoulées, et elle se fixe sur les moments choisis que le poète a rassemblés en hâtant la marche tardive des jours.

Mais, dira-t-on, les anciens tragiques ont cependant observé l'unité de temps. Cette expression déjà manque de justesse, et si l'on y substitue celle-ci, qui rend mieux l'idée, *l'égalité de durée entre le temps fictif et le temps réel*, elle ne pourra plus s'appliquer aux anciens. Ce qu'on pourrait soutenir avec plus de raison, c'est qu'ils ont donné au temps une marche, en apparence uniforme et non interrompue. Je dis en apparence, car ils se permettaient de faire arriver pendant le chant du chœur bien plus d'événements que ne le comportait sa durée. Une des pièces d'Eschyle, *Agamemnon*, comprend tout le temps qui s'est écoulé depuis la destruction de Troie jusqu'à l'arrivée de ce prince à Mycène, c'est à dire un nombre considérable de jours. Pendant *les Trachiniennes* de Sophocle, on fait trois fois le voyage de Thessalie en Eubée. Dans *les Suppliantes* d'Euripide, une armée part d'Athènes, arrive à Thèbes, livre une bataille et revient victorieuse; le tout pendant que le chœur chante. Les Grecs étaient donc bien éloignés de compter les heures avec une exactitude minutieuse. S'ils ont pour l'ordinaire donné au temps une marche régulière, c'est que la présence du chœur les y obligeait en quelque sorte. Aussitôt que le chœur quittait le théâtre, ce cours uniforme était interrompu. On en voit une preuve très frappante dans *les Euménides* d'Eschyle, où il n'est fait aucune mention du temps nécessaire pour qu'Oreste se rende de Delphes à Athènes. De plus, les trois pièces d'une trilogie, lesquelles étant jouées de suite concouraient à former un tout, représentaient des événements aussi éloignés les uns des autres que ceux qui remplissent les différents actes de plusieurs drames espagnols.

Les modernes divisent leurs tragédies en actes séparés, et cet usage, à proprement parler inconnu aux anciens, leur fournit un moyen commode de prolonger sans invraisemblance la durée fictive d'une action. Le poète peut certainement supposer assez d'imagination aux spectateurs pour oser leur demander de se figurer qu'il s'est écoulé, pendant l'interruption de la représentation, un temps plus long que celui dont la musique de l'orchestre a mesuré la durée.

L'abolition du chœur dans la nouvelle comédie des Grecs, fut précisément ce qui suggéra l'idée de la distribution en actes. Horace exige qu'il y en ait cinq, ni plus, ni moins, dans une pièce de théâtre. Cette règle paraît si arbitraire, que Wieland a soutenu qu'Horace s'était moqué des jeunes Pisons lorsqu'il leur avait donné un pareil précepte avec tant de solennité. Si l'on veut considérer comme la fin d'un acte le moment où le théâtre demeure vide et où le chœur exécute seul le rôle qui lui est assigné, on comptera plus ou moins de cinq actes dans les tragédies anciennes. Le précepte d'Horace pourrait encore s'expliquer dans le cas où il serait fondé sur l'expérience, et où l'on aurait en effet remarqué que dans une représentation de deux ou trois heures, l'attention a besoin d'un pareil nombre de points de repos. Autrement il serait curieux de savoir quel est le principe, fondé sur la nature même de l'art dramatique, d'après lequel une pièce de théâtre doit être coupée précisément en cinq parties ; mais le monde est gouverné par les opinions héréditaires. On a souvent employé avec succès un moindre nombre d'actes ; mais ce serait une audace sacrilége que de tenter d'outrepasser le nombre sacré de cinq (1).

A considérer la question sous un point de vue général, la division en actes est certainement défectueuse lorsqu'il n'est censé se passer aucun événement pendant l'intervalle qui sépare ces parties de l'action, et que les personnages, ainsi qu'on le voit dans plusieurs pièces modernes, reparaissent sur le théâtre sans qu'il y ait rien de changé à leur situation. Néanmoins comme cette suspension de la marche d'une pièce est une faute négative, on s'en est peu formalisé, tandis qu'on a crié au scandale lorsque le poète a voulu accélérer cette marche, en supposant qu'il s'était passé plus d'événements pendant l'entracte que ne le permettait sa durée.

Les poètes romantiques ne se font aucun scrupule de changer le lieu de la scène pendant le cours du même acte ; et comme ils laissent un moment le théâtre vide, l'interruption de la représentation leur paraît justifier cette licence. Si on les blâme à cet égard on n'a qu'à s'imaginer qu'ils ont divisé le drame en autant d'actes distincts qu'il y a eu de changements de scène. Mais, dira-t-on, c'est justifier une faute par une autre, et sacrifier l'unité de lieu, parce qu'on a blessé l'unité de temps. Il faut donc examiner le fond de cette dernière règle.

(1) Trois unités, cinq actes, pourquoi pas sept personnages ? Ces règles paraissent suivre la série des nombres impairs.

Ce serait en vain, comme nous l'avons déjà remarqué, qu'on chercherait dans Aristote quelque précepte à cet égard. On prétend que les anciens ont observé la règle de l'unité de lieu, ce qui est vrai dans plusieurs occasions, mais non certainement dans toutes. Parmi les quatorze tragédies d'Eschyle et de Sophocle, prises ensemble, il y en a deux, *les Euménides* et *Ajax*, où le lieu de la scène change. On sait d'ailleurs que la présence continuelle du chœur empêchait qu'on ne transportât l'action en d'autres lieux, et enfin, dans les théâtres anciens, la scène paraissait embrasser un espace beaucoup plus vaste que dans les nôtres. Ce n'était pas une chambre qu'elle représentait, mais la place publique avec un grand nombre d'édifices, et l'on avançait l'encyclème lorsqu'on voulait offrir aux regards l'intérieur d'un palais, de même qu'on lève un rideau dans le fond de nos théâtres.

On se fonde, pour rejeter les changements de scène, sur le même principe dont nous avons déjà démontré le peu de valeur, c'est à dire sur une idée tout à fait erronée de la nature de l'illusion. On dit que toute illusion sera détruite si l'on transporte la scène d'un lieu à un autre. Cela serait vrai si nous avions jamais pris les décorations théâtrales pour ce qu'elles représentent; mais il faudrait dans ce cas qu'elles fussent construites bien autrement qu'elles ne le sont (1). L'Anglais Johnson, d'ailleurs partisan

---

(1) Elles ne sont calculées que pour un seul point de vue, et si on les regarde de partout ailleurs, l'interruption des lignes trahit les défauts de l'imitation. La plupart des spectateurs se rendent un compte

des règles sévères, dit avec raison que lorsque notre imagination, pour nous rendre témoins de l'histoire d'Antoine et de Cléopâtre, peut remonter de dix-huit siècles en arrière, et nous transporter dans Alexandrie, le voyage d'Alexandrie à Rome ne doit pas ensuite lui coûter beaucoup. La pensée a été douée de la puissance merveilleuse de parcourir, avec la rapidité de l'éclair, l'immensité de l'espace et du temps, et la poésie qui doit de toute manière donner des ailes à notre âme, la poésie qui peut évoquer tout un cortége de brillants prestiges, et nous enlever à nous-mêmes par d'entraînantes fictions, la poésie seule priverait notre imagination de ses plus beaux priviléges, et nous enchaînerait à une triste réalité!

Voltaire veut prouver que les unités de lieu et de temps dérivent nécessairement de l'unité d'action; « car une seule action, dit-il, ne peut pas se passer « en même temps dans plusieurs lieux à la fois. » Il n'y a rien là qui ne soit très superficiel; nous avons vu qu'il n'existait aucune action importante à laquelle plusieurs individus ne prissent part, et qu'elle se composait par conséquent d'un certain nombre d'actions subordonnées; pourquoi donc ces actions diverses ne se passeraient-elles pas dans des lieux divers? Le théâtre de la même guerre n'est-il pas à la fois dans l'Inde et dans l'Europe, et l'historien ne doit-il pas alors mener de front des événements qui se décident aux deux bouts de l'univers?

si peu exact de ce qu'on leur montre, qu'ils trouvent fort naturel de voir les acteurs aller et venir entre des coulisses dont la réunion représente un mur continu.

« L'unité de temps » ajoute Voltaire « est jointe
« naturellement aux deux premières. J'assiste à une
« tragédie, c'est à dire à la représentation d'une
« action. Le sujet est l'accomplissement de cette ac-
« tion unique. On conspire contre Auguste dans
« Rome, et je veux savoir ce qui va arriver d'Au-
« guste et des conjurés. Si le poète fait durer l'ac-
« tion quinze jours, il doit me rendre compte de ce
« qui se sera passé dans ces quinze jours. » Oui
sans doute, de ce qui s'est passé de relatif à la chose
dont il vous occupe ; il omet le reste, comme tout bon
narrateur, et personne ne songe à lui en demander
davantage. « Or, » continue-t-il, « s'il met devant
« mes yeux quinze jours d'événements, voilà au moins
« quinze actions différentes, quelques petites qu'elles
« puissent être. » Cela serait vrai si le poète était
assez maladroit pour filer ces quinze jours l'un après
l'autre, pour faire succéder la nuit à la lumière, et
envoyer ses personnages se coucher et se lever autant de fois ; mais il repousse dans l'ombre les intervalles pendant lesquels l'action n'a qu'imperceptiblement avancé ; il anéantit les moments où elle est
restée stationnaire, et il sait avec un trait fugitif,
donner la mesure du temps qui s'est écoulé sans qu'il
en ait fait mention.

Mais pourquoi donc le privilége de donner à sa
fiction une beaucoup plus grande étendue que la
durée réelle de la représentation, est-il nécessaire et
même indispensable à l'auteur dramatique? L'exemple allégué par Voltaire se présente ici fort à propos.
Une conjuration tramée et exécutée en deux heures
serait d'abord une chose incroyable, et ensuite,

quelque dangereuse qu'elle pût être, elle ne produirait point moralement, c'est à dire relativement aux caractères des personnages, la même impression que si les conjurés en avaient dès longtemps conçu et nourri le dessein secret. L'intervalle qui sépare le projet de l'exécution n'est pas développé à nos yeux par le poète romantique; mais il nous le fait apercevoir en raccourci, comme dans un miroir, par la disposition morale des conjurés. Le plus grand maître dans cet art peu connu de la perspective théâtrale, est, à mon avis, Shakespeare. Il dévoile avec un seul mot toute la longue chaîne des sentiments qui se sont succédé dans le cœur. Un poète obligé de se renfermer dans un espace de temps trop étroit mutilera son sujet, en faisant exécuter une grande entreprise immédiatement après qu'elle a été formée, ou bien il précipitera au delà de toute vraisemblance la marche de l'action. Dans les deux cas son ouvrage y perdra du côté de la dignité et de la profondeur; il nous paraîtra dépeindre les effets d'une effervescence passagère, et non offrir le tableau majestueux d'une de ces grandes résolutions, fruits d'une volonté inébranlable et hors de l'atteinte des vicissitudes du sort. Ce ne sera plus ce que Shakespeare a souvent présenté à nos regards et ce qu'il décrit dans les lignes suivantes avec tant d'énergie :

« Entre la première idée d'un projet horrible et
« son accomplissement, le temps se montre sous la
« forme d'un noir fantôme, d'un rêve effrayant. L'es-
« prit et les organes mortels tiennent conseil ensem-
« ble, et la constitution de l'homme est comme un
« petit royaume en proie à la sédition. »

Pourquoi donc la conduite des poètes grecs, à l'égard des temps et des lieux, est-elle si différente de celle des poètes romantiques? Nous ne pouvons assurément pas consentir à donner à ces derniers le titre de barbares, nous prétendons au contraire qu'ils vivaient dans des siècles très civilisés, et que leur esprit avait beaucoup de culture. Si les tragiques grecs se sont astreints davantage à donner au temps une marche uniforme, et à ne pas changer le lieu de la scène, c'est d'abord, comme nous l'avons vu, que les divers usages établis sur les théâtres anciens favorisaient l'observation de ce genre de vraisemblance, et ensuite que la nature des sujets dramatiques donnait rarement la tentation d'y manquer. Ces sujets étaient mythologiques, et par cela même poétiques. Les arts, en les préparant d'avance, avaient déjà rassemblé en masses distinctes et faciles à saisir, ce qui, dans la nature, est dispersé de mille manières. De plus, les siècles héroïques offraient à la fois des mœurs simples et des événements merveilleux à l'imitation théâtrale; ainsi tout concourait également, en Grèce, à faire marcher à grands pas l'action tragique vers une catastrophe frappante.

Mais la cause principale de cette différence se trouve dans la nature essentiellement diverse des arts anciens et modernes. Le génie statuaire inspirait les poètes anciens, le génie pittoresque anime les poètes romantiques. La sculpture dirige exclusivement notre attention vers le groupe qu'elle représente; elle le détache, autant que possible, de tous ses alentours, et s'il exige quelques accessoires, elle ne fait que les indiquer légèrement. La peinture, au contraire, se plaît dans les détails de ses tableaux, elle donne un grand éclat aux figures principales, mais elle réserve encore des teintes brillantes et harmonieuses pour les draperies, pour les fonds de paysage, pour les nuages et le ciel; elle aime surtout à découvrir dans l'enfoncement des lointains à perte de vue. Les nuances de la lumière, les illusions de la perspective, sont ses moyens et sa magie. Ainsi l'art dramatique des anciens, et particulièrement la tragédie, anéantissait, comme purement accidentelles, les formes de l'espace et du temps, tandis que la poésie romantique, en les variant sans cesse, les fait servir à l'ornement de ses mobiles tableaux. Et si l'on veut, sans employer d'images, faire ressortir le même contraste, on dira que la poésie antique est idéale et que la poésie moderne est religieuse. La première soumet l'espace et le temps à l'empire de notre âme, et l'autre consacre ces notions mystérieuses qui tiennent à la partie la plus élevée de nous-mêmes, et sont peut-être une révélation de la divinité.

L'esprit de la scène antique et celui de la scène moderne doivent offrir des différences analogues. C'est cependant au milieu du changement général des circonstances, d'un tout autre arrangement de théâtre, d'un nouveau choix de sujets, et d'un genre opposé d'inspiration poétique, qu'on a cru devoir imiter les tragédies grecques, et qu'on les a imitées sur parole, d'après les règles d'Aristote, auxquelles on a encore donné un sens étroit, et attribué une autorité sans bornes. Un pareil système, joint à tout un code de bienséances théâtrales, a eu sur l'art dramatique, en France, une influence que nous allons à présent examiner.

On voudrait arriver à la simplicité antique, et cependant on laisse de côté toute cette partie lyrique des tragédies grecques, qui est un développement tranquille de la situation présente, et par conséquent un moment stationnaire dans l'action. Il est vrai que cette même partie lyrique ne pourrait être transportée sur notre scène, où la musique, qui n'a jamais de place secondaire, ne paraît que pour donner la loi à la poésie. Mais si l'on retranche des pièces grecques les chœurs et tous les vers faits pour le chant, dans les différents rôles, elles seront plus courtes de moitié que les tragédies françaises. Voltaire se plaint souvent, dans ses préfaces, de la difficulté de trouver des sujets tragiques qui puissent fournir à la longue carrière des cinq actes. Comment donc parvient-on à remplir les vides qui résultent de l'omission des morceaux lyriques? Par une intrigue plus compliquée. Au lieu d'une action dont la trame tout à fait simple se déroule avec uniformité jusqu'au moment décisif, et n'offre que deux ou trois grandes situations, les modernes imaginent des personnages tout exprès, pour que leurs desseins contradictoires amènent une foule d'incidents qui, en soutenant jusqu'à la fin l'attention du spectateur ou en excitant sa curiosité, retardent le dénoûment. Ce moyen, sans aucun doute, exclut la simplicité; mais on espère sauver du moins l'unité raisonnée, en rassemblant les fils divers de l'intrigue par un nœud artistement formé.

Si l'intrigue est essentielle à la comédie, comme

nous l'avons déjà montré, une grande complication d'événements n'est en rien favorable à l'esprit de la tragédie. La comédie doit se contenter de saisir avec adresse un moment d'équilibre qui laisse à la fin de la pièce l'esprit en repos ; mais ce n'est pas là le côté poétique de ce genre mélangé. Or, à ce qu'il me semble, la tragédie française offre, dans sa construction et dans la liaison de ses parties, quelques rapports avec la comédie, quoiqu'elle s'en éloigne sans doute par la gravité, la dignité et le pathétique du style. Le genre d'unité qui s'y trouve, contente de même la raison plutôt qu'il ne satisfait le sentiment. Les personnages sortent d'une situation violente pour arriver à un état fixe, heureux ou malheureux ; mais le cours des événements ne semble pas relever un ordre de choses mystérieux et plus élevé que l'enchaînement des causes terrestres. On ne voit planer au dessus de l'homme ni la terrible destinée, ni la sage Providence, et aucune espérance consolatrice ne dirige ses regards vers le ciel. Ce n'est point l'expiation du dénoûment qui peut faire succéder dans notre âme un état de calme et d'harmonie à de violentes émotions. Cette justice poétique, toujours imparfaite et souvent négligée, n'est, à mon avis, qu'une leçon sans effet, étrangère à l'impression morale que doit laisser la tragédie, et incapable d'inspirer des sentiments nobles et purs.

Une intrigue compliquée est indubitablement une invention avantageuse pour resserrer dans un espace étroit la longue durée d'une action importante. Un intrigant est en général un homme pressé, qui ne perd point de temps pour arriver à son but. Plus une pièce sera donc en rapport avec l'idée d'intrigue et plus sa marche sera précipitée. Le cours naturel des choses humaines est grave et mesuré. Les grandes résolutions mûrissent lentement. Les noires suggestions des passions haineuses sortent avec timidité des profondeurs de l'âme, et craignent longtemps de se montrer au grand jour. La vengeance céleste, suivant l'expression si juste et si belle d'Horace, poursuit le coupable avec un pied boiteux. Qu'on essaye, si l'on veut, de tracer le tableau gigantesque du régicide commis par Macbeth, de son usurpation et de sa chute, en se renfermant dans les bornes étroites de l'unité de temps, et l'on verra si le sens que renferme cette peinture ne perd pas tout ce qu'il a de sublime, et l'on jugera si, en se mettant à la torture pour placer avant la pièce et pour exposer dans de pompeux récits, les événements que Shakespeare présente aux regards, il sera jamais possible de produire une impression aussi forte et aussi pénétrante. Il est vrai que cette tragédie embrasse un temps considérable; mais quand son mouvement est aussi rapide, avons-nous le loisir de le mesurer? Nous voyons, en quelque sorte, les sombres filles de l'Érèbe ourdir les destinées humaines en accélérant la marche des bruyants rouages du temps ; nous sommes entraînés, comme par une force irrésistible, au milieu du tumulte des événements, qui, en allumant les passions d'un mortel ambitieux, l'ont conduit par des gradations perfides, de la tentation au crime, du crime à l'habitude des forfaits, et de là à cet aveuglement funeste, auquel il a dû sa ruine. Un pareil phénomène, dans la sphère de la poésie dramatique, offre l'image de ces astres, sortis des profondeurs de l'espace, et d'abord à peine visibles à un immense éloignement, mais qui s'approchant bientôt avec une vitesse toujours croissante du centre de notre système, effraient les peuples de la terre, remplissent l'âme de pressentiments sinistres, et couvrent la moitié du ciel du panache menaçant de leurs vapeurs enflammées.

TABLE DES MATIÈRES

Introduction V
Préface XV

PREMIÈRE PARTIE

THÉATRE CLASSIQUE

PREMIÈRE LEÇON

Introduction. —Quel doit être l'esprit de la critique.—Contraste entre le goût des anciens et celui des modernes. — Il faut rendre également justice à ces deux manières de sentir.— Esprit de la poésie classique et de la poésie romantique. — Le principe de l'une se retrouve dans l'ensemble de la culture morale des païens, celui de l'autre a déterminé le genre des beaux arts depuis l'introduction du christianisme. — Division de la littérature dramatique d'après ce principe. — Les anciens et leurs imitateurs d'une part; les poètes romantiques de l'autre. — Coup d'œil sur le théâtre de toutes les nations. 29

DEUXIÈME LEÇON

Effet théâtral. — Combien l'influence des spectacles est importante. — Principales divisions de l'art dramatique. — Essence du genre tragique et du genre comique. — Sérieux et gaîté. — Jusqu'à quel point il est possible de se pénétrer de l'esprit de l'antiquité sans connaître les langues anciennes. — Winckelmann. 62

TROISIÈME LEÇON

Construction et ordonnance du théâtre chez les Grecs. — De ce qu'était en Grèce l'art de la déclamation. — De l'emploi des masques. — Fausse comparaison entre la tragédie grecque et l'opéra. — Essence de la tragédie grecque. — Imitation idéale. — Ce qu'était la destinée chez les tragiques grecs. — Cause du plaisir que donne la tragédie. — Quelle était la signification du chœur chez les anciens. — De la mythologie considérée comme sujet des fictions tragiques. — Comparaison de la poésie avec la sculpture. 86

QUATRIÈME LEÇON

Progrès de l'art tragique chez les Grecs. — Les différents styles qui en déterminent les époques marquantes. — Eschyle. — Liaison entre les parties d'une trilogie d'Eschyle. — Des ouvrages de ce poète. — Vie et caractère de Sophocle. — Appréciation de ses diverses tragédies. 126

CINQUIÈME LEÇON

Euripide. — Ses qualités et ses défauts. — Il a été cause de la décadence de l'art tragique. — Comparaison entre les *Choéphores* d'Eschyle, l'*Électre* de Sophocle et l'*Électre* d'Euripide. 174

SIXIÈME LEÇON

La première comédie des Grecs forme un contraste parfait avec leur tragédie. — De la parodie. — L'idéal comique est l'opposé de l'idéal tragique. — Priviléges accordés aux premiers poëtes comiques. — Du chœur et de la parabase. — Aristophane. — Caractère de son talent. — Idée des pièces de ce poète qui nous sont parvenues. — Jugement sur leur mérite relatif. . 225

SEPTIÈME LEÇON

S'il y a eu une comédie moyenne qu'on puisse regarder comme un genre particulier. — Origine de la nouvelle comédie ou de ce que nous nommons simplement comédie. — La comédie est un genre mixte. — Quel en est le côté prosaïque. — La versification y est-elle indispensable? — Peut-on adopter la division générale du genre en pièces d'intrigue et en pièces de caractère? — Du comique fondé sur l'observation, du comique avoué et du comique arbitraire. — Moralité de la comédie. — Plaute et Térence considérés comme imitateurs des Grecs, et comme nous donnant une idée des originaux qui nous manquent; différence de leur manière d'imiter. — L'intrigue de la comédie grecque était fondée sur les mœurs et sur la constitution d'Athènes. — Statues d'après nature de deux poètes comiques 259

HUITIÈME LEÇON

Théâtre des Romains. — Genre des pièces de théâtre indigènes à Rome, les fables atellanes, les mimes, la *Comœdia togata*. — Changements qu'éprouva la tragédie grecque lorsqu'elle fut transportée à Rome. — Tragiques romains de l'époque la plus ancienne et du siècle d'Auguste. — Idée de ce qu'eût été une tragédie d'origine véritablement romaine. — Pourquoi les Romains n'ont pas obtenu de grands succès dans l'art tragique. — Tragédies attribuées à Sénèque. 297

NEUVIÈME LEÇON

Poëtes dramatiques italiens. — Pastorales du Tasse et de Guarini. — Remarques sur le peu de progrès qu'ont fait les Italiens dans le genre de la tragédie. — Métastase et Alfiéri. — Ce qu'étaient ces deux poëtes. — Comédies de l'Arioste, de Machiavel, de l'Arétin, de Porta. — Comédies à masques improvisées. — Goldoni. — Gozzi. — État actuel du théâtre italien. 317

DIXIÈME LEÇON

De la première origine du théâtre français. — Influence d'Aristote et de l'imitation des anciens. — Examen des trois unités. — Ce que c'est que l'unité d'action. — Unité de temps, les Grecs l'ont-ils observée? — L'unité de lieu se lie à l'unité de temps. — Inconvénient des règles trop étroites relatives à ces deux dernières unités 346

FIN DE LA TABLE DU TOME PREMIER.

EXTRAIT DU CATALOGUE GÉNÉRAL
DE LA
MAISON A. LACROIX, VERBOECKHOVEN ET Cⁱᵉ, ÉDITEURS.

V. HUGO. Les Misérables. 10 vol. in-8°. Prix 60-00

G. BANCROFT. Histoire des États-Unis d'Amérique. 6 v. in-8°. 3 fr. le v. 50-00

W. H. PRESCOTT. Histoire du règne de Philippe II. 3 vol. in-8°. Prix . . 22-00
— Histoire de Ferrand et d'Isabelle. 2 vol. in-8°. Prix . . . .
— Histoire de la conquête du Mexique. in-8°. Prix . . . .
— Histoire de la conquête du Pérou. 3 vol. in-8° . . . .
— Essais et mélanges historiques et littéraires 2 vol. in-8° 12-00

PEEL (SIR ROBERT). Mémoires 2 vol. in-8°. Prix 4-00

J. G. HERDER. Philosophie de l'histoire de l'humanité . . . .

A. ESSE. La république américaine . . . . .
Les constitutions de France. 2 beaux vol. in-8°. Prix . . . .
Les états-unis et la Monarchie. Histoire des États-Unis de l'époque fédérale. 2 vol. in-8°. Prix . . . 12-00

P. DOLGOROUKOV LE PRINCE. Les révoltes en Russie, suivies de récits sur le système électif en Russie et sur les États du tzar russe aux xvɪᵉ et xvɪɪᵉ siècles. 1 vol. in-8°. Prix . . . 6-00
— Notices sur les familles illustres et titrées de la Russie. 1 vol. in-8°, ornée de 8 planches en couleur représentant les écussons des familles nobles de la Pologne. Prix 7-50

A. BOUGEART. Danton. Documents authentiques pour servir à l'histoire de la révolution française. 1 vol. in-8° . 5-00

J. LUDVIGH, ancien représentant et secrétaire de l'Assemblée nationale de Hongrie. Diverses brochures politiques sur l'Autriche et la Hongrie . . . . .

V. LAURENT. Van Espen. Étude historique sur l'Église et l'État en Belgique. 1 vol. charpentier. Prix 5-50
— Études sur l'histoire de l'humanité, tome I à VIII. Prix de chaque vol. 7-50

J. L. MOTLEY. Fondation de la République des Provinces-Unies. — La révolution des Pays-Bas au xvɪᵉ siècle. 8 demi vol. in-8°. Prix 22-00

O. G. WEBER. Histoire universelle. 10 vol. charpentier . . . .

H. BARTH (Le docteur). Voyages et découvertes dans l'Afrique septentrionale et centrale. 4 beaux vol. in-8° avec gravures, portrait, chromo lithographies et carte. Prix 24-00

CHINE CONTEMPORAINE (LA). Mœurs, description du pays, histoire, etc. 2 vol. charpentier. Prix . . . 7-60

J. FROEBEL. A travers l'Amérique 3 v. charpentier. Prix 10-50

P. LARROQUE. Examen critique des doctrines de la religion chrétienne. 2 beaux vol. in-8°. 2ᵉ édition . 15-00
— Rénovation religieuse. 1 vol. in-8°. 2ᵉ édition. Prix 7-00

SIMON. 10-50

BAZIN. Les philosophes et les littérateurs du théâtre français depuis son origine jusqu'à nos jours. 3 vol. in-8°. Prix 10-50

C. H. DE SAINT-SIMON. Œuvres, précédées d'un essai sur sa doctrine, avec portrait lithographié. 3 vol. charpentier. Prix 10-50

E. VACHEROT. La démocratie. 1 vol. in-8°. Prix 5-00

J. D'ERICOURT. La femme affranchie. 1 vol. in-18. Prix 6-00

P. RENAN. Identité des origines du christianisme et du paganisme. 1 fort vol. in-8°. Prix 6-50

P. VOLCRON. Recherches philosophiques sur les principes de la science du droit. 2 vol. in-8°. Prix . . . 12-00

CASTELNAU (comte). Études sur la société en Italie. Roman historique 2 vol. charpentier. Prix . . . . . .

C. L. CHASSIN. A. Petoffi, le poète de la révolution hongroise. 1 vol. charpentier. Prix 3-50

A. DE HUMBOLDT. Correspondance avec Varnhagen von Ense et autres contemporains célèbres. 1 beau et fort vol. in-12. Prix 5-00

A. LACROIX. De l'influence de Shakspeare sur le théâtre français jusqu'à nos jours. Ouvrage couronné. 1 vol. gr. in-8°. Prix 5-50

LIGNE (Prince Charles de). Œuvres: historiques, littéraires, poétiques, dramatiques, mélanges, etc. 4 vol. char. 14-00
— Mémoires, suivis de Pensées. 1 vol. charpentier. Prix 3-50

NIBELUNGEN (Le poème des), traduit par Émile de Laveleye. 1 fort vol. in-12. Prix 3-50

NOUVELLES CALABRAISES, par Miragli. 1 vol. charp. Prix 3-50

LE ROMAN DU RENARD. Poème. 1 v. charpentier. Prix 3-50

G. M. AUBERTIN. Grammaire moderne des écrivains français. 1 vol. in-8° compavis. Prix 6-00

E. GARCIN (Euphémie Vautier). Léonie. — Essai d'éducation par le roman, précédé d'une lettre de M. de Lamartine. 1 vol. gr. in-18. Prix 3-00

www.ingramcontent.com/pod-product-compliance
Lightning Source LLC
Chambersburg PA
CBHW050439170426
43201CB00008B/734